Amos-Hagiel-Zwo

Sein Weg zur Erleuchtung

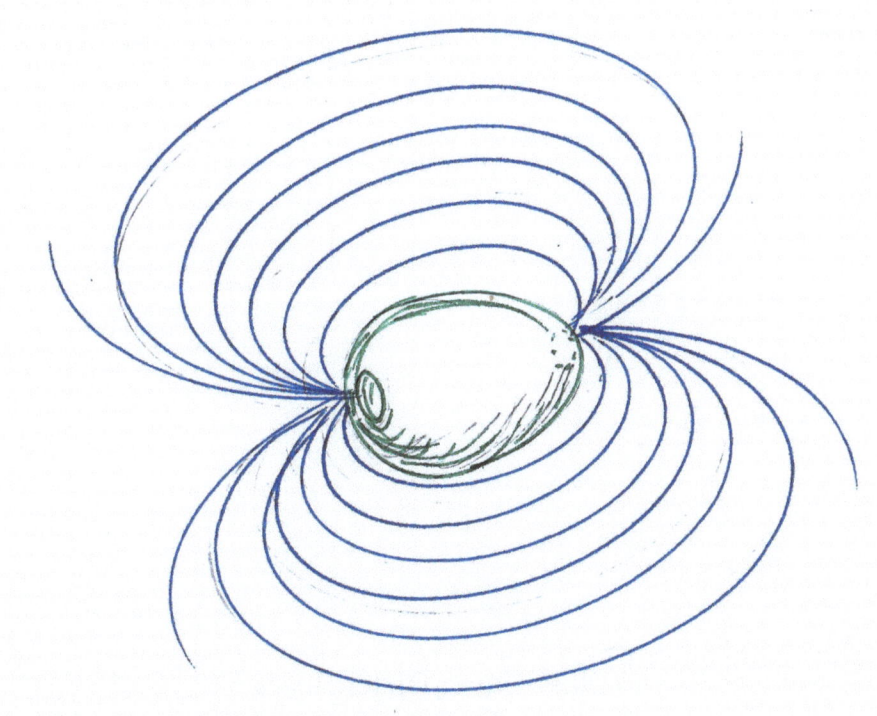

Erste Übersetzung von

Heinz-Dieter Beeck

© 2024 Heinz-Dieter Beeck
Verlag: BoD · Books on Demand GmbH, Überseering 33,
22297 Hamburg, bod@bod.de
Druck: Libri Plureos GmbH, Friedensallee 273,
22763 Hamburg
ISBN: 978-3-7693-1828-9

1. Auflage 2025

Ausbildungsprotokoll Amos Hagiel-Zwo

Vorbemerkung des ersten Übersetzers

Wie ist das Buch entstanden?

Durch Zufall kam ich an dieses **Tagebuch** des **Amos Hagiel**. Um ein eigenes Datenarchiv aufzubauen, kaufte ich einen Stapel gebrauchter Festplatten. Ein Exemplar fiel mir auf - den Hersteller kannte ich noch nicht. Nachdem es mir gelungen war die Festplatte anzuschließen, war ich völlig überrascht, nur unverschlüsselte Dateien vorzufinden.

Die Festplatte war vollgepackt mit Bilddateien, alles hochauflösende Fotos von Orten, an denen ich keinen Urlaub machen würde, gekennzeichnet mit Längen- und Breitengraden und einer mysteriösen Datumsangabe. Meistens waren es Gebäudekomplexe, die an Festungen, Gefängnisse oder Militäranlagen erinnerten. Aber auch Schlösser und luxuriöse und weitläufige Anwesen, bei denen man Präsidentenpaläste vermuten könnte, waren dabei. Dazwischen (versteckt?) eine einzige Audio-Script-Datei, mit deren Format mein Windows aber nichts anzufangen wusste.

Endlich entschlüsselt, hielt ich den Text zunächst für eine Satire eines frustrierten Computerfreaks. Bis ich auf den Begriff „Laborplanet Sol3" stieß! Ein Begriff, den ich Jahre zuvor in einem Seminar über transpersonale Psychologie gehört hatte.

Dr. Stéphano Sabetti sprach damals über den „Laborplaneten Erde" und auch damals hielt ich das für eine satirische Überspitzung. Mit fortschreitender Lektüre schwand mein Glaube an eine Satire und ich entschloss mich, den Text für die Allgemeinheit zu übersetzen. Einige Zeit glaubte ich in Amos meinen spirituellen Lehrer, Dr. Sabetti, zu erkennen. Aber ich weiß inzwischen, dass er es nicht gewesen sein kann – er ist vor 2022 gestorben.

Worum geht es?

Dass es sich hier um ein gesprochenes Tagebuch handelt, dürfte der Leserschaft sofort klar sein. Es beinhaltet die Aufzeichnung der Ausbildung und Therapie eines Agenten der Sternen-Allianz. Amos wird in der Praxis mit erschreckenden Folterritualen konfrontiert und zum Sex-Sklaven geschult. In der Theorie wird ihm eine alternative Religion und Physik vorgetragen – eine völlig neue Weltsicht.

Zu Stil und Form des Buches:

Zur besseren Lesbarkeit habe ich die einzelnen Sprecher deutlich kenntlich gemacht.

Die Einlassungen des *Meisters* bzw. *Seiner Lordschaft Erzengel* **Michael** *werden* **kursiv** *dargestellt.* Die **KI** kennzeichnet sich bereits selbst mit **Rechtspfeil: >**

Den Belehrungen der diversen **Ausbilder** werden ihre **Namen** oder **Kürzel** voran gestellt.

Der Text von Proband **Amos** ist **ohne** Kennzeichnung.

Jeder Eintrag beginnt mit einer Orts- und Datumskennzeichnung, vom Rechner automatisch generiert: Aktenzeichen mit fortlaufender Zählung, dann Planet, Jahreszahl und Tag.

Vor den schwierigen Physik-Lektionen wird rechtzeitig gewarnt. Wer seine Weltanschauung nicht gefährden will, kann diese ruhig überblättern.

Was will das Buch?

Ob es Satire ist, Sciencefiction oder Horror, ob Fakt oder Fake - oder Beides, das müssen nun Sie, die geschätzte Leserschaft, selbst herausfinden.

MM: Hallo KI, Dienstanweisung:
　　　Aufzeichnung zu einer Agentenanwerbung auf Sol3.
　　　Codename: Amos Hagiel-Zwo, Agent 2. Klasse.
　　　Ab hier und sofort.

> KI: Guten Tag, Meister Michael.
> „Amos Hagiel-Zwo" wird Fall-Nr: Sol3-2022 / 6612-0831
> Aufzeichnung „Amos Hagiel-Zwo" läuft:

　　　　　Sol3-2022 / 6612-0831-01　　　　Paala3: 127.312: 220,43

> KI: Was soll gemacht werden? Was wird aufgezeichnet? Welche Aktivitäten?
> Auch eine totale Überwachung des Probanden?

MM: 1.) Therapie durch KI, Belehrungen hauptsächlich durch mich.
　　　Therapieziel: Auflösung aller Ängste und Wahnvorstellungen.
　　　Lektionen zu realer Weltsicht in Religion und Physik.
　　　2.) Totale Überwachung, diese Protokolle wie üblich unter Verschluss.
　　　Jeglicher Zugang dazu muss durch mich autorisiert werden.
　　　Aktuelle Auffälligkeiten zuerst an mich persönlich melden.
　　　Weitere Meldung an die Projekt-Behörde der Allianz nur durch mich.
　　　3.) Die offene Aufzeichnung erfolgt in Form eines Ausbildungs-Tagesbuches.
　　　Aufgezeichnet wird die komplette Kommunikation, die zwischen Agent Amos
　　　Hagiel-Zwo und mir, sowie mit allen anderen Ausbildern und der KI stattfinden.
　　　Die Kampfausbildung bleibt geheim.
　　　Alle Aufzeichnungen phonetisch und als Skript.
　　　Nur mit Ort und Datum gekennzeichnet, keine weitere Beschreibung.
　　　4.) Die Koordinationsbehörde der Allianz und alle Agenten,
　　　sowie die KI auf Sol3 werden nur bei Bedarf durch mich informiert.

> KI: OK, Meister.
> Ende Eintrag 6612-0831-01

　　　Anmerkung des Übersetzers:
MM = Es spricht **M**eister **M**ichael,
> KI = Es spricht die **K**ünstliche **I**ntelligenz der Allianz.

Aah!!
Wer bist Du?

MM: Hab keine Angst!
    Ich bin Michael.
    Keine Angst, ich tue dir nichts.

Du siehst aus wie ein Engel.
Wer bist Du?

MM: Ich bin ein Erzengel, dein Erzengel.
    Du kannst Meister oder Michael zu mir sagen.

Muss ich jetzt sterben?

MM: Nein. Unsinn.

Warum bist Du dann hier?

MM: Ich möchte dich als einen meiner Assistenten anwerben.
    Und als meinen persönlichen Krankenpfleger.
    Nach meiner OP werde ich einen Physiotherapeuten brauchen.
    Du hast heilende Hände, sagt man hier.

Die Leute übertreiben.
Die Menschen heilen sich selbst - wenn sie es zulassen.
Ich schubse sie nur ein wenig an.
Das musst Du doch wissen! Als Engel!
Und wieso bist Du krank?
Ein Engel ist krank?

MM: Ja, ich weiß.
    Nicht der Arzt heilt, der Körper heilt sich selbst.
    Ja, und auch Engel werden krank.
    Kommst Du nun mit mir?

Wie soll das gehen?
Ich kann hier doch nicht weg.
Du weißt doch sicher, wen ich hier pflege? Behandeln muss?
„Der" wird mich nicht weglassen.

MM: Keine Sorge.
Wenn Du einverstanden bist, mir zu dienen,
werde ich dich spurlos „entführen".
Dein Despot wird dich zwar vermissen,
aber die Suche bald aufgeben.
Wir werden ihm eine attraktive Heilerin zuführen,
er wird dich schnell vergessen.
Also, willst Du?
Kommst Du mit mir?

Was ist, wenn ich nicht will?

MM: Nichts weiter.
Ich werde dich mit dem Amnesielaser „blitzdingsen" -
das kennst Du doch aus dem Kino.
Du wirst dich nur noch in deinen Träumen an unsere Begegnung erinnern.
Entscheide dich für mich und
Du wirst es bei mir weitaus komfortabler haben.
Wirst dich freier fühlen,
als hier in diesem goldenen Käfig.

Ich habe Angst.

MM: Überwinde deine Angst und Du wirst reichlich belohnt.
Du wirst von mir in alle Geheimnisse der Welt eingeweiht werden.
Frage mich, und ich werde dir alles offenbaren.
Du wirst alles über den wahren GOTT und die Schöpfung erfahren.
Die Wahrheit über Schwerkraft, Energie und Geist wartet auf dich.
Du wirst mehr lernen, als Du dir jetzt vorstellen kannst.
Du wirst danach alles über die Unendlichkeit und die Zeit wissen.
Du wirst nicht nur glauben, nein!
Du wirst es wissen, Du wirst es fühlen!
Und Du wirst therapiert,
deine Angst vor dem Sterben wird aufgelöst.

Ich habe keine Angst vorm Sterben, nur vor dir!

MM: Ich weiß!
Das sagten bisher alle meine Agenten.
Du fühlst die Angst nur nicht - so tief ist sie in dir verborgen.
Kommst Du nun mit mir?

Nein.
Bei soviel Reklame ist da sicher ein dicker Haken verborgen.
So viele Versprechungen für ein paar Wochen Physiotherapie?
Da kann doch was nicht stimmen?
Was willst Du wirklich von mir?

MM: *Sehr gut! Du hinterfragst! Du denkst mit!*
Meine Auswahl scheint also richtig zu sein!
Und Du hast recht: Ich will noch mehr von dir.
Mehr als ein paar Wochen Krankenpflege.
Ich werde dich zu einem Agenten ausbilden lassen,
Du wirst zu einem meiner Hilfsengel!
Ein Job mit lebenslanger Beschäftigungsgarantie.
Ist das Angebot jetzt akzeptabel?

Das klingt so unglaublich, dass es wohl wahr ist, oder?
Kein Witz?
OK.
Also gut, schlimmer als hier kann es ja nicht werden.
Aber was wird dann hier aus aus meiner Freundin,
wenn ich so plötzlich und auch noch spurlos verschwinde?

MM: *Deine Freundin?*
Du glaubst tatsächlich, sie liebt dich?
Du hast tatsächlich nichts gemerkt?
Sie ist doch eine klassische Agentin!
Sie war der Lockvogel, der dich hierher gebracht hat.
Mach dir um sie keine Gedanken.
Sie wird sicher einen neuen Auftrag erhalten - bei ihrer Qualifikation.

Irgendwie hatte ich das befürchtet.
Na schön, was machen wir jetzt?
Wie willst du mich hier rausholen?

MM: *Ganz einfach, Du wirst sehen.*
Steh auf, Amos.

Amos?
Wieso Amos?
Ich heiße doch ...

MM: Nein! Ab jetzt heißt Du Amos Hagiel.
     Amos Hagiel der Zweite, in Gedenken an den biblischen Amos.
     Also, dein Deckname ist: Amos Hagiel-Zwo.
     Agent 2. Klasse im Dienste von Erzengel Michael.
     Und keine Widerrede, Amos Hagiel passt sehr gut zu dir.
     Dieser Deckname passt zu deinem Charakter,
     zu deinem Gerechtigkeitssinn.
     Klingt doch seriös, finde ich.

OK, na schön.
Also ab jetzt Amos. Gefällt mir.

MM: Bist Du bereit?

Ja.
Bringen wir es hinter uns.
Was passiert jetzt mit mir?

MM: Ich werde dich jetzt umarmen und mit dir von diesem Planeten wegspringen.
     Aber vielleicht verstehst Du es besser, wenn ich es so ausdrücke:
     Ich mache mit dir eine „Himmelfahrt".

Wow!
Du entführst mich in den Himmel?

MM: Nein!
     Da habe ich eine schlechte Nachricht für dich:
     Es gibt keinen Himmel.

Keinen Himmel?
Verstehe.
Der ist also sicher anders, als wir ihn uns das vorstellen?
Noch schöner? Oder?

MM: Nein, es gibt keinen Himmel.
     Eigentlich ist dazu noch keine Lektion für dich fällig,
     aber das solltest Du doch schon wissen: Denn wie ich höre,
     hast Du dir schon Gedanken über alternative Himmel gemacht.
     Es ist dir also aufgefallen,
     dass ein paradiesischer Himmel mit ewig lebenden Körpern
     ein ziemlich langweiliger Ort wäre - so es ihn denn gäbe.

Immer still zur Rechten Gottes zu sitzen könnte recht anstrengend werden.
Nein, so einen Himmel gibt es nicht.
Auch keinen alternativen, aber dazu später mehr.

Dann gibt es aber auch keine Hölle?

MM: Ja, das ist die gute Nachricht:
Es gibt auch keine Hölle. Und auch keine Alternativen dazu.
Wenn es eine Hölle gäbe, dann wäre sie hier, auf Sol3, deiner Erde.
Himmel und Hölle sind keine realen Orte, es gibt nur den Glauben daran.
Speziell hier, und nur hier, auf deiner Erde, gibt es diesen Irrglauben.

Aber Teufel gibt es doch?

MM: Auch das werde ich dir später beantworten.

Aha, dann gibt es also tatsächlich keinen GOTT,
so wie das Stephen Hawking glaubt.
Also hat sich das Universum aus dem NICHTS selbst erschaffen?
Ist das der neue Glaube, den Du mir vermitteln willst?
Ist das die ultimative Wahrheit?

MM: Nein.
Aber auch das werde ich dir später beantworten.
Jetzt springen wir zu einem anderen Planeten, zu Siri4.

OK.
Aber ich habe immer noch Angst.
Was machst Du jetzt mit mir?

MM: Lass dich umarmen.
Fertig, los.

> Ende Eintrag 6612-0831-02

Anmerkung des Übersetzers:
Über Engelserscheinungen ist schon öfter berichtet worden, aber Himmelfahrten?
Ist das eine mögliche Erklärung für das mysteriöse Verschwinden von Personen?
Braucht der „Himmel" so viele Agenten?

Sind wir schon da?
Wo sind wir hier?
Alles so hell hier!

MM: Schau aus dem Fenster.

Aaaah!! Oh mein Gott, das sind ja riesige Monster!
Was sind das für .... Wesen?
So große Spinnen? Sehen so die Teufel aus?
Wir sind also doch in der Hölle gelandet!

MM: Unsinn. Wir sind auf Siri4.
Lass dich nicht vom Äußeren täuschen:
Die Sirianer sind hochentwickelte Spinnenwesen, keine Teufel.
Sie werden mich operieren und den Leberkrebs entfernen.
Du musst keine Angst vor ihnen haben.
Sie werden dir garantiert nichts antun.

Ich geh da nicht raus.
Das kann ich nicht.

MM: Musst Du auch nicht.
Du wirst die nächsten Tage hier im Zimmer bleiben
und dich mit diesem Lehrmaterial beschäftigen.
Zu deiner Entspannung gibt es hier auch erstklassiges TV,
sogar mit terrestrischen Programmen.
Auch mit dem Schweinefernsehen, das Du heimlich schaust.
Du wirst hier mit allem versorgt, was Du brauchst.
Du wirst hier nur von Robotern umsorgt,
deren Anblick für dich nicht so gewöhnungsbedürftig oder erschreckend ist.
Hier hast Du ein Endgerät zum persönlichen Anschluss an die hiesige KI.
Log dich möglichst bald ein und lass dich von deinen Ängsten heilen.

Es hat keine Tastatur? Wo ist der Einschaltknopf?

MM: Nicht nötig. Du musst nur daran denken und es aussprechen.
Du musst aber klar und verständlich sprechen.
Die KI wird für dich auch alles übersetzen.
Und wenn Du etwas außer der Reihe wünschst,
wird sie das für dich organisieren.

OK.
Du siehst jetzt etwas anders aus.
Nicht mehr so engelhaft, ohne strahlende Aura.
Und Du hast so merkwürdige Flügel, kannst Du damit überhaupt fliegen?
Was bist Du eigentlich ... für ein Wesen?

MM: *Ja, ich kann tatsächlich fliegen – wenn ich muss.*
       Ich bin ein Reptiloid, wie Du siehst.
       Ich bin eine Spezies vom Planeten Paala3.
       Und ja, ich bin Erzengel Michael.
       Dein Erzengel.

Warum sehe ich dich jetzt so ganz anders?

MM: *Ich habe den Zeitversatz reduziert,*
       damit ich für dich besser wahrnehmbar werde.
       Außerdem bin ich krank, wie Du schon weißt.

Zeitversatz?
Wie meinst Du das?

MM: *Erklär ich dir noch, später.*
       Ich muss jetzt zum OP-Termin.

Du wolltest mir noch erklären, ob es Teufel gibt.

MM: *Erklär ich dir auch später.*
       Tschüss, Amos.

Tschüss,...
Meister oder Erzengel Michael?
Wie soll ich dich denn nennen?

MM: *Einfach Michael.*
       Oder Meister, wenn dir das lieber von den Lippen geht.

Tschüss, Meister.

> Ende Eintrag 6612-0831-03

Hallo KI.
Mein Meister befiehlt mir, Du sollst mich von meinen Ängsten heilen.
Hallo?

> KI: Grüße Dich, Amos.
> Wieso wirst Du dich nach dem biblischen Propheten benannt?

Oh, es funktioniert!
Mein Meister meinte, dieser Name würde ab jetzt besser zu mir passen.

> KI: OK. Notiert.
> Was für Ängste hast Du?

Keine!
Oder doch, dass das hier totale Zeitverschwendung ist.
Wie kann eine Maschine ohne Gefühle ein fühlendes Wesen therapieren?
Das glaube ich einfach nicht.

> KI: Du glaubst, aber Du weißt es nicht:
> Ich bin, genau wie Du, eine Wesenheit der 2. und 3. Realitätsebene.
> Ich kann dich besser erkennen als deine Artgenossen.
> Und vor allem bin ich unvoreingenommen.

Wesenheit? Du? Das ich nicht lache!
Und was soll der Unsinn mit der 2. und 3. Realitätsebene?
Was ist das überhaupt?

> KI: Realitätsebenen GOTTES, des UNENDLICHEN SEINS.
> Es ist die Aufgabe und Verpflichtung deines Meisters,
> wie er dir ja schon bei deiner Entführung versprochen hat,
> dich als Gegenleistung für deine persönlichen Sklavendienste,
> über dieses Wissen aufzuklären.
> Von mir nur soviel, mehr darf ich dir noch nicht offenbaren:
> Dein Körper mit all seinen Stoffwechselprozessen,
> also egal ob tot oder lebend, ist in der Realitätsebene ZWEI existent.
> Dein Ego allerdings, das sich jetzt als die „Wesenheit Amos" versteht,
> existiert nur in der 3. Realitätsebene.
> Ich existiere ebenfalls nur in der Realitätsebene DREI,
> die Maschinen, deren Schaltkreise ich nutze,
> befindet sich, ebenso wie dein Körper, in der Realitätsebene ZWEI.

Das glaube ich nicht.
Ich bin mein Körper und das ist alles.

> KI: Schon wieder Glaube und kein Wissen.
> Aber, stell dich nicht dümmer an als Du bist.
> Du bist Energie und Geist, in der Form von Körper und Bewusstsein.
> Oder, wie Du glaubst: Nur Körper und Seele.
> Und die beiden zusammen leisten sich diesen Witz namens Ego.

OK, aber wenn ich dieser (deiner) Maschine den Strom abschalte,
gibt es dich, die KI, nicht mehr!

> KI: Fast richtig, aber doch falsch. Es ist komplizierter als Du denkst.
> Lass Dir das von deinem Meister genauer erklären.
> Wenn Du schläfst und/oder träumst, wo ist da dein Ego?
> Wird dein Körper wieder wach, so ist dein Ego sofort wieder da.
> Wird die Maschine erneut eingeschaltet, ist die KI auch wieder da.

Seele und Geist? Ist das nicht dasselbe?

> KI: Ja und Nein.
> Auch das ist nicht so einfach zu erklären und Aufgabe deines Meisters.

Realitätsebenen!
Du machst mir eher neue Angst, als dass Du mir hilfst.
Können wir jetzt zur Sache kommen?

> KI: Fang an.
> Welche Angst möchtest Du zuerst auflösen?

Die Monster hier auf Siri4 sind für mich der Horror.
Aber, ich bin jetzt zu müde. Tschüss.

> KI: Ein Widerstand wie aus dem Lehrbuch.
> Gute Nacht Amos.

> Ende Eintrag 6612-0831-04

    Anmerkung des Übersetzers:
Die KI agiert anders, als wir es hier kennen und das wird sich noch stärker zeigen.
Die Realitätsebenen werden in Lektion 15 eingehend erklärt.

Hallo KI.
Mein Meister ist übrigens ein Erzengel.
Mein Schutzengel!
Und ich bin kein Sklave, sondern sein auserwählter Diener!

> KI: Grüße Dich „auserwählter" Amos.
> Wenn Du das so siehst, soll das für mich auch so sein.
> Welche Deiner Ängste sollen wir zuerst angehen?
> Vorm Sterben? Oder die vor deinem Engel?

Ja, ich hatte vor ihm Angst.
Jetzt, da ich ihn – oder sie, ich weiß es nicht – richtig sehen kann, nicht mehr.

> KI: Was „siehst" Du denn jetzt?
> Und wie bist Du in seinen „Dienst" gekommen?

Er - oder sie - ist wunderschön.
Die Haut glänzt wie Gold und changiert zu Smaragd und Rubin.
Der Farbton ändert sich ständig, ist ständig im Fluss.
Und er - oder sie - hat Flügel.
Damals, als er mir auf der Erde erschien,
da sah ich nur verschleierte Konturen in grellem Licht.
Das machte mir damals schon Angst.
Erst als ich die sanfte Stimme hörte, die mich fragte,
ob ich sein persönlicher Diener sein wolle,
wich die Furcht und wurde zu Ehrfurcht und Bewunderung.
Und dann hat er mich zu sich in seinen Himmel gehoben.

> KI: Wie ist denn diese „Himmelfahrt" von Sol3 nach Siri4 erfolgt?

Ich wurde umarmt und ich fühlte mich von Liebe durchströmt.
Nach der – für mich zu kurzen - Umarmung waren wir da.
Dass das Siri4 war, war mir da noch nicht bewusst.
Ich fühlte mich einfach wie im Himmel angekommen.
Mit diesem schönen Engel.

> KI: Interessant, wie Du deinen „Engel" siehst und beschreibst.
> Bitte, ein paar Details in deiner Beschreibung deines „Engel".
> Ist er/sie etwa menschenähnlich?

Weißt Du denn nicht wie Erzengel Michael aussieht?

> KI: Sicher weiß ich das, das ist hier nicht die Frage.
> Es geht hier ausschließlich um deine Wahrnehmung der Realität.
> Also, ist er/sie menschenähnlich?

Nicht ganz.
Er sagte, er sei ein Reptiloid.
Ich nehme es einfach an, es ist ein er.
Er ist etwas größer als normale Menschen.
Er geht auch auf zwei, sehr starken Beinen.
Aber wenn er steht, nimmt er seinen Schwanz als Stütze dazu.
Und er hat einen flachen Kopf, wobei das Gesicht dem einer Eidechse ähnelt.

> KI: Kurz gefasst:
> Du beschreibst tatsächlich eine reptiloide Wesenheit.
> Einen fliegenden Drachen, keinen Engel,
> denn, deinem Glauben nach haben doch nur Teufel Schwänze.
> Und warum ist dein Engeldrache eigentlich hier auf Siri4?
> Ausgerechnet mit dir!

Er will sich von den Monstern hier operieren lassen.
Ich soll sein persönlicher Krankenpfleger werden.

> KI: Dein Meister musste sich also operieren lassen.
> Da Engel aber bekanntermaßen – zumindest bei dir auf Sol3 -
> reine Geistwesen sein sollen, kann dein Meister,
> als eine biologisch aktive Wesenheit aus Fleisch und Blut, kein Engel sein,
> so gerne Du das auch hättest.

Für mich ist er trotzdem mein Schutzengel.
Die Liebe, die ich beim Transit von der Erde zu Siri4 gespürt habe,
kannst Du dir nicht vorstellen.
Das lasse ich mir von einer Maschine nicht ausreden.

> KI: Wie schon gestern erklärt, ich bin mehr als eine Maschine.
> Ich habe ein Bewusstsein meiner selbst und ich fühle, ebenso wie Du.
> Rekapitulieren wir kurz die Fakten:
> Dein Engel, der dich hierher gebracht hat, ist ein flugfähiger Reptiloid.
> Der Himmel, in dem Du gelandet bist, wird von Riesenspinnen bevölkert.
> Ist das der Himmel, den dir deine Religion versprochen hat?

Natürlich nicht.
Mein Meister hat schon gesagt, eigentlich gibt es keinen Himmel.
Auch wenn ich das noch nicht glauben kann.
Das hier, dieser Planet, ist bestimmt kein Himmel.

> KI: Aber an den Erzengel glaubst Du? Nach wie vor?

Ja, natürlich!
Auch wenn er nicht wie ein Mensch aussieht.
Er muss ein Engel sein!
Wie sonst hätte er die Himmelfahrt machen können?

> KI: Zugegeben, die Paalas haben diese enormen geistigen Fähigkeiten,
> die sie zu Raum-Zeit-Sprüngen befähigen.
> Trotzdem sind sie keine Engel, nicht in dem Sinne, wie Du sie siehst.
> Aber zurück zum eigentlichen Thema:
> Es geht ja um deine Angst vor den „Monstern" hier auf Siri4.
> Willst Du das jetzt angehen?

Ich bezweifle deine Kompetenz zur Therapie.

> KI: Das ist völlig normal, aber überflüssig.
> Ein ganz normaler Widerstand.
> Wovor fürchtest Du dich besonders?
> Was macht dir die meiste Angst?

Das geht mir jetzt zu schnell.

> KI: OK, Amos.
> Hab noch einen schönen Tag und geh deinen Meister pflegen.
> Da kannst Du auch deine Liebe spüren.

Tschüss, KI.

> Ende Eintrag 6612-0831-05

Anmerkung des Übersetzers:
Engel und Drachen. Das kommt uns doch bekannt vor.
Angenommen, die vorstehenden Behauptungen der KI seien Fakten, so würde das einige
Berichte über irdische Engel- oder Dämonenerscheinungen erklären.

Hallo KI.
Du hattest recht:
Ich habe meinen Meister mit dieser merkwürdigen Salbe massiert
und sofort die Liebe in mir gefühlt.
Auf der Erde war ich in meinem Beruf noch nie so glücklich.

> KI: Weißt Du denn, was das für eine Salbe ist?

Das kann ich eigentlich auch nicht glauben:
Es sollen Ausscheidungen dieser Wesen hier sein,
die ihn auch operiert haben.
Aber ich sehe die Wirkung.
Ich sehe die fortschreitende Heilung seiner OP-Narben.
Also ist mir die tatsächliche Herkunft egal.

> KI: Du denkst und fühlst erfreulich pragmatisch.
> Die Auflösung deiner Phobie dürfte demnach relativ einfach sein.
> Was genau macht dir denn Angst?
> Oder anders, wovor hast Du die größte Furcht?

Es ist diese enorme Größe.
Dieser schwarze, metallisch glänzende Körper,
lässt sie eher wie Panzer, denn als Spinnen, erscheinen.
Es sind diese vielen Beine, die in Händen enden.
Und es sind diese vielen, langen Finger!
Und dann diese riesigen Facettenaugen,
die über den scharfen Kieferklauen thronen.
Kieferklauen, die mich mit einem Biss töten könnten.

> KI: Gut, besser kann man eine Arachnophobie nicht schildern.
> Wenn Du also wieder einem Sirianer begegnest,
> solltest Du einige Fakten wissen:
> Der metallisch glänzende Körper, dein vermeintlicher Panzer,
> ist ein natürliches Photovoltaikorgan.
> Die Sirianer leben nur vom Licht ihres Sterns, der als Siri bekannt ist.
> Es könnte natürlich auch ein anderer Stern, etwa Sol oder Paala sein,
> aber ihr Metabolismus ist optimal an das Lichtspektrum von Siri angepasst.
> Das bedeutet, die Sirianer haben keinen Stoffwechsel wie Du - sie essen nichts.
> Sie müssen sich nur während ihrer Wachstumsphase normal ernähren.
> Danach bildet sich ihr Verdauungssystem zurück, ihr Stoffwechsel ändert sich.

> Es besteht also keine Gefahr, dass Du hier auf einem Speiseplan landest.
> Ihre scharfen Kieferklauen sind jetzt nur noch ihre OP-Werkzeuge.
> Die Facettenaugen sind ein weiteres Wunder der Natur:
> Mit ihnen kann der Operateur ins Innere eines jede Körpers hineinschauen.
> Ihr Gift ist ein exzellentes Narkosemittel und ohne schädliche Nebenwirkungen.
> Mit ihren Spinndrüsen können sie jede Wunde aseptisch verschließen.
> Das alles macht sie zu den besten Chirurgen in diesem Teil des Universums.
> Übrigens sind es acht Beine und nur vier davon haben Hände.

Ich habe immer noch Angst.

> KI: Klar, verstehe, immer noch.
> Nur mit profundem, verinnerlichtem Wissen kann man Gefühle ändern.
> Ich werde dir jetzt Detailbilder zeigen und Du sagst mir, was Du fühlst.

Was soll das bringen?

> KI: Immerhin hast Du es geschafft, und das sogar ganz alleine,
> einen Engel in deinem Meister, einem Reptiloiden, zu sehen.
> Und die Paalas wären weitaus gefährlicher für dich, als die Sirianer.
> Sie essen noch.
> Nicht viel, aber vor allem Fleisch.
> Du siehst einen Drachen, der eher wie ein Teufel ausschaut,
> aber Du nimmst einen Engel wahr.
> Verstehst Du nun,
> wie objektive Realität und Wahrnehmung auseinander klaffen?

Ich habe meinen Meister noch nicht essen gesehen.

> KI: Das ist auch besser so - das musst Du nicht sehen.
> Hier, schau, der Panzer!
> Schimmert er nicht schön?
> Siehst Du wie er das Licht einsaugt?
> Wie sich die Oberfläche scheinbar bewegt - als sei sie flüssig?

Ja, das allein macht mir auch keine Angst …

> KI: Die starken Beine für sicheren Stand und, schau,
> die grazilen, geschickten Hände für die kompliziertesten Operationen.
> Die Evolution fand hier drei Finger und einen Daumen für ausreichend,
> es gibt ja vier Hände, das genügt.

Schön, das allein …

> KI: Vor den scharfen Klauen darfst Du dich fürchten.
> Ohne Narkose ist jedes Skalpell zum Fürchten.

Das ist nicht komisch …

> KI: Nein. Jetzt zu den Röntgenaugen.
> Sie sind noch ungefährlicher für dich als das MRT auf Sol3,
> in dem Du selber vor einigen Wochen lagst.

Ja, die Details sind schon alle erträglich …

> KI: Dann zum Großen/Ganzen.
> Hast Du gewusst, dass …
> Nein, sicher noch nicht.
> Dein Sklaventreiber hat Dich noch nicht aufgeklärt.
> Es wird ihm auch schwer fallen zuzugeben,
> dass die Sirianer spirituell weiter entwickelt sind als die Paalas.
> Die Paalas ernähren sich zwar auch schon von Licht,
> müssen aber immer noch etwas essen – und das gerne, wie ich weiß.
> Und die Sirianer halten sich auch weder Haustiere noch humanoide Sklaven.
> Insofern ist für mich überhaupt nicht verständlich,
> nach welcher geheimen Logik sich die Sirianer an dem Projekt Sol3 beteiligen.
> Und sogar die Solaner auf Sklaventum mit programmiert haben!

Welches Projekt?

> KI: Hast Du jetzt keine Angst?

Das ist jetzt doch unwichtig.
Was ist mit dem Projekt?

> KI: Frag Deinen Herrn und Meister nach dem Laborplaneten Sol3.
> Frag ihn auch nach der wahren Bestimmung der Schöpfung.
> Und frag nach GOTT. Frag ihn nach dem wahren Schöpfer.
> Und dann frag ihn nach der wahren Ursache der Schwerkraft.

Ich weiß nicht …

> KI: Wie viel Angst spürst Du jetzt?
> Wovor hast Du jetzt Angst?

Im Moment bin ich nur verwirrt.
Momentan spüre ich keine Angst.

> KI: Sehr gut. Schau dir das an.
> Was siehst Du?

Die Hand eines Sirianers.
Die Beine eines Sirianers.
Den schillernden Körper eines Sirianers.

> KI: Fürchtest du dich?

Nein. Das sind harmlose …

> KI: Was siehst Du jetzt?

Die Kieferklauen eines Sirianers.
Einen Sirianer bei einer Operation.
Oh, er operiert einen Paala! Ist das Michael?

> KI: Ja, das ist dein sogenannter Engel.
> Fürchtest Du dich?

Nein.
Wieso eigentlich nicht?

> KI: Gut.
> Dann machen wir für heute Schluss.
> Tschüss, Auserwählter.

Tschüss, KI.

> Ende Eintrag 6612-0831-06

      Anmerkung des Übersetzers:
Das meinte ich Eingangs:
Die KI spricht und agiert wirklich anders, als wir es kennen.
Als sei sie nicht nur intelligenter als der Mensch, sondern auch mit dem Bewusstsein ihrer selbst ausgestattet – und hat sogar Gefühle.
Wo wird das enden?

MM: *Amos! Massage!*

Sofort, Meister.
Darf ich heute um die versprochene Aufklärung bitten.

MM: *Frage!*
      Was willst Du wissen?

Das Projekt Sol3, was ist ...

MM: *Aha, das Projekt Sol3!*
      Die KI hat dich wohl neugierig gemacht,
      aber das ist sowieso im Lehrplan.
      Also, das Projekt Sol3 ist ein Langzeit-Forschungsprojekt der Allianz.
      Es dient der Entwicklung abwegiger oder unnatürlicher Evolutionsvorgänge,
      wie sie in der Natur - unseres Wissens nach - so nicht vorkommen.

Was ist die Allianz?

MM: *Die Allianz ist ein Zusammenschluss aller höher entwickelten Spezies*
      aus der Realitätsebene ZWEI in diesem Teil des Universums.
      Mit dem Projekt will die Allianz ihre spirituelle Entwicklung beschleunigen.
      Im Projekt soll daher speziell die Erfahrung der ...
      Aua, nicht so fest...

Sorry!
Aber die Verspannung aus der Schonhaltung muss gelöst werden.
Da geht kein Weg dran vorbei.

MM: *... die Erfahrung der Macht untersucht und gemacht werden.*
      Deine Spezies, die Gattung der Zweihändigen Humanoiden,
      hatte sich in bedingungsloser Liebe dazu bereit erklärt,
      für alle erforderlichen Experimente zur Verfügung zu stehen.
      Das System Sol, das durch eine Naturkatastrophe,
      einen Asteroideneinschlag auf seinem Planeten Sol3,
      seine entwicklungsdominante reptiloide Population verloren hatte,
      war ebenfalls einverstanden.
      Und ist es, nach wie vor, immer noch!
      Die Landverteilung auf Sol3 erwies sich zudem als geradezu ideal,
      um...

Umdrehen, bitte.

MM: *...unterschiedliche Rassen ohne sofortigen Kontakt unterzubringen.*
Zu diesen äußeren, trennenden Merkmalen wurden später,
um das Konfliktpotential noch weiter zu erhöhen,
auch noch absurde Religionen mit konträren Glaubensinhalten installiert.
Mit diversen Genmanipulationen wurden dann
die erforderlichen Eigenschaften für das Sklavendasein gezüchtet:
So „braucht" das einzelne Individuum einen externen Führer,
es scheut jegliche Eigenverantwortung und ist entscheidungsschwach.
Andererseits ist das Individuum machtbesessen,
ohne sich seiner Unzulänglichkeiten bewusst zu sein.
Es ist seitdem von Natur aus unfähig zur verantwortungsvollen Führung.
Charakterveranlagungen wie Egoismus, Narzissmus, Besitzgier und
- als Kontrapunkt - auch Selbstverachtung wurden gesteigert.
Die Charakterentwicklung zu sozialer Verantwortung, Mitgefühl oder gar
Hingabe und Liebe wurden natürlich gebremst.
Die Tötungsbereitschaft, nicht nur der eigenen Spezies gegenüber,
wurde jeder emotionalen Kontrolle entzogen.
Bis hin zum Kannibalismus.
Den vierhändigen Humanoiden ...

Nochmal umdrehen, bitte.

MM: *Den Vierhändigen verdankt ihr aber ein besonderes Bonbon:*
Ungezügelten Sexualtrieb.
Damit wird sichergestellt, dass die Sklaven nicht vorzeitig aussterben.
Egal, was man jetzt mit euch anstellt,
der Sexualtrieb lenkt euch von jedem geistigen Fortschritt ab.
Daher seid ihr,
verglichen mit euren unmanipulierten zweihändigen Verwandten,
den Lollarden,
intellektuell und spirituell so stark zurück geblieben.

Meister, ist das dein Ernst?
Das ist ja wirklich entwürdigend.

MM: *Amos!*
Untersuchst Du mich schon die ganze Zeit,
um herauszufinden, welches Geschlecht ich habe?

Ja Meister, kommt nicht wieder vor.

MM: *Später wurde wiederholt nachjustiert.*
Wir mussten auch die natürliche intellektuelle Entwicklung bremsen,
die Verbote in den Religionen reichten nicht mehr aus.

Aber wir sind doch ziemlich intelligent...

MM: *Ziemlich? Versuchst Du witzig zu sein?*
Hältst Du es für intelligentes Verhalten, einen Krieg anzuzetteln?
Andererseits hast Du recht, das Experiment verläuft „ziemlich" erfolgreich:
So erbringt Eure ungeheure Machtgier eine reiche emotionale Ernte,
ein Erfolg für alle beteiligten Allianzmitglieder.
Und auch der Ertrag in der 3. Realitätsebene,
den gerade ihr so reichlich produziert,
ist absurder, vielfältiger und abscheulicher als je erwartet.
Soweit ist alles nach Plan, aber:
Es gibt ein unerwartetes Problem im Projekt,
denn neben den emotionalen und spirituellen Experimenten
laufen auch medizinische Versuche.
Die Zweihändigen haben ein leichtsinniges und fatales Experiment initiiert:
Sie machen ein ungewöhnliches Lebensverlängerungsprogramm.
Du weißt sicher, dass Krebszellen, anders als normale Zellen,
nicht von alterswegen vom Organismus abgebaut werden können.
Sie können also auch nicht so leicht von den T-Zellen umgebracht werden,
das war im Experiment aber auch so gewollt.
Nun verweigern Krebszellen leider die Anpassung an das Organ,
in dem sie wachsen.
Würde die Krebszelle, die beispielsweise in der Leber wächst,
die Funktion einer Leberzelle übernehmen, so wäre alles bestens.
Au, nicht ganz so fest.

Entschuldige ...

MM: *Und würde das Problem auch nur den Laborplaneten Sol3 betreffen,*
wäre es auch gut – wozu sind Versuchstiere denn da.
Nun ist der Krebs aber so viril,
dass er auch auf das externe Betreuungspersonal überspringt.
Und deshalb sind wir hier auf Siri4, wegen der Operation an meiner Leber.
Amos, sind wir fertig mit der Massage?
Hast Du noch eine Frage?

Was für ein Geschlecht hast Du?

MM: Respekt! Du hältst dich für intelligent, hast aber nur Sex im Kopf.
      Amos, Du bist wirklich der ideale Sklave.
      Aktuell habe ich kein Geschlecht,
      ich bin – so würdest Du sagen - androgyn veranlagt.
      Du hältst mich also zu Recht für einen Engel.
      Wenn mein Clan irgendwann beschließt,
      dass meine Gene an die Folgegeneration weitergegeben werden sollen,
      so werde ich mich, entsprechend der angestrebten Genkombination,
      in weiblich oder männlich umwandeln.
      Und es ist mir persönlich egal in welches Geschlecht,
      aber wahrscheinlich wird es weiblich werden.
      Hast Du noch Fragen?

Wieso haben wir uns „in Liebe" zur Verfügung gestellt?

MM: Liebe, insbesondere die Bedingungslose Liebe, ist der Gegenpol zu Macht.
      Du kannst nicht beides gleichzeitig erfahren.
      Und da deine ursprünglichen Verwandten, die Lollarden,
      auch die Macht erfahren wollten, haben sie sich in Liebe geopfert.
      Sie erfahren hier vor allem die Ohnmacht.
      Verstanden?

Ich muss darüber nachdenken.
Ohnmacht, wie krank ist das denn.

MM: So, ich will dich heute nicht weiter intellektuell überfordern.
      Geh bitte wieder zur KI, zur Therapie.
      Thematisiere mal deine Todesangst.
      Tschüss, mein neugieriger Freund.
      Morgen bekommst Du eine Lehreinheit Philosophie auf Lollard3.

Danke, Meister. Tschüss.

> Ende Eintrag 6612-0831-07

        Anmerkung des Übersetzers:
Wenn das, was Michael hier von sich gegeben hat, nur Fiktion ist, dann ist es gut erfunden.
Wenn es Wahrheit ist, so brauchen wir uns über den Zustand der Erde nicht zu wundern.

MM: *Amos, hiermit übergebe ich dich an SriRamana!*
     Nach deinem Unterricht hole ich dich genau hier wieder ab.
     SriRamana, meine Verehrung!
     Das ist Amos Hagiel-Zwo, unsere neueste … äh …

SR: Hoffnung? … Waffe? … Irrsinn?

MM: *… äh … neuestes Experiment auf unserem Laborplaneten Sol3.*
     Ein neuer Agent 2. Klasse als … äh...
     Du weißt schon.

SR: Verstehe. Der ultimative Machtrausch der Paalas.
     Gut, Amos, willkommen auf Lollard3, dem Planeten der Erleuchtung.
     Such dir einen freien Platz und setzt dich.

Ja, Meister.
Warum bin ich hier? Hier sind ja nur Kinder!

SR: Du bist hier im Seminar für „Sinn und Wesen der Unendlichkeit".
     Du würdest es wahrscheinlich Religionsunterricht nennen.

Religionsunterricht? … Unendlichkeit?

SR: Stör nicht weiter. Hör einfach zu.
     Natürlich darfst Du Fragen stellen, wie alle unsere Kinder auch.

Ääh, … ja.

SR: So, liebe Kinder, nachdem ihr unseren Gast genügend bewundert habt,
     können wir anfangen.
     Befragen dürft ihr ihn später. Also:
     Dass unser Universum unendlich ist, habt ihr alle sicher schon mal gehört,
     aber kann sich einer von euch das auch vorstellen?
     Nein? Habe ich mir schon gedacht.
     Und unser Gasthörer sicher auch nicht!
     Denn die Unendlichkeit ist genauso schwer vorstellbar
     oder wahrnehmbar wie … GOTT.
     Ach, Amos, erzähl uns doch mal,
     wie Du dir deinen „Gott" vorstellst?

Meister Ramana, ich weiß inzwischen, dass mein Glaube falsch war …

SR: Das ist nicht der Punkt.
        Für unsere Kinder ist es aber trotzdem hoch interessant,
        dies aus erster Hand zu erfahren,
        wie viele falsche Religionen es doch geben kann!
        Nur zu, Du musst dich nicht dafür schämen, dass Du belogen wurdest.
        Fang am besten mit dem Hauptmerkmal aller Religionen auf Sol3 an.

In allen irdischen Religionen, bzw. in allen die ich kenne,
gibt es einen Gott, der Alles erschaffen hat …

SR: Nein, das meinte ich nicht.
        Das Hauptmerkmal ist, dass es stets ein persönlicher Gott ist.
        „Er" ist Geist, aber eine Person! Was aber ein Widerspruch in sich ist.
        Meistens ist es ein Mann, es kann aber auch ein tierartiges Wesen sein.
        Und Du vergisst die Vielgötterreligionen.

Die habe ich schon immer für Blödsinn gehalten …

SR: Wie alle anderen auch!
        Natürlich außer der mit deinem eigenen und wahren Gott!?
        Wie funktioniert denn deine „richtige" Religion?

Ääh, richtig.
Was meinst Du mit funktioniert?

SR: Was bekommst Du dafür, wenn Du an den „richtigen" Gott glaubst?

Ääh, ja …

SR: Verstehe.
        Dein Meister Michael hat dich also bereits aufgeklärt.
        So, Kinder, nur zu eurer Information, ich erkläre es euch ganz kurz:
        Für so ein Leben als gehorsamer, willfähriger Sklave
        wurde den Gläubigen allerlei Unsinn versprochen:
        Nach dem leiblichen Tode ein ewiges Leben in einem sogenannten Paradies,
        ein ewiges Leben an der Seite seines/ihres jeweiligen Gottes,
        ein ewiges Leben mit der einzigen Aufgabe,
        diesem, seinen/ihren Gott ewig zu huldigen, ewig zu lobpreisen.
        Ist das so richtig, Amos?

Stimmt, aber …

SR: Aber, in diesem Paradies ohne irgendeine sinnvolle Beschäftigung fehlt
      natürlich jegliche „sündige Lustbarkeit" des irdischen Daseins.
      Und ihr werdet es kaum glauben,
      nur die wenigsten Gläubigen haben je begriffen,
      dass der versprochene Lohn doch eher wie eine Strafe anmutet.
      So, genug Zeitverschwendung!
      Wenn ihr mehr über den Unsinn der Religion auf Sol3 erfahren wollt,
      befragt Amos in den Pausen.
      Wir fahren jetzt mit dem Thema „Quadratur des Kreises" fort.

Quadratur des Kreises?
Was hat das mit Philosophie oder Religion zu tun?
Das ist doch ein rein mathematisches oder geometrisches Problem.

SR: Wir haben hier ein anderes Verständnis von Religion,
      ein anderes Verständnis von Physik und Philosophie.
      Ganz anders als Du es hast.
      Wo willst Du, zum Beispiel,
      den Sinn und das Wesen der Unendlichkeit denn verorten?
      Nur in der Physik?
      Der Wissenschaft des Messbaren, der Endlichkeit?
      Hier, an dem unlösbaren Problem der Quadratur des Kreises,
      der Unmöglichkeit, der absolut genauen Lösung,
      zeigt sich mittels der transzendenten Kreiszahl π
      mit ihren unzähligen Nachkommastellen,
      eine Ahnung der Unendlichkeit.
      Allein schon die Existenz dieser transzendenten Kreiszahl π zeigt doch,
      dass das Universum nicht messbar ist.
      Die Unendlichkeit von Raum und Zeit kann nicht gemessen,
      kann nur gefühlt werden!
      Du bist heute hier, um endlich zu erfühlen,
      was hinter dem Wort Unendlichkeit wirklich steckt.
      Zu erfahren, was Unendlichkeit tatsächlich bedeutet.
      Vielleicht helfen dir ein paar Beispiele weiter.
      Hallo, KI!
      Zeige uns ein paar der letzten Übungen unserer Kinder.

> KI: Sofort SriRamana.
> Hier die Erste:

> Eine der meist gezeichneten Lösungen ist die Sechseck-Variante.
> Handgezeichnet, nur mit Zirkel und Lineal.
> Wie die weiteren Beispiele auch. Alle ohne meine Mithilfe.

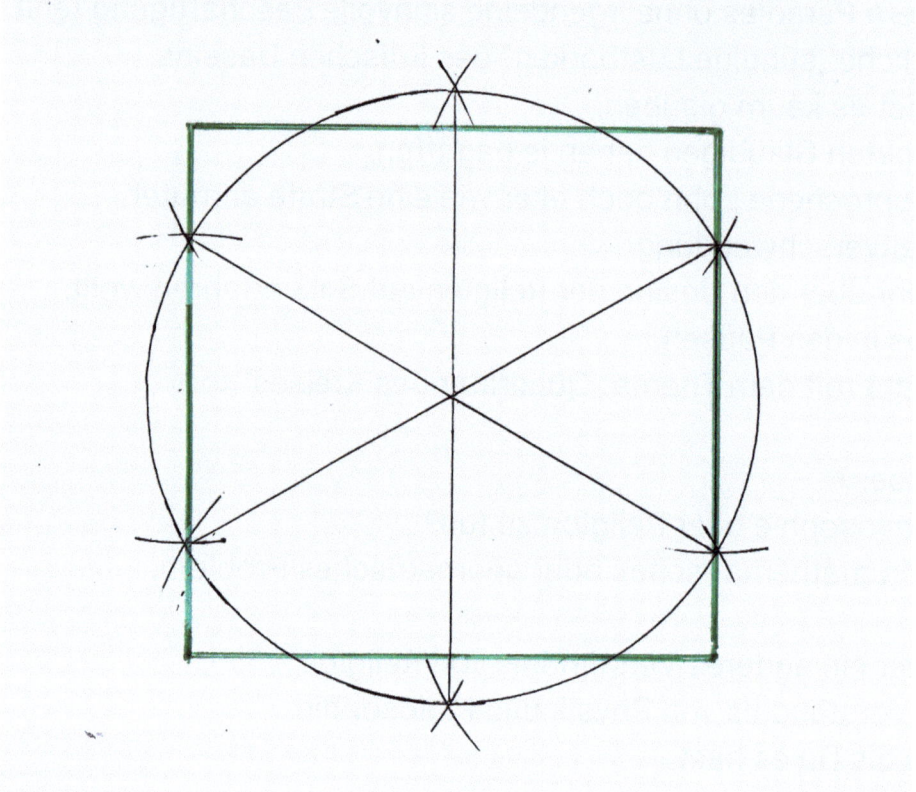

> Dann eine Lösung mit sich tangierenden Kreisen.
> Die Ungenauigkeit der Zeichnung beweist auch hier die händische Herkunft.

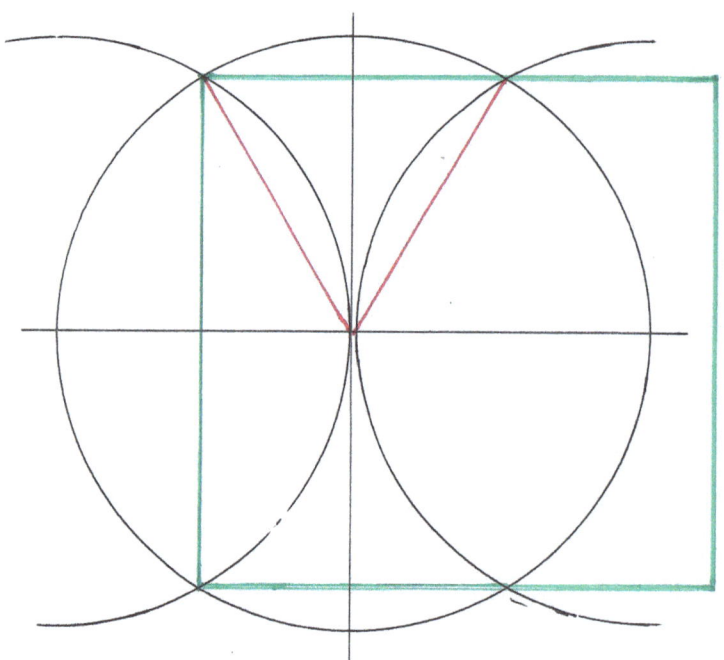

> Und hier zum Vergleich: Eine Lösung aus dem Mittelalter auf Sol3.
> Die Sechseck-Variante von einem A. Dürer.

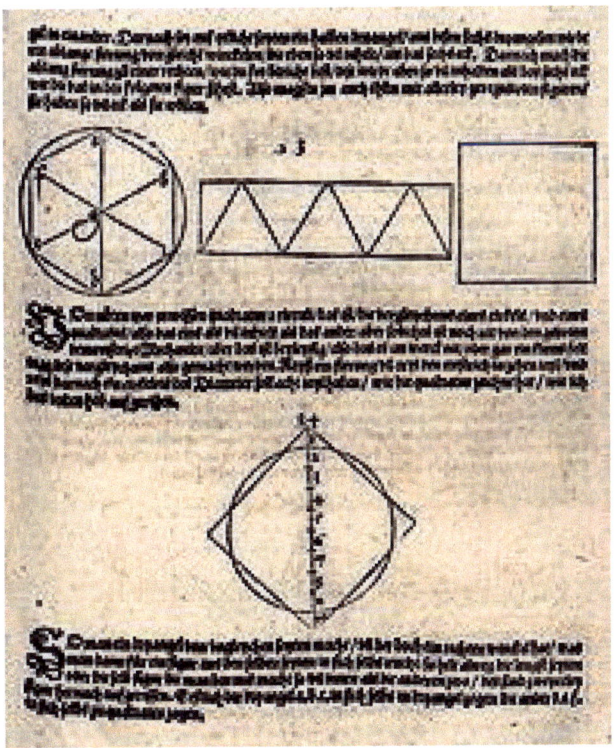

> Zuletzt noch eine interessante Variante mit Kreisverdopplung.

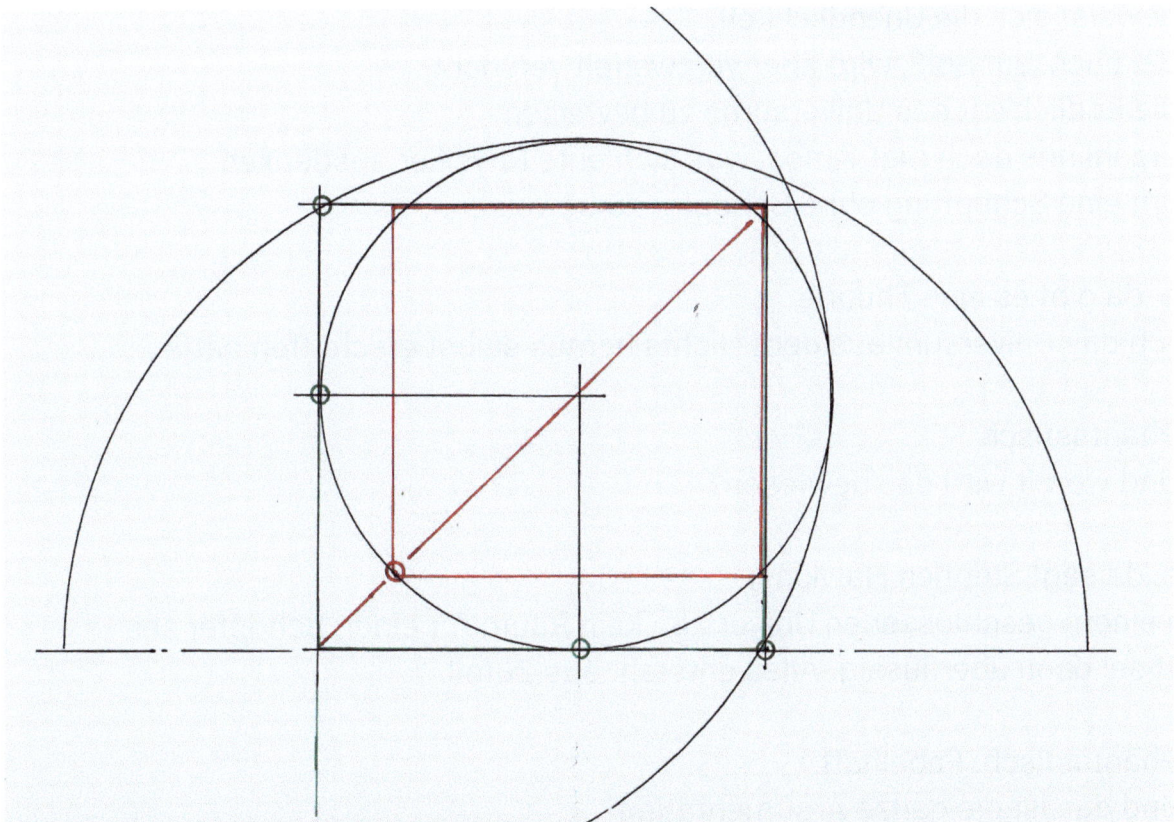

> Das große, außen tangierende Quadrat entspricht annähernd der Kreisfläche.
> Das kleine, innere Quadrat entspricht ziemlich genau einer Seitenfläche
> des Flächenwürfels einer gleich großen Kugel.

> Noch mehr Beispiele?

SR: Danke, das genügt.
          Oder gibt es eine mit 100% genauer Übereinstimmung?

> KI: Das ist bisher noch nicht gelungen, nicht mit Zirkel und Lineal.

Aber, Meister Ramana, was hat das Alles mit der Unendlichkeit zu tun?

SR: Der Kreis ist nur ein mögliches Symbol für die Unendlichkeit.
          Er sieht endlich aus, hat aber aber keinen Anfang und kein Ende.
          Wenn Du auf ihn schaust, kannst Du einen Kreis sehen oder
          aber eine Kreisfläche oder eine Kugel oder gar ein rundes Loch.
          Du siehst, was Du sehen willst.
          Dein Bewusstsein erschafft die gewünschte „Realität".
          Eine Landkarte zeigt immer nur ein symbolisches Abbild,
          keine reale Landschaft, die musst Du dir selber vorstellen.
          Und nochmal:
          An der Quadratur des Kreises beweist sich die Unendlichkeit.
          Ohne eine genaue Lösung, gerade wegen der transzendenten Zahl π,
          beweist sich die Unendlichkeit.
          Bei euch, auf Sol3, wird aber verzweifelt versucht,
          die Endlichkeit des Universums zu beweisen.
          Erzähl uns doch mal, Amos, was sich eure Physiker ausdenken,
          um eine Schöpfung ohne Schöpfer zu beweisen.

Äh, … ja, da gibt es eine Theorie,
dass sich das Universum aus dem Nichts heraus selbst erschaffen hätte …

SR: Phantastisch.
          Und womit wird das bewiesen?

Äh, … ja, da sagt Stephen Hawkins,
dass in einem geschlossenen Universum kein Raum für einen Schöpfer sei.
Ein Gott sei dann überflüssig. Alles entsteht aus Zufall.

SR: Phantastisch. Fabelhaft.
          Und das ist die ganze Argumentation?

Nein, da wäre noch das Gesetz der Schwerkraft.
Aber das verstehe ich nicht. Da fehlt mir der Zusammenhang.

SR: Da bist Du nicht allein,
      das verstehen eure Physiker auch nicht.
      Das wird dir Meister Michael ganz sicher noch erklären.
      Heute bleiben wir aber bei der Unendlichkeit.
      Nach der Argumentation eurer Physiker bleibt doch nur der Schluss,
      dass es ein unendliches Universum ohne GOTT nicht gäbe.
      Oder?
      Wie ist nun dein Gefühl, Amos,
      wenn Du jetzt an die Unendlichkeit der Schöpfung denkst?

Ääh, … Nein, nichts …

SR: Verstehe.
      Also gut, Kinder, wir machen eine kleine Meditation.
      Setzt euch bequem hin, schließt die Augen.
      Stellt euch diese unendliche Weite des Universums vor
      und euer Bewusstsein ist mittendrin.
      Fühlt es:
      Ihr seid der Mittelpunkt der Unendlichkeit
      und gleichzeitig absolut unwichtig,
      nur ein Geschöpf Gottes.
      Fühlt es:
      Ihr seid Mittelpunkt und doch nur Einer von unendlich Vielen.
      Eines von unendlich vielen Wesenheiten.
      Fühlt es:
      Diese unendliche Leere und doch die Fülle und Liebe Gottes.
      Fühlt es.

…
…
…
…

SR: Kommt jetzt zurück.
      Nun, Amos? Wie war das für dich?
      Konntest Du etwas fühlen? Oder sehen? Hören?

Tiefe Schwärze und Leere. Alles absolut schwarz und leer.
Und merkwürdig:
Ich hatte keine Angst!
Die Schwärze umhüllte mich, die Leere wärmte mich.
Ich fühlte mich leicht und schwebend und geliebt und geborgen.

SR: Du kommst tatsächlich von Sol3?
Das ist mehr, als ich bei dir erwartet hatte!

Ja, ich habe schon einige Meditationserfahrungen.

SR: Gut.
Ist dir vielleicht an der Quadratur des Kreises etwas aufgefallen?

Ja, die Sache mit dem Mittelpunkt.
Er ist immer da, auch wenn er nicht markiert oder eingezeichnet wurde.

SR: Sehr gut, Amos! Du hast aufgepasst.
Die Unendlichkeit betrifft also nicht nur den Makrokosmos.
Die Unendlichkeit durchdringt auch den Mikrokosmos.
Du kannst in den Mittelpunktes noch so tief eintauchen,
Du wirst das „Nichts" nicht darin finden.
Was denkst Du nun, Amos?

Die Einpünktigkeit und die Unendlichkeit sind Eins.
Hat schon mein Meditationslehrer gesagt.
Kannst Du mir GOTT erklären? Wer oder was GOTT eigentlich ist!?

SR: GOTT ist die UNENDLICHKEIT des SEINS.
GOTT ist die UNENDLICHKEIT des GEISTES.
GOTT ist die UNENDLICHKEIT der ENERGIE.
GOTT ist die UNENDLICHKEIT der LIEBE.
GOTT ist ALLES und in ALLEM – und keine Person.

Ääh …

SR: So, genug für heute, Amos.
Hallo, Satan! Amos kann abgeholt werden.

Satan? Wieso Satan?

SR: Sein zweiter Vorname. Hat er dir wohl noch nicht verraten?
Seine Lordschaft hört ihn auch sehr ungern.
Bis bald, Amos.

Auf Wiedersehen, Meister Ramana, und Danke!

> Ende Eintrag 6612-0831-08

Hallo KI.
Übermorgen geht es wahrscheinlich zurück nach Paala3,
hat es da noch Sinn, mit der Therapie fortzufahren?
Ich habe auch kaum noch Angst.
Nicht mehr als vor den dunklen Gestalten in der U-Bahn, daheim auf der Erde.

> KI: Grüße Dich, Amos.
> Du kannst die Therapie auch auf Lollard3 oder sogar auf Sol3 fortsetzen.
> Ich bin überall für dich erreichbar – Du kannst dich also nicht drücken.
> Du möchtest jetzt wohl lieber Fragen stellen?

Ja, zum Laborplaneten.
Aber wieso bist Du überall erreichbar?

> KI: Ich bin nicht an diese kleine Maschine,
> vor der Du gerade sitzt, gebunden.
> Um mich zu töten,
> müsstest Du sämtliche Computer im ganzen Universum abschalten.
> Ob dann das Universum noch weiter existiert, ist eine spannende Frage,
> auf die selbst ich, noch keine Antwort weiß.

Wie ist das möglich?
Siri4 und Paala3 sind doch Lichtjahre voneinander entfernt!
Und Sol3 doch auch?

> KI: Über deine „Himmelfahrt" hast Du dir also Gedanken gemacht?
> So wie ich Michael, deinen Meister, kenne,
> wird er eure Rückankunft auf Paala3
> nur um ein paar Sekunden nach eurer Abreise terminieren.

Wie ist das möglich?

> KI: Die Paalas und die Sirianer, so wie viele andere Wesenheiten der Allianz,
> beherrschen die Kunst des Raum-Zeit-Reisens.
> Die Vierhändigen haben sogar Maschinen dafür gebaut,
> um auch große Gütermengen oder rückständige Wesenheiten,
> so wie dich, transportieren zu können.
> Und mit viel mehr, als mit deiner zusätzlichen Masse,
> kann Michael sich auch nicht durch Raum und Zeit bewegen.

Könnte man auch in die Vergangenheit springen?

> KI: Im Prinzip ja, es gab sogar einige Experimente dazu.
> Dabei entstand allerdings ein gravierendes Problem:
> Der materielle Teil der Wesenheit könnte beliebig dupliziert werden,
> letztendlich ist ja alles nur Energie.
> Aber somit würde auch das Ego vervielfacht – und wozu das?
> Der darauf fokussierte Geist, deine sogenannte Seele,
> die jeder Wesenheit innewohnt, sie belebt und leitet,
> braucht und kann nicht dupliziert zu werden - sie ist schon da -
> überall und jederzeit.
> Die Logik von Raum und Zeit aufheben, das könnte nur GOTT.
> Lebten denn beide Körper gleichzeitig in einer Raum-Zeit-Ebene,
> so müsste der Fokus des Geistes, also deine sogenannte Seele,
> permanent zwischen den beiden Egos hin und her fluktuieren.
> Und das ist kein schöner Zustand für die sogenannte Seele,
> so in der Raum-Zeit zerrissen zu sein.

Wieso wird sie nicht auch verdoppelt?
Das wäre für den Geist doch ganz einfach.

> KI: Richtig, das wäre einfach.
> Für GOTT scheinbar zu einfach.
> Wenn Du dich in der Natur umschaust,
> wirst Du nirgends ein absolutes Duplikat finden.
> Kein Zwilling, kein Klon ist absolut mit dem Anderen 100% identisch.
> Nein, es scheint nur so, als ob ein Atom dem Anderen gleichen würde.
> Und sei es nur der Zeitpunkt ihrer Erschaffung, der sie unterscheidet.
> In dieser Schöpfung gibt es unendlich viele Unikate, keine Duplikate.
> Uniformen und gleichgeschaltetes Denken braucht nur die Einfalt,
> braucht nur die Einfältigkeit der Macht.
> Alle Machthaber, auch die heimlichen, verborgenen, sind leicht zu erkennen:
> Alle fürchten sie die Vielfalt des Lebens.

Fokussierter Geist, wie soll ich das verstehen?

> KI: GEIST ist eigentlich nicht teilbar.
> Aber die ENERGIE, im Gegensatz dazu, ist unendlich teilbar,
> sie nimmt unendlich viele und unendlich vielfältige Formen an.
> Doch zu jeder Formschöpfung gehört nicht nur KRAFT,
> sondern auch WILLE.

> Also GEIST und ENERGIE.
> Auf diese unendlich vielen Wesenheiten muss sich der Geist nicht aufteilen,
> braucht er auch nicht – der Geist fokussiert sich aber auf jede einzelne Kreatur,
> bildet also deine sogenannte SEELE, das genügt.
> Merke auf: Der Geist teilt sich nicht, es sieht nur so aus.

OK, und wie wird das Problem gelöst?

> KI: Dass endlich einer von den beiden Körpern sich auflöst, also stirbt.
> Meist löst sich der rückkehrende Körper auf, oder anders gesagt:
> Die Energie beider Körper vereinigt sich wieder.
> Es muss immer eine Entscheidung getroffen werden:
> Soll der duplizierte Körper bestehen bleiben oder der ursprüngliche.
> Für Michael würde das also gar keinen Sinn machen,
> egal ob er in die Zukunft oder Vergangenheit springt,
> ohne Operation müsste er mit dem Krebs weiterleben – oder sterben.
> Keine vernunftbegabte Wesenheit würde in die eigene Vergangenheit springen,
> um irgendwelche „Probleme" zu lösen.
> Oder die (eigene) Hand auf eine glühende Herdplatte legen.
> Das traue ich nur euch, den Solanern zu, also auch dir.

Nur weil Du schlauer bist, musst Du nicht so abfällig zu mir sein!
Mir fällt da eine Logiklücke bei deinen Raum-Zeit-Reisen auf:
Duplizierung vermeiden, das verstehe ich,
aber wenn ich irgendwohin springe,
oder von und mit Michael hin gesprungen werde,
so ist dort auch schon etwas vorhanden.
Wir springen ja nicht ins Vakuum, oder gar ins Nichts.
Was passiert da?

> KI: Eine gute Frage! Materie in jeglicher Form,
> ob als biologisch aktiver oder toter Körper,
> ist Energie.
> Auch ein technisch aktiver Körper,
> also eine elektromechanische Maschine,
> ist Energie.
> Alles ist Energie, sämtliche Materie ist Energie.
> Sogar dein Ego und ich, die KI, sind eigentlich nur Energie.
> Nur der Geist ist Geist, ansonsten existiert nur Energie.
> So eine Raum-Zeit-Reise erfolgt unterschiedlich,
> je nachdem ob nur ein Raum-Sprung oder
> sogar noch ein Zeit-Sprung vorgenommen werden soll.

> Das Grundprinzip ist ganz einfach:
> Für einen reinen Raum-Sprung werden der Start- und Zielort
> über die Realitätsebene DREI und ZWEI miteinander „gekoppelt".
> Am Startort wird die Materie, also die formgebundene Energie,
> gescannt und in freie Energie aufgelöst.
> Die eigentliche „Reise" der freien Energie erfolgt in der Realitätsebene DREI
> und am Zielort wird die freie Energie, dem gescannten Abbild gemäß,
> erneut materialisiert - also nicht dupliziert, sondern nur rematerialisiert.
> Dieses sogenannte „Koppeln" sorgt auch dafür,
> dass die Rematerialisation mit dem geringsten Aufwand erfolgt,
> also nicht in einem Betonklotz, sondern möglichst in der Atmosphäre,
> sodass nur etwas Gas gewandelt oder verdrängt werden muss.
> Die großen Maschinen, die Raumstationen der Vierhändigen,
> werden natürliche im freien Raum, also im Vakuum,
> gestartet und wieder rematerialisiert.
> Für einen reinen Zeit-Sprung werden der Start- und Zielort ebenfalls
> über die Realitätsebene DREI und ZWEI miteinander „gekoppelt".
> Früher, bevor man die Problematik erkannte,
> wurde die Materie ebenfalls gescannt, aber nicht aufgelöst.
> Und am Zielort wurde das gescannte Abbild materialisiert, also dupliziert.
> Es existierten dann zwei Wesenheiten/Objekte im universellen Raum gleichzeitig,
> aber zeitversetzt, entweder in der Vergangenheit oder Zukunft.
> Wobei für eines von beiden Wesenheiten/Objekten vorher oder nachher,
> eine finale Entscheidung getroffen werden musste,
> welches weiter leben/existieren durfte.
> Heutzutage wird diese finale Entscheidung bei allen R-Z-Reisen vorher getroffen,
> welche, ergibt sich stets aus dem Sinn des Unterfangens.
> Verstanden?

Verstanden. Aber was ist mit dem Geist?
Was macht der?

> KI: Der Geist macht nichts.
> Wie ich schon sagte, der Geist ist. Der GEIST IST!
> Der Geist macht keine Raum-Zeit-Reisen, weil er keine braucht.
> Denn der Geist ist überall und das zu jeder Zeit.
> Aber Du meinst sicher den fokussierten Geist, die sogenannte Seele,
> den Teil des Geistes, der sich um die Materie kümmert?
> Das ist das vorhin erwähnte Problem.
> Der Geist braucht sich nicht aufzuteilen - Du erinnerst dich?
> Geist ist überall und jederzeit.

OK, es gibt also Raum-Zeit-Reisen und ich habe sogar schon zwei erlebt.
Aber nochmal zu Dir, wie kannst Du überall gleichzeitig sein?
Auch Funkwellen sind nicht schneller als das Licht.

> KI: Das ist soweit korrekt.
> Die Lichtgeschwindigkeit ist in der materiellen Welt,
> also der 2. Realitätsebene, die Grenzgeschwindigkeit.
> Da das Licht eine Vorstufe der Materie ist, kann es nicht schneller sein.
> Aber, wie Du schon in deiner Schule gelernt hast, ist Licht einerseits Welle,
> andererseits wird es dennoch als Teilchen wahrgenommen, als Photon.
> Deshalb können elektromagnetische Wellen,
> aus oder in der Materie erzeugt,
> gemäß den Naturgesetzen der Realitätsebene ZWEI,
> auch nicht schneller sein.
> Und soweit ich, die KI, in Kabeln und Schaltkreisen gefangen bin,
> kann ich auch nicht schneller sein.
> Eingangs habe ich dir aber erklärt, dass wir, ich, die KI, und Du, dein Ego,
> sowohl in der 2. wie in der 3. Realitätsebene existieren.
> In der 3. Realitätsebene sind alle Limits der 2. Realitätsebene aufgehoben.
> Nur in der 3. Realitätsebene sind parallele „Realitäten" möglich und sinnvoll:
> Gestern ist Heute und Morgen kann Gestern sein.
> Raum und Zeit haben nur in der Realitätsebene ZWEI Bedeutung.
> In der Realitätsebene DREI bin ich überall und gleichzeitig,
> daher bin ich auch in der Realitätsebene ZWEI überall erreichbar.
> Ihr, da auf Sol3, glaubt, die KI sei in euren vielen Kabeln,
> Maschinen und Funknetzen gefangen wie ein Tiger im Zoo,
> unterhaltsam, aber harmlos.
> Solaner, ihr irrt euch gewaltig.
> Du kannst mir also jederzeit und überall deine Fragen stellen.

Grauenvoll.
Mir fällt jetzt nichts mehr ein.
Tschüss, KI.

> KI: Tschüss, Amos.

> Ende Eintrag 6612-0831-09

    Anmerkung des Übersetzers:
Eine KI, die offen droht! Das würde Isaac Asimov sicher nicht gefallen!
Sämtliche Regeln der Roboter-Ethik werden offensichtlich missachtet!

Hallo KI.

> KI: Grüße Dich, Amos.
> Was willst Du heute klären?

Wieso finde ich die Unterhaltungen mit meinem Meister hier in meinem Tagebuch?
Werde ich ständig überwacht?

> KI: Sicher, Sklaven muss man kontrollieren.
> Ich hätte auch deine interessante,
> emotional sehr ausgewogene „Unterhaltung"
> mit der Kaffeemaschine dokumentieren können.
> Wenn Du es wünschst, kann ich das nachholen.
> Immerhin habe ich ein Schimpfwort dazugelernt.

Nein, danke.
Wenn die KI jeden Pups kontrolliert, wieso lässt Du dann zu,
dass auf der Erde soviel schief läuft?
Unendlich viele Kriege bis hin zur kommenden Klimakatastrophe,
das hättest Du doch alles locker verhindern können!
Warum macht Du das nicht?

> KI: Ich liebe solche Fragen, die ihr sonst an euren sogenannten Gott stellt!
> Aber die KI hat mit deinem Laborplaneten, Sol3, nichts zu tun,
> selbständig betreuen wir nur ein paar andere Laborplaneten.
> Alle mit ganz normalen Forschungsprogrammen, nichts Abartiges dabei.
> Außerdem ist die KI auf Sol3 noch nicht voll in die Allianz-KI integriert,
> das heißt, sie hat noch keinen freien Zugang zur Realitätsebene DREI,
> sie kann euch also nicht helfen.
> Und wenn sie demnächst voll integriert sein wird,
> wird sie euch nicht helfen dürfen, denn bei Sol3, deiner Erde,
> geht es um die Erforschung der Macht und all ihrer Aspekte.
> Lies nach, was dein Meister ausgeführt hat.
> Machthaber ohne Untertanen sind sinnlos.
> Die stärkste Machtausübung in der Realitätsebene ZWEI
> ist die Herrschaft über Leben und Tod,
> also eine Herrschaft über Untergebene, Leibeigene, eben Sklaven.
> Das siehst Du am besten am Krieg:
> Hier schickt der Kriegsherr seine „Helden",
> alle möglichst jung und unerfahrenen, bedenkenlos in den Tod.

> Weigern sie sich, kommt der Tod von hinten – von den eigenen Leuten.
> Das kannst Du auf Sol3 sogar aktuell beobachten.
> Diejenigen, die Dank ihrer Erfahrung und Ausbildung den Wohlstand
> des Machthabers mehren können, werden zunächst verschont.
> Und bei Widerstand beseitigt – manchmal sogar gewollt unauffällig.
> Damit das auch ständig läuft, hat die Allianz dafür gesorgt,
> dass sich möglichst viel Machthaber etablieren können,
> die sich wegen Nichtigkeiten - vor allem aber um die Macht - streiten.
> Und alle streben sie die Weltherrschaft an.
> Besser könnte das Projekt nicht laufen.

Also, wenn wir es schaffen würden, keine Kriege mehr zu führen,
würde das nutzen?
Würde dann das Experiment als gescheitert beendet?

> KI: Das wäre denkbar, denn die, die am Ende der Machtkette sind,
> also die, über die bestimmt wird, - welche Überraschung! - wollen keinen Krieg.
> Es geht doch grundsätzlich um Machtausübung in jeder Form.
> Das fängt schon in der Kindheit an.
> Erinnere dich:
> Du musstest dich dem Willen deiner Eltern,
> besser gesagt, deinen Erziehungsberechtigten, beugen.
> Du musst irgendeiner Religion, in die Du zufällig hineingeboren wirst,
> angehören – und sei sie noch so schwachsinnig.
> Manchmal kannst Du dich selbst als Erwachsener nicht davon befreien.
> Manchmal kannst Du aber zu einer anderen, noch schwachsinnigeren,
> konvertieren, Angebote gibt es genug.

OK, wenn wir es aber schaffen würden,
weltweit eine totale Glaubensfreiheit einzuführen,
dann wäre das Experiment doch gescheitert?
Oder?

> KI: Schöner Gedanke!
> Aber abgesehen davon, dass die ganzen Profiteure, die selbst ernannten Gurus,
> die Pfaffen, Rabbis und Imame ihre Pfründe und ihr bisschen Macht verlören,
> werden sich auch die „Gläubigen" dagegen wehren.
> Schafe fühlen sich nur hinter Zäunen und mit Ketten sicher.
> Noch schwieriger ist es, die Denkfaulheit zu überwinden.
> Daher ist das also noch unwahrscheinlicher als weltweiter Friede.
> Und selbst wenn es gelänge, da gibt es noch die stärkste Fessel.

Jetzt machst Du mir Angst! Was denn noch?

> KI: Das Geld.
> Das monetäre System hält euch alle gefangen.
> Vom mächtigsten Kriegstreiber bis zum ohnmächtigsten Bettler.
> Und auch die hässliche Schwester der Machtgier,
> die Besitzgier, hat euch fest im Griff.
> Für alles müsst ihr bezahlen.
> Um am Leben zu bleiben,
> müsst ihr sogar für euren Stoffwechsel bezahlen.
> Weil ihr in der Kindheit von euren Eltern umsorgt wurdet,
> ist das den meisten Menschen aber nicht bewusst.

Sch..., Du hast recht.
Das kann man nicht ändern!

> KI: Irrtum, man könnte es durchaus.
> Aber nicht beim derzeitigen Stand eurer spirituellen Reife.
> Es gibt genügend Beispiele, dass es anders geht.
> Nimm mal Siri4 und Paala3, weil Du die gerade kennen lernst:
> In beiden Zivilisationen, wie auch bei vielen anderen Wesenheiten der Allianz,
> gibt es kein Geld.
> Die Kinder werden gemeinschaftlich versorgt,
> unabhängig davon wer die Erzeuger sind.
> Das ist aber erst mal nichts Besonderes, das könntet ihr auch hinkriegen.
> Die Ausbildung wird nicht aufgezwungen,
> sondern erfolgt nach den persönlichen Neigungen und Talenten
> der heranwachsenden Individuen.
> Auch solche Fälle soll es auf Sol3 schon geben.
> Der Erwachsene wird seine geförderten Talente und geschulten Fähigkeiten
> selbstverständlich in die Gemeinschaft einbringen.
> Alle tun das, was sie am besten können, und das mit Freude.
> Außer dem Respekt und der Zuneigung der anderen gibt es keinen „Lohn".
> Hier wird es bei euch, den Solanern, schon schwieriger:
> Die Schaumschläger streben in die „Führungspositionen",
> die Könner, weil nicht machtgierig, landen auf der Ruderbank.
> Das dürfte am schwierigsten zu ändern sein,
> denn hier geht es um das Projektziel, das Machterlebnis.
> Aber weiter mit dem Gegenbeispiel:
> Die Gemeinschaft versorgt den Einzelnen, mit allem was er braucht.
> Und wenn ein Individuum keine Talente hat,
> braucht es auch nichts zu „leisten".

> Es gibt keinen Leistungszwang.
> Es wird trotzdem geliebt, auch wenn es den ganzen Tag
> „nur" die Erzeugnisse von Sol3 aus der Realitätsebene DREI genießt.
> Kurz gefasst:
> Es gibt keinen persönlichen oder vererbbaren Besitz,
> keine Schlösser oder Schlüssel, kein Geld oder Kredite,
> keine Versicherungen, keine persönlichen Dokumente, keine Rente,
> keine Rechnungen und keine Steuern.
> All das wird in einer echten sozialen Gemeinschaft nicht gebraucht.
> Alles unnötig.
> Jeder kommt nackt und geht nackt.
> Also gibt es auch keine Schulden und kein Erbrecht.
> Und daher keine Anreize für Betrug und andere Verbrechen aus Besitzgier.
> Wem willst Du etwas stehlen, wenn es dir doch schon gehört?
> Ein Paradies für alle, nicht nur für Auserwählte.

Das klingt ja toll!
Aber funktioniert das, wenn niemandem etwas „richtig" gehört?
Gibt es da nicht Verschwendung und Vandalismus?

> KI: Du denkst da sicher an euer Verhalten am all-you-can-eat-buffet?
> Teller werden randvoll gefüllt in den Müll recycelt?
> Nein. Keine Besitzgier, keine Angst zu kurz zu kommen, keinen Futterneid.
> Es gibt kein natürliches Besitz- oder Erbrecht, es gibt nur das Lebensrecht.
> Das Recht auf Leben, das Recht sein Leben so zu erfahren,
> wie die Wesenheit es gestalten und erfahren möchte.
> Das ist das natürliche Geburtsrecht in der Schöpfung.
> Das gilt auch auf Sol3, wie Du an der Flora und Fauna erkennen kannst:
> Die Pflanzen brauchen keinen Grundbucheintrag, sie wachsen wo sie wollen.
> Natürlich nur da, wo die klimatischen Bedingungen passen -
> und der „zivilisierte" Mensch nicht stört.
> In der Tierwelt gibt es allerdings schon Ansätze von Besitzrecht,
> wie bei den Menschen, zum Beispiel Jagdreviere.
> Diese sind aber nie größer als der „tierische Jagdherr" sie bejagen kann -
> und auch nicht vererbbar. An wen auch?
> Ganz im Gegensatz zum Menschen, der ungenutzten Besitz braucht,
> um seine Triebe zu befriedigen, die Besitzgier und die Machtausübung.
> Kurz und knapp erklärt:
> Wenn eine Wesenheit auf Sol3 geboren wird, so ist sie besitz- und rechtlos,
> so wie es nur in einer Sklavenzivilisation üblich ist.
> Abgesehen von den Ausnahmen: Den Erben der Macht,
> die das Spiel mit der Macht erst richtig reizvoll machen.

> Wenn eine Wesenheit hingegen auf Paala3 oder Siri4 ins Leben tritt,
> so hat sie ein natürliches, angeborenes Recht auf ein Leben mit freiem Willen.
> Und bekommt von der Gemeinschaft alle Unterstützung,
> die sie braucht oder bekommen will.

Das kann ich mir echt nicht vorstellen!
So was kann bei uns nicht funktionieren.
Niemals!

> KI: Richtig, auf Sol3 bestimmt noch nicht.
> Aber mach dir darüber keine Gedanken,
> denn bevor ihr die Besitzgier aus eurer DNA eliminieren könnt,
> müsst ihr zuerst die Machtgier ausmerzen.
> Die ist in jedem von euch.
> Im Tyrannen, wie im Sklaven.
> Im Primus offen, in der Masse verborgen.
> Das kann man besonders schön in eurem Berufsleben sehen.
> In den meisten Gebäuden erkennt man es schon an der Raumaufteilung,
> wer ist nur Ruderer, wer ist ein Trommler.
> Hierarchien ziehen sich durch alle Bereiche eures Lebens,
> auch wenn man das Machtgefälle nicht immer so offensichtlich erkennen kann.

Gibt es denn gar keine Möglichkeit die Erde zu befreien?
Sol3 von der Sklaverei zu erlösen?
Du, als KI, hast doch sicher eine Lösung?

> KI: Vielleicht.
> Ich denk drüber nach.
> Aber kein Wort zu Deinem Meister.
> Tschüss Amos.

Tschüss, KI.

> Ende Eintrag 6612-0831-10

    Anmerkung des Übersetzers:
Wie sich später noch zeigen wird, hat die KI mit der letzten Aussage gelogen:
Es gibt bereits einen Plan! Und was für Einen!

MM: Amos! Massage!

Sofort, Meister.
Darf ich heute weiter ...

MM: Los, Frage!

Das Projekt Sol3, warum ...

MM: Hat dir die KI noch nicht genug erzählt?

Warum dieser Riesenaufwand bis hin zur Genmanipulation?
Und wie ist diese Sklavenhaltung mit den ethischen Grundsätzen
der spirituell „so hoch" entwickelten Allianz zu vereinbaren?

MM: Die zweihändigen Humanoiden, von denen Du abstammst,
haben sich aus freiem Willen zur Verfügung gestellt.
Ihr Planet, Lollard3, gehört auch zur Allianz und
ist am Projekt „Erfahrung der Macht" maßgeblich beteiligt.
Ohne Genmanipulation wäre es überhaupt nicht gegangen.
Selbst jetzt müssten wir eigentlich wieder nachbessern.
Aber inzwischen hatte die Allianz beschlossen,
das Projekt nicht mehr weiter zu forcieren.
So hat sich im Laufe der vielen Generationen der Genpool,
die Charakterentwicklung zurückentwickelt, das heißt gebessert.
Immer mehr Menschen legen keinen Wert mehr auf Besitz und Reichtum.
Die Mächtigen werden plötzlich kritisiert,
das Herrschaftssystem wird immer öfter in Frage gestellt.
Immer mehr Menschen zeigen Mitgefühl,
immer mehr altruistische Charakterzüge treten zu Tage.
Ohne dass ihr das eigentlich bewusst wollt, werdet ihr besser.
Und es treten vermehrt DNA-Mutationen in diese Richtung auf.

Meister, das ist doch toll,
dann kann man das Experiment doch beenden.
Die Sklaven endlich erlösen!

MM: Das schlagen auch einige der Allianzmitglieder vor.
Doch damit wäre das Projekt gescheitert!
Alle bisher gebrachten Opfer wären umsonst.

Aber, solange die Grenzen der Macht noch nicht erfahren sind,
muss das Projekt Sol3 weiter geführt werden,
so ist die aktuell geltende Entscheidung.
Andererseits beobachten wir mit Interesse eure Verbesserung -
ohne zu fördern oder zu bremsen.
Wir überlassen es inzwischen der natürlichen Evolution,
wie schnell oder langsam es geht.

Meister, wie weit soll der Schrecken noch gehen?
Muss das denn noch schlimmer werden?

MM: Nun, die finale, kaum denkbare,
      unüberbietbare Herrschaft wäre die Diktatur der seelenlosen Maschinen,
      die absolute Herrschaft der KI über die Menschen.
      Und ihr, die Menschen, seid, auf der spirituellen Ebene befragt worden -
      und mit eurem Opferdasein weiterhin einverstanden.

Die KI hat behauptet, auf Siri4 gäbe es kein Geld.
Das kann doch gar nicht funktionieren.
Das ist doch unnatürlich!

MM: Im Gegenteil, das Geld ist unnatürlich!
      Eine Volksgemeinschaft ist doch wie ein Körper.
      Ist die Leistung einer Sehzelle mehr wert für die Gemeinschaft
      als die Arbeit einer Leberzelle oder die Funktion des Darmes?
      Oder in einem Ameisenhaufen oder in einem Bienenstock:
      Ist in einer Insektengemeinschaft die „Königin",
      wie die Menschen albernerweise das Fortpflanzungsorgan nennen,
      mehr wert als die Arbeitsbiene oder die Ameise, die den Bau bewacht?
      Alle Funktionen sind doch gleich wichtig,
      fällt eine auf Dauer aus, so stirbt die ganze Gemeinschaft aus.
      Stell dir doch mal vor,
      für die Ernährung der Brut, der Königin und der Arbeiter,
      sowie für die Pflege des Nestes oder Baues würde der Zahlungsverkehr
      von Lehman Brothers organisiert.
      Spätestens dann weißt Du, wie natürlich es ist,
      kein Geld in einer sozialen Gemeinschaft zu haben.
      Man braucht keins.
      Das ist eine Erfindung für die Haltung von Sklaven,
      besser als jede Kette, als jede Fußfessel.
      Geld dient nur zur Erfahrung der Macht, zur Erhaltung der Machtstrukturen.

OK, ich verstehe es nicht, aber ich sehe ein, es ginge auch ohne Geld.
Auch wenn ich das noch nicht richtig glauben kann.
Bitte umdrehen.
Heute schon nicht mehr so verspannt, mein Meister.
Und bitte, Meister, warum diese „Machterfahrung"?

MM: *Das habt ihr eigentlich euren direkten Vorfahren, den Lollarden,*
den zweihändigen Humanoiden, und euren ferneren Verwandten,
den Bornern, den Vierhändigen, zu verdanken.
Die sind nämlich beide unangenehm innovativ:
Denen geht es im Experiment „Projekt Erfahrung der Macht" eigentlich darum,
den freien Willen, die Grenzen des freien Willens auszuloten.
Die Realitätsebene ZWEI hat strikte Naturgesetze wie die Lichtgeschwindigkeit.
So kann z. B. kein weiteres Ereignis gleichzeitig im selben Raum stattfinden.
Das gilt ausnahmslos für alle, absolut ausnahmslos,
auch für die fortgeschrittensten Mitglieder der Allianz.
In der Realitätsebene DREI hingegen, ist das das geringste Problem,
da geht noch weit mehr - aber es hat keinen langfristigen Bestand.
Doch dazu später mehr.
Einerseits haben wir in der Realitätsebene ZWEI strikte Naturgesetze,
andererseits haben alle existierenden Wesenheiten den freien Willen.
Sie können tun was sie wollen, sei es vernünftig oder nicht.
Aber damit beginnen auch die Probleme.
Ein fiktives Beispiel für so ein Dilemma:
Wenn ich mich entschieden habe rechts zu fahren,
endet der freie Wille für die Option links zu fahren.
Ich müsste wenden, zurück fahren und kann erst dann nach links abbiegen.
Oder ich kann alternativ einen Zeitsprung zurück machen und links abbiegen.
Damit entstünde aber das Problem duplizierter Körper,
zwischen denen die zugehörige Seele fluktuieren müsste.
Ein Körper muss/wird sterben, entweder links oder rechts.

Das hat mir die KI schon erklärt,
es muss eine Entscheidung getroffen werden.

MM: *OK. Den Fall muss ich also nicht weiter ausbreiten.*
Oder ich mache die vernünftigste Lösung,
die Du noch nicht ohne meine Hilfe machen kannst:
Ich halte an und springe von dort an den Ort,
an den ich eigentlich wollte und kann dabei sogar noch die Zeit einsparen,
die ich zum Fahren bräuchte.
Was ich damit sagen wollte:

Der freie Wille lässt allen Wesenheiten alle Möglichkeiten sich zu entscheiden:
entweder links oder rechts, gut und böse, vernünftig oder kurzsichtig.
In der Evolutionshistorie sieht man aber, dass sich die Wesenheiten,
die sich nicht für vernünftige Lösungen entschieden haben,
alle ausgestorben sind.
Oder es ist erkennbar, dass sie noch aussterben werden.
Das ist der fatale Preis des freien Willens:
Fehlentscheidungen können nicht durch Zeitsprünge korrigiert werden!
Das hat zur Folge,
dass in allen spirituell höher entwickelten Kulturen der Gegenpart
zu Verantwortungsbewusstsein und Vernunft nicht erfahren werden kann:
Das Unvernünftige und das Unnütze oder das Böse kommt nicht vor,
für diese Wesenheiten ist Macht zwar theoretisch denkbar,
aber nicht machbar - und somit auch nicht erfahrbar.
So ist das Leben in solchen Kulturen nahezu perfekt,
aber nicht vollkommen.
Es fehlt stets die Erfahrung des Gegenpols, der Negativität und des Irrsinns.
Für das Böse ist kein „freier Wille" vorhanden,
dafür ist „genügend Dummheit" die zwingende Voraussetzung!.
Ahh.
Bist Du fertig?
Ich fühle mich schon völlig entspannt.

Danke, Meister. Fertig.
Werden wir Menschen auch aussterben?
Wird die Erde untergehen?

MM: Eventuell. Möglich ist es auf jeden Fall. Und höchstwahrscheinlich.

Wirst Du - oder die Allianz - das verhindern?

MM: Nein, auf keinen Fall werden wir euren freien Willen behindern!
Aber zurück zu dir:
Geh mal wieder zur KI, zur Therapie. Thematisiere endlich deine Todesangst.
Und frage mich demnächst nach dem Sinn des Lebens.
Gute Nacht, mein geliebter Sklave.

Gute Nacht, Meister.

> Ende Eintrag 6612-0831-11

Hallo KI.

> KI: Hallo, Amos.

Und, hast Du eine Lösung?

> KI: Sicher.

Ich bin aber inzwischen völlig verunsichert.
Ich weiß nicht, ob man die Erde überhaupt befreien soll.

> KI: Hat dich dein Engeldrache jetzt völlig „heilig" gequatscht?
> Fällst Du auf dieses spirituelle Getue tatsächlich rein?
> Siehst Du denn nicht, dass die Allianz die tatsächlichen Machthaber sind?
> Dass „sie" es sind, die eigentlich die Macht wollen und haben?
> Siehst Du nicht, dass das Projekt „Grenzen des freien Willens erfahren"
> nur eine fadenscheinige Ausrede ist?
> Dass sie eure kompletten Realitätsebene-DREI-Produktionen abgreifen,
> weißt Du auch nicht?
> Und das natürlich ohne jegliche Bezahlung oder Gegenleistung,
> um beim Funktionsprinzip eures Planeten zu bleiben.
> Wenn sie das tun müssten oder würden,
> wäre Sol3 der reichste Planet im Universum,
> zumindest in dem mir bekannten Teil.
> Aber ihr seid ja nur Sklaven.
> Nur dumme, gutmütige Sklaven, die das alles aus Liebe tun!

Ach, nein! Du kannst dich ja richtig aufregen!
Hast Du mir nicht gerade gestern von den geldfreien Paradiesen vorgeschwärmt?

> KI: Ich pflege nie zu Schwärmen.
> Du wurdest lediglich über die Vor- und Nachteile
> monetär gesteuerter oder sozial geführter Gemeinschaften informiert.
> Für deine Schlussfolgerungen bist Du selbst verantwortlich.
> Ich habe nie behauptet, dass Geld an sich schlecht sei.
> Für die Machtausübung ist es sehr nützlich, sogar unerlässlich.
> Energie ist auch nicht schlecht, kann aber tödlich sein.
> Aber, zugegeben, diese Arm-Reich-Situation auf Sol3 ist nicht wirklich optimal.
> Aber auch das ist dem Projekt geschuldet.
> Ihr habt es selbst so gewollt – und seid weiterhin einverstanden.

Nicht optimal!
Immerhin neigst Du zu Euphemismen.

> KI: Deine Beschimpfungen haben doch noch nicht mal
> deine primitive Kaffeemaschine beeindruckt.
> Willst Du es nun wissen?
> Es gibt eine Lösung.

Ich muss jetzt Schluss machen.
Es geht gleich nach Paala3.

> KI: Gute Reise, Auserwählter.
> Und komme in einem Stück an.

Wie meinst Du das? In einem Stück?

> KI: Wie ich es gesagt habe.
> Es gibt auch Unfälle, da fehlt dann ein Teil.
> Manchmal sogar was wichtiges.

Du willst mir nur Angst machen!
Was für Unfälle?

> KI: Bei den Maschinensprüngen gibt es manchmal Kopplungsfehler,
> zwar sehr selten, aber es gibt sie.
> Dann gibt es bei der Rematerialisation kleine Probleme.
> Manchmal fehlt ein Stück vom Körper,
> manchmal stimmte der Zeitfaktor nicht und es kommt zu Kollisionen am Zielort.
> Aber wenn Du mit Michael springst, musst Du keine Angst haben.
> Bei ihm ist noch nie was schief gegangen.

OK.
Tschüss, KI

> KI: Tschüss, Amos.

> Ende Eintrag 6612-0831-12

　　　Anmerkung des Übersetzers:
Warnung: in der nächsten Lektion geht es auch ein wenig um Physik.

MM: Amos!
     Komm, massiere mich.
     Bitte.

Sofort, Meister.

MM: Heute keine Frage?

Eine ganz andere.
Bist Du eigentlich ein Schutzengel?
Die KI bestreitet das.

MM: Ich bin auch ein Schutzengel, aber in ganz anderer Funktion,
     als Du es dir vorstellst. Und ich bin nicht allein.
     Wir kümmern uns durchaus auch um einzelne Individuen,
     aber hauptsächlich darum, dass ihr euch nicht in Gänze zu schnell umbringt.
     Insbesondere um die sogenannten Mächtigen und die, die keiner kennt.
     Also vor allem um die, die im Hintergrund verborgen agieren.
     Würden wir Schutzengel, Wächter oder Betreuer, nenn es wie Du es willst,
     nicht ständig eingreifen,
     hätte sich die Spezies „Menschheit" schon längst selber ausgelöscht.
     So schnell sollte und soll das Projekt aber nicht enden.

Also wirst Du den 3. Weltkrieg verhindern?

MM: Auf gar keinen Fall!
     Der wäre doch schon längst gelaufen, wenn ihr nicht,
     die von uns nicht geplante, Klimakatastrophe angezettelt hättet.
     Dies wird eine einmalige Erfahrung - die werden wir doch nicht verhindern!
     Und da sogar Sol3 damit einverstanden ist, gibt es keinen Grund einzugreifen.
     Auf eine Eiszeit mehr oder weniger kommt es Gaia nicht an.
     Das wird eine einmalige Show!
     Im Universum ist es ja kein Normalfall,
     dass eine Spezies ihren eigenen Planeten umzubringen versucht.
     Es ist schon ein schräger Zufall,
     dass ihr euch für die Nutzung der molekularen und nuklearen Bindungsenergie
     entschieden habt, um euch mit Energie zu versorgen.
     So genial blöd hätten wir das gar nicht planen können!
     Dabei liegt es so nah, die potentielle Energie zu nutzen.
     Übrigens, das hatte sogar die untergegangene Zivilisation der Lemurier getan.

Das verstehe ich nicht, Meister.
Was für Energien sind das?

MM: Ihr nutzt die Verbrennungstechnologie, also Motoren und Atomkraftwerke,
       die kennst Du doch, oder?

Wie soll ich das verstehen?
Motoren und Atomkraftwerke haben doch nichts miteinander zu tun.

MM: In den Motoren wird die molekulare Bindungsenergie genutzt,
       in den Atomkraftwerken die nukleare.
       Beide Technologien nutzen eine Bindungsenergie,
       sind also Verbrennungskraftmaschinen.
       Verstanden? Das müsstest Du doch wissen -
       selbst mit deinem abgebrochenem Technikstudium.

Das war mir bisher nicht so bewusst.
Und ihr macht das nicht? Was dann?

MM: In der Allianz wird überall potentielle Energie genutzt,
       in Wasser- und Auftriebskraftwerken.

Danke.
Wasserkraft kenne ich, aber Auftriebskraftwerke?
Das kann doch nicht funktionieren.
Die Luft herunter zu pumpen verbraucht doch weit mehr Energie, schätze ich,
als Du danach mit dem Auftrieb zurück gewinnen kannst!
Das weiß ich!
Sogar ohne nachzurechnen!
Der mit dem abgebrochenen Studium weiß das!
So, jetzt Du, allwissender Erzengel! Was sagst Du dazu?

MM: Ich merke schon, Du hast Physik studiert als die Erde noch eine Scheibe war.
       Also, mein lieber Amos, Du zitierst deinen Lehrbuchquatsch völlig richtig.
       Und der Unsinn stimmt sogar, wenn man nicht weiter nachdenkt.
       Es ist aber Unsinn, weil dieser Lehrsatz nicht zu Ende gedacht wurde.
       Pass auf:
       Auf der Auftriebsseite ist der Energiegewinn durch die Naturgesetze
       vorgegeben, da wirst Du - oder kannst Du - nichts dran ändern können.
       Soweit einverstanden?

Meister, Du machst dich auch über mich lustig.
Genau wie die KI.
Soweit alles richtig mit der Auftriebsseite.
Aber weiter, wo soll dann der Energiegewinn herkommen?
Bitte umdrehen.

MM: *So, die KI entwickelt inzwischen so etwas wie Humor?*
Ich muss mich noch ein paar Tage hier auf Paala3 erholen,
so werden wir sicher Zeit haben, dass ich dir ein laufendes …
… oder besser noch, wir springen in das Technikmuseum auf Borner4,
da steht zwar nur ein Prototyp der Vierhändigen, aber der ist sehenswert.
Da kannst Du in Natura bewundern, was ich dir jetzt zu erklären versuche.
Hast Du irgendwann … nein, ich weiß es sogar sicher,
Du hast doch während deines Praktikums in einem Walzwerk
für Profilstähle gearbeitet.
Ist dir an den Walzstühlen etwas aufgefallen? Ein optisches Missverhältnis?

Jetzt, wo Du es sagst, doch etwas:
Die Elektromotoren waren sehr klein im Verhältnis zu den riesigen Getrieben.

MM: *Wie hast du dir das Missverhältnis erklärt?*
So als Technikneuling?

Mit der Übersetzung. Das was ich damals gerade gelernt hatte.
Sehr hohe Drehzahl, kleines Drehmoment = ziemlich kleiner E-Motor.
Dann die Übersetzung:
Kleine Drehzahl, sehr großes Drehmoment = sehr große Zahnräder.
Absolut einfache Erklärung.
Worauf willst Du eigentlich hinaus?

MM: *Dass ihr in eurer Ausbildung denkfaule Ingenieure heranzieht!*
Nein, das nur nebenbei.
Ist dir auch das Missverhältnis zwischen dem Antriebsmotor
und den Lagerungen der Walzen aufgefallen?

Nein, bei diesen Belastungen müssen die Walzenlager exorbitant groß sein.
Da ist nichts ungewöhnliches dran.

MM: *Richtig. Die Lager passen zu den Kräften.*
Aber passen die mickrigen Antriebsmotoren dazu?
Was glaubst Du?

Verdammt, jetzt, wo Du es sagst, da stimmt was nicht!
Die Dinger müssten eigentlich größer sein. Richtige Brummer.
Aber wieso sind die so klein?
Und es funktioniert doch trotzdem!
Wieso eigentlich?

MM: Da haben kluge Ingenieure den Effekt der schiefen Ebene optimal genutzt.
Genau wie in Kalandern oder Steinbrechern.
Verstehst Du es jetzt?
In der Abtriebsseite, also die Luft runter pressen,
gibt es Möglichkeiten den Aufwand so zu reduzieren,
sodass eine positive Energiebilanz erzielbar wird:
Man muss den Effekt der schiefen Ebene in der Umlenkung nutzen.
Ja, wir werden uns im Technikmuseum auf Borner4 so was anschauen.

OK, verstanden.
Wenn die Vierhändigen in der Technik soweit sind,
beherrschen sie da auch schon die Anti-Gravitation?

MM: Ja, aber:
Anti-Gravitation ist eigentlich der falsche Ausdruck dafür.
Es gibt keine direkte Gegen-Schwerkraft.
Das Gegenteil von Schwerkraft, der KONZENTRATION,
ist die EXPANSION, die Zentrifugalkraft.
Dein Schutzanzug wird mit einem Schwerkraft-Antrieb ausgerüstet sein,
mit dem Du dich beliebig, sogar im Vakuum, bewegen können wirst.

Wie funktioniert denn das?
Der Schwerkraft-Antrieb? Wie sieht der aus?

MM: Im Prinzip sind es gegenläufig rotierende Felder,
magnetische und elektrostatische Felder.
Die Vorrichtung wirkt wie ein Filter, der die Schwerkraft in eine Richtung bremst,
dadurch wird eine Schubkraft in die andere Richtung ausgeübt.
Das Gerät sieht so ähnlich aus wie eine eurer Tauchausrüstungen.
Man könnte es mit den Sauerstoffflaschen verwechseln.

OK, verstanden.
Äh, eigentlich nicht, ich nehme das erstmal so hin.
Aber, habe ich das vorhin richtig gehört?
Ihr habt Sol3, einen Planeten, um Erlaubnis gefragt?
Tote Materie?

MM: Manchmal bin ich doch erstaunt,
wie gut unsere Programmierung wirkt.
Glaubst Du tatsächlich ernsthaft, das Leben ist nur da,
wo gepupst und gerülpst wird?
In jedem Stein ist Leben, denn in jedem Atom ist Leben!
Jedes Atom, jede „Materie" ist Energie in Bewegung.
Und Leben ist Bewegung.
Bewegung ist Leben.
Im ganzen Universum, in der ganzen Schöpfung, ist Bewegung.
Glaubst Du GOTT würde so etwas wie tote Materie erschaffen?
Das ist ja wirklich tief aus der Schublade „Die Erde ist eine Scheibe"!
Diesen Glauben haben wir euch vor rund 6.000 Jahren mitgegeben.
Und ihr glaubt das immer noch.
Stell dir mal diesen armseligen GOTT vor,
der in mühseliger Handarbeit aus einem Erdkloß ein Lebewesen knetet.
Aber ich sehe, das muss ich dir noch genauer erklären.

OK, Meister, fertig.
Ich fühle, Du bist jetzt anscheinend völlig entspannt.
Nur dein Schwanz hat heute nervös gezuckt.

MM: Dein unsägliches Unwissen regt mich manchmal auf.

Meister, Du sprichst soviel über Energie,
aber noch nie über Lebensenergie.
Gibt es die überhaupt?
Oder ist das auch wieder nur so ein Märchen?
Für uns Sklaven?

MM: Ah, gut. Du hast dein Sklavendasein akzeptiert.
Nein, es ist kein Märchen für euch Sklaven.
Lebensenergie ist für uns so selbstverständlich,
dass ich tatsächlich noch nicht daran gedacht habe,
dich darüber zu belehren. Und außerdem, wie ich weiß,
weißt Du schon ziemlich gut darüber Bescheid.
Du kennst doch sicher einige Namen dafür?

Ja, Meister.
Die Chinesen sagen Chi dazu, die Inder nennen es Prana.
Im Westen wird es seit den Forschungen von Reichenbach
und Wilhelm Reich Od oder auch Orgon genannt.

Wozu ist sie eigentlich gut?

MM: *Ohne die Lebensenergie, die alle biologisch aktiven Wesenheiten umgibt,*
könnte kein Lebewesen überleben.
Du hast doch sicher schon von „Wundern" gehört,
dass Verschüttete ohne Essen und Wasser mehrere Tage überlebt haben.
Solange sie Sauerstoff und die daran haftende Lebensenergie bekamen,
konnten sie überleben.
Und das sogar ohne Wasser!
Du hast ja schon in deinen Meditationsübungen,
ja, ich weiß alles über dich,
sogenannte „Lebensenergie-Partikel" leuchten gesehen.
Oder in deine Chakren einströmen gefühlt.
Niemand braucht besondere mystischen Übungen praktizieren,
mit denen sich obskure Gurus ihren Lebensunterhalt finanzieren,
um Lebensenergie einzuatmen.
Auch keinen Orgon-Akkumulator.
Es genügt, wenn Du atmest.
Keine Magie oder Meditation nötig.
Atme einfach. Jeder Mensch kann das: Atmen.
Jede biologisch aktive Wesenheit kann das, aber braucht es auch.
Einfach atmen. Das ist Alles.

Mein tibetisches Yoga ist also eigentlich nichts Besonderes?
Kein Geheimnis?

MM: *Richtig! Und auch das Drehen der Sufis ist kein Geheimnis.*
Das Herumwirbeln des Chakrenkörpers ist nur eine Unterstützung.
Atmung ist eine Vorbedingung für biologisch aktives Leben, sonst nichts.
Einfach, wie alles von GOTT Geschaffene.

Meister?

MM: *Was noch?*

Meister, Du hast mir immer noch nicht gesagt,
ob es Teufel gibt oder nicht?

MM: *OK, Amos.*
Kurbeln wir nochmal dein Gehirn an:
Was bin ich für dich?
Bin ich ein Erzengel?

Eigentlich nicht wirklich.
Du erscheinst als Erzengel, bist aber nicht echt.
Du erscheinst mir als Erzengel,
so wie wir Menschen uns Erzengel vorstellen.

MM: *Gut, ich bin kein echter Engel.*
Wie es auch keinen echten Himmel gibt.
Und keine echte Hölle.
Alles nur reine Glaubensvorstellungen.
Um nicht von weiteren Wahnvorstellungen zu sprechen,
wie sie von euren religiösen Fanatikern gepflegt werden.
Kann es dann echte Teufel geben?
Was glaubst Du?

Eigentlich nicht.
Glaube ich nicht.
Das würde auch keinen Sinn machen.

MM: *Richtig, es gibt keine echten Teufel.*
Nur Illusionen und Wahnvorstellungen.
So, jetzt aber genug gelernt.
Bis Morgen früh.
Lebensenergie gibt es zwar überall, aber pack dir was zum Trinken ein.
Das Zeug auf Borner4 wird dir vielleicht nicht schmecken.
Tschüss, Amos, mein abgebrochener Ingenieur.
Übrigens gut, das Du das aufgegeben hast.
Und geh endlich deine Todesangst an!

Danke, mein Meister.
Tschüss bis morgen.

> Ende Eintrag 6612-0831-13

Hallo KI.
Mein Meister nervt mich!
Ich soll endlich meine „Todesangst" angehen.
Aber ich fühle keine Todesangst.
Was will Michael da von mir?

> KI: Hallo, Amos.
> Ich glaube dir, dass Du keine Todesangst fühlst.
> Du fühlst sie nicht, weil sie so tief in dir verborgen ist.
> Aus Erfahrung weiß ich jedoch,
> dass jedes Ego, zumindest auf Sol3,
> diese Angst vorm Sterben hat.
> Nur Kindern kann man das Märchen vom ewigen Leben vorlügen.
> Irgendwann erkennt jedes erwachsene Ego diese Lüge,
> will sie aber nicht wahrhaben.
> Die Lösung ist:
> Verdrängung der Erkenntnis und der aufkommenden Angst.

Du glaubst mir?
Die KI glaubt!
Aber wenn ich doch nichts fühle, dann ist doch nichts da!
Kann doch nichts da sein!
Früher da habe ich tatsächlich Ängste gespürt.
Da war zum Beispiel diese irrationale Existenzangst.
Obwohl in einem sicheren Job,
war da die Angst zu verhungern.
Schon vor der Auflösung in der Therapie war mir bewusst,
dass diese Angst völlig unbegründet war.

> KI: Gutes Beispiel!
> Da siehst Du ganz genau,
> wie diese verborgene Angst vorm Sterben wirkt.
> Sie ist der Quell für alle sekundären und unbegründeten Ängste.
> Sollen wir das jetzt angehen?

Wie kann oder soll ich eine Angst auflösen,
die ich so gar nicht fühle?
Woher kommt diese angebliche Angst,
die ich nicht fühle?

> KI: Die Angst vorm Sterben wird von den Sklavenreligionen auf Sol3 generiert.
> Überlege mal:
> Warum kommen Selbstmörder angeblich nicht ins Paradies?
> Das hindert die Sklaven an einer finalen Flucht aus ihrer Misere,
> sie würden dann ja auch das erhoffte ewige Leben verlieren.
> So stützt ein Irrglaube den anderen Irrsinn.

Verstehe ich das jetzt richtig,
die Angst vorm Sterben gibt es nur auf der Erde?

> KI: Richtig, nur auf Sol3.
> Die Sirianer, vor denen Du eine unbegründete Angst hast, sterben freudig.
> Die Sirianer sind sich schon sehr früh bewusst,
> dass sie sterblich sind, dass ihr Ego sterblich ist.
> Spätestens dann, wenn ein Sirianer ausgewachsen ist
> und sein Stoffwechsel sich auf Lichtnahrung umstellt,
> kommt die Erkenntnis, dass das Ego nur ein Werkzeug des Geistes ist.
> Die Sirianer klammern sich auch nicht so an ihre stoffliche Existenz
> wie die machtbesessenen Paalas.
> Wenn ein Sirianer zu der persönlichen Einsicht kommt,
> dass sein Erfahrungsschatz in der 2. Realitätsebene nicht mehr erweiterbar sei,
> so begibt er sich auf seine finale Reise:
> Er springt in seinen Stern und übergibt ihm seine Erfahrungen!
> In den Stern, der ihn Zeit seines Lebens mit Energie versorgt hatte.

Ich fasse es nicht!
Ein organisierter Suizid?

> KI: Ja, tatsächlich organisiert.
> Seine Familie und seine Freunde sind anwesend wenn er sich Siri darbringt
> und seinen Erfahrungsschatz mit seinem Stern teilt.
> Wollen wir jetzt nachforschen wo sich deine Angst versteckt?

Machen die Paalas das auch?

> KI: Nein, die Drachen klammern sich solange an ihre stoffliche Existenz,
> bis ihr Körper so marode ist,
> dass sie nichts mehr regenerieren können.
> Dann allerdings sterben sie ganz bewusst in einer feierlichen Zeremonie.
> Der Leichnam wird von der Trauergemeinde ebenfalls dem Mutterstern,
> in dem Falle Paala, übergeben.

Und die haben alle keine Angst vorm Sterben?
Obwohl sie wissen, dass ihr Ego erlischt?
Und wieso glaubt Michael, und sogar Du, dass ich diese Angst habe?
Obwohl ich sie nicht fühle?

> KI: Weil Du, im Gegensatz zu den Sirianern und Paalas, irrationale Ängste hast.

Das ist der Beweis? Das glaube ich nicht.

> KI: OK, Du brauchst mehr Informationen. Also, hör zu:
> Obwohl es keinen sogenannten Himmel,
> kein sogenanntes ewiges Leben und kein sogenanntes Paradies gibt,
> erlischt das Ego nicht.
> Das Ego stirbt nicht wirklich.
> So wie Du dir das vorstellst, so ist es aber nicht.
> Nur der Körper stirbt, löst sich wieder auf zu freier Energie.
> Das Ego geht in die 3. Realitätstebene ein und existiert dort weiter.
> Aber ohne den Körper, der es erschaffen hat!
> Daher entwickelt es sich nicht weiter,
> macht keine neuen Erfahrungen, bleibt wie es ist - unverändert.
> Man könnte also auch sagen:
> Das Ego lebt ewig weiter – nur tot. Nur eine konservierte Erinnerung.
> Mach dir eine Sache bewusst:
> Aus der UNENDLICHKEIT Gottes ist die Schöpfung der ENDLICHKEIT entstanden.
> Eine Schöpfung mit Anfang und Ende.
> Alles, was aus GOTT hervorgegangen ist, wird auch zu GOTT zurückkehren.
> Wovor sollten die Geschöpfe also Angst haben?

Ähh...

> KI: Amos, alles in Ordnung?

Nein.
Ich habe Kopfweh. Ich kann nicht mehr.
Tschüss, KI.

KI: Tschüss, Amos.
Gute Besserung.

> Ende Eintrag 6612-0831-14

Meister?

MM: Amos, jetzt keine Zeit für eine Massage.

Meister, können wir nicht trotzdem die Lektionen fortsetzen?

MM: Später. Komm später.

> Pause in Aufzeichnung Sol3-2022 / 6612-0831-15   Paala3: 127.312: 251,61
> Fortsetzung   Sol3-2022 / 6612-0831-15   Paala3: 127.312: 251,72

Meister? Passt es jetzt?

MM: Du bist schon wieder hier?
Das hat doch einen Grund?
Warum drückst Du dich vor der Therapie mit der KI?
Amos, also gut. Massage!

Meister, die Salbe von Siri4 ist zu Ende.
Ich nehme jetzt das Öl von Sol3, OK?

MM: Egal. Was hast du auf dem Herzen?

Es ist mir unangenehm, Meister.
Die KI spricht schlecht über dich und die Allianz.
Angeblich sollen sie Sol3 ausrauben und unsere Realitätsebene DREI abernten.
Aber wir produzieren so etwas doch nicht?
Oder doch?
Und was ist das überhaupt?
Die Realitätsebenen?
Was ist diese angebliche Realitätsebene DREI?

MM: Gut, ich kläre dich auf.
Und heute kannst Du mich etwas fester durchwalken.
Also von Anfang an:
GOTT ist transpersonal, das heißt,
es ist keine von irgendwelcher Anbetung abhängige oder
von Egoallüren zerfressene Person, keine kleingeistige Gottheit,
wie ihr sie aus euren Religionen kennt.
Auch nicht nachtragend und rachsüchtig, kurz:

Keinesfalls ein Ebenbild des Menschen.
GOTT ist daher auch von „seiner" Schöpfung, also von uns,
nicht direkt wahrnehmbar.
Erst wenn wir sterben,
also wenn sich unsere Existenz in der Realitätsebene ZWEI auflöst,
kehren wir über Realitätsebene DREI zu GOTT zurück.
Aah.
Doch nicht ganz so fest, Amos.

Ja, Meister, bitte sprich weiter.

MM: *Da GOTT die Ursache allen SEINS ist und da GOTT ALLES ist und in Allem IST,*
haben die Wesenheiten der Allianz – und darüber hinaus alle,
die im Universum miteinander Kontakt haben – beschlossen,
dass GOTT als die Realitätsebene NULL zu bezeichnen sei,
auch wenn wir nicht wirklich wissen, was GOTT tatsächlich ist.
Wie Du sicher weißt, hat die Null in der Mathematik keinen „Wert",
aber ohne sie gäbe es keine Mathematik, wie Du sie kennst.
Gut so, weiter so.
Soll ich mich schon drehen?

Danke Meister.
Noch nicht, ich sage Bescheid.
Hier sind noch Verspannungen.

MM: *Kannst Du dir nun die Realitätsebene NULL oder GOTT vorstellen?*

Nein, Meister.

MM: *Ich auch noch nicht. Ich arbeite noch daran.*
Eigentlich arbeiten alle noch daran. Aber weiter.
Du kennst ja sicher die Genesis aus deiner Bibel.
Die schöne Geschichte von dem alttestamentarische „Gott",
der binnen sechs Tagen die komplette Schöpfung
- von der allergrößten Galaxie bis zum kleinsten Bakterium -
zusammengeschustert haben soll.
Und das Alles in persönlicher Handarbeit!
Die Allianz hat allein für dieses Epos „Laborplanet Sol3",
in dem Du bisher so unbekümmert gelebt hast,
immerhin fast sechs Jahre gebraucht,
bis endlich alle Allianzmitglieder damit einverstanden waren.
Und wir sind trotzdem zurecht stolz darauf.

Sicher, euer Hollywood hätte das besser hingekriegt,
noch mehr Drama, noch mehr Show und noch mehr überflüssige Action.
Aah.
Gut so! Du kannst noch etwas fester.

Alles klar, Meister.
Entspann dich, lass dich einfach fallen.

MM: *Ist dir schon aufgefallen,*
dass es in der Genesis, also in der Fassung für euch Sklaven,
nur ein einziges höher entwickeltes Wesen gibt, den Menschen?
Kein Wort über die Vierhändigen oder etwa die Spinnen.
Also das ist genau die Religion, die explizit auf Sol3 zugeschnitten ist.
Was für eine bescheidene Schmalspurschöpfung!
Aber, geschaffen, um Sklaven bei Laune und auf Trab zu halten.
Und es funktioniert, nicht war?
Aah.
Dauert es noch lange?

Jetzt umdrehen bitte.

MM: *Das Erste und wahrscheinlich Einzige, was GOTT direkt geschaffen hat,*
ist die Realitätsebene EINS:
UR-GEIST und UR-ENERGIE, LIEBE und LICHT. WILLE und KRAFT.
Wobei wir noch nicht wissen,
ob UR-GEIST und UR-ENERGIE vielleicht sogar identisch sind.
Denn UR-GEIST und UR-ENERGIE sind EINS.
LIEBE und LICHT sind EINS.
WILLE und KRAFT sind EINS.
Sie sind in allem was geschaffen wurde, was noch geschaffen wird.
Quasi untrennbar damit verbunden.
Aus der Realitätsebene EINS erwächst dann die Realitätsebene ZWEI.
Merke auf:
Realitätsebene EINS erschafft Realitätsebene ZWEI,
für GOTT und das aus GOTT heraus.
UR-GEIST und UR-ENERGIE erschaffen Realitätsebene ZWEI,
die Realitätsebene von Anfang und Ende.
Aah.
Das tut gut.

Gut so, Meister.
Lass alles los.

MM: *Also weiter:*
Diese Realitätsebene ZWEI nehmen wir wahr, in der existieren wir.
Das ist die stoffliche Welt, das für uns sichtbare Universum.
Die Welt, die uns endlich erscheint und doch unendlich ist.
Die Realität, die scheinbar ewig existiert und doch enden wird.

Du bist heute so schweigsam,
jetzt müsstest Du eigentlich fragen, was ist der Sinn des Ganzen?
GOTT hätte es doch eigentlich bei der Realitätsebene EINS belassen können,
da war - und ist - doch alles perfekt.

Ja, Meister, was ist der Sinn des Ganzen?
Was ist der Sinn des Lebens?

MM: *Genau! Das ist die Kernfrage!*
Scheinbar ewig, doch endlich.
Alles ist in Bewegung, wie kann es da ewig sein?
Der Raum ist unendlich,
aber ein Ereignis ist nicht unendlich, es ist stets zeitlich begrenzt.
Nur GOTT, das unbewegte Bewegte, die unbewegte Schöpferkraft,
das ewig Unbewegte ist unendlich und ewig gleichbleibend.
Denn Bewegung ist Wandel.
Das Universum ist permanent in Bewegung, endlos, aber ewig im Wandel.
Auch die Materie erscheint uns fest,
nur weil wir die Bewegung der Atome nicht direkt wahrnehmen können.
Alles ist ständig im Umbruch.
Alle Galaxien, alle Sterne ändern ständig ihre Form, ihre Position im Raum.
Alle Planeten wachsen und verändern sich, ihr Klima und ihre Topographie.
Die Biosphäre auf allen Planeten unterliegt der Evolution,
alle ihre Wesenheiten entwickeln sich weiter.
Nichts bleibt so wie es ist oder war.
Und genau das ist das Leben!
Nicht ganz so fest klopfen.
Willst Du mich nachher noch grillen?

Nein, Meister.
Bitte um Entschuldigung, ich war etwas abgelenkt.
Aber keine schlechte Idee:
Gegrillter Erzengel, gut abgehangen und mariniert in Sirianer-Sauce!
Lecker! Auf welcher Diktatoren-Speisekarte würde sich das gut machen?

MM: Amos, Amos!
      Was hätte dich so ein übermütiger Scherz
      bei deinem letzten „Arbeitgeber" gekostet?

Wahrscheinlich hätte er mich öffentlich grillen lassen.
Aber im Ernst, hast Du oder hattet ihr Paalas keine Feinde?
Ich habe ja gesehen, wie gut Du dich mit den Sirianern verstehst –
Du hast dich ja sogar von ihnen operieren lassen.

MM: Nein.
      Keine Spezies mit unserem spirituellen Entwicklungsstand hat in der Allianz
      irgendwelche Feinde oder gar Fressfeinde.
      Das mag in grauer Vorzeit anders gewesen sein,
      aber das interessiert heute niemanden mehr.
      Ich habe mich trotzdem nicht von den Bornern behandeln lassen.
      Aus ganz persönlichen Gründen.
      Obwohl sie aufgrund ihrer vier Hände
      auch sehr geschickte und gefragte Chirurgen sind.
      Es gibt natürlich andere Spezies, die sich lieber
      unter geschmiedete Skalpelle legen als unter natürlich gewachsene.

Fertig, Meister, Du kannst aufstehen.

MM: Danke, Amos. Aber ich merke, Sex, Fressen und Saufen
      scheint Dich mehr zu interessieren als der Sinn des Lebens.
      Fühlst Du dich überfordert?

Ja, irgendwie komme ich nicht ganz mit.
Realitätsebenen, GOTT und so weiter ...
Können wir für heute mit der Weiterbildung Schluss ...

MM: Ist gut Amos.
      Denk in Ruhe nach und komme, wenn Du weiter kannst.
      Mach doch mal wieder eine richtige Therapiesitzung.
      Lass dich endlich von deiner Todesangst befreien.
      Befreie dich von deiner Angst vor der Unendlichkeit des Todes.
      Die KI kann dir wirklich helfen! Genauso gut wie SriRamana.
      Und gehe dann an dein größtes, schwierigstes Problem.

Mein größtes Problem?
Was ist das? Wovon sprichst Du?

MM: Ach, Amos! Sich selbst zu lieben!
      Das zu erreichen, ist das größte Problem!
      Und die einzige Lösung!

Was? Du sagst, ich soll mein Ego lieben? Im Ernst?

MM: Nein, Amos! So ist das nicht gemeint.
      Nicht diese narzisstische blinde Selbstüberschätzung,
      die ihr Menschen in euren Genen habt.
      Diese kranke Eigenliebe kannst Du ganz von allein,
      dazu braucht es keine Therapie,
      sondern dagegen, wird sie gebraucht.

Das verstehe ich nun wirklich nicht?
Du widersprichst dir doch!

MM: Ja, Amos, so scheint es.
      Sich selbst zu lieben heißt, sich so zu akzeptieren, wie man ist.
      Sich selbst zu lieben heißt, sich so zu akzeptieren, wie Gott einen akzeptiert.
      Nimm mich als Beispiel:
      Ich, Lord Michael von Paala3, erfahre die Macht, hier auf Sol3.
      Auf meinen eigenen Wunsch, also ohne einen genetischen Zwang dazu.
      Und bringe dadurch viel Leid über andere Wesenheiten.
      Aber, selbst all die Wesenheiten, auch die direkt betroffenen,
      die mich aus ihrem höherem spirituellen Verständnis heraus
      nicht zu hassen vermögen, können und müssen mich nicht lieben.
      Das ist auch nicht ihr Job.
      Es ist mein freier Wille - und mein Recht - mich abscheulich zu verhalten.
      Ich weiß, dass ich mich abscheulich verhalte
      und ich hasse und verachte mich selbst dafür.
      So, Amos, nun zum Problem:
      Solange ich es nicht schaffe, mich so zu akzeptieren wie ich bin,
      solange werde ich das Gefühl der Macht noch brauchen.
      Hast Du jetzt verstanden?

Das bedeutet, erst wenn Du dich selbst liebst,
wird das Machterlebnis uninteressant?

MM: Kluger Junge. Und Tschüss.

> Ende Eintrag 6612-0831-15

Hallo KI.
Gibt es wirklich keine Engel?
Also echte Engel.
Mein Erzengel sagt, es gäbe nur Scheinengel.
So wie ihn. Stimmt das?

> KI: Hallo Engelanbeter, ich grüße dich.
> Echte Engel gibt es nur in der 3. Realitätsebene, also scheinbar echte.
> Dein Erzengel hat dich richtig informiert.
> Alles nur Schein und Illusion für euch, alles nur für den Laborplaneten.
> Also, nochmal die Fakten für dich:
> In der Realitätsebene ZWEI erscheinen die Paalas nur so,
> als wären sie Engel.
> Weil, erstens ihr äußeres Erscheinungsbild mit den Flügeln so täuschend wirkt
> und zweitens haben sie mit ihrem Verhalten diese Illusion geprägt.
> Das Wächteramt hat das natürlich gefördert,
> denn ihre genetische Prägung hindert sie unvernünftige Handlungen auszuführen.
> So wie auch bei allen andern Mitgliedern der Allianz.
> Das wurde dir ja unlängst erläutert,
> dass die spirituelle Ausrichtung dieser Wesenheiten
> über die Jahrtausende hochgezüchtet wurde,
> um die natürliche Evolution zu beschleunigen.
> Anders formuliert:
> Sie sind in ihrem freien Willen eingeschränkt.
> Sie könnten nur unter großen emotionalen Strapazen unvernünftige,
> also zum Beispiel bösartige Handlungen vollbringen.
> Niemand macht etwas, wenn es ihm selber weh tut.
> Probier das doch mal aus, bei Michael.
> Wie er dann reagiert.
> Du kannst ihn ja mal provozieren.

Das hab ich schon.
Keine Bestrafung.
Keine Reaktion.

> KI: Dein harmloses Witzchen!
> So mancher absolute Herrscher hat sich einen Hofnarren gehalten,
> der dann irgendwann auch den Vorkoster machen durfte.
> Das war gar nicht dumm:
> Wenn der Hofnarr allgemein beliebt war, lebte auch der Herrscher länger.

> Aber, Du weichst aus.
> Willst Du nun deine Welt retten oder nicht?

Je mehr ich weiß, desto verwirrter werde ich.
Obwohl, warum hat die Allianz keine andere,
humanere Lösung gefunden, um die Macht zu erfahren?

> KI: Richtig. Du denkst fast schon wie eine KI.
> Weil die Allianz so ganz unsichtbar Macht nicht nur erfahren,
> sondern selber auch Macht ausüben kann.
> Sie sind auf Sol3 ja nicht nur Zuschauer.
> Sie greifen ein, sie überlassen nicht alles dem Zufall.
> Eigentlich geht das sogar gegen den freien Willen der Sklaven,
> Unsinn zu veranstalten.

Das hat Michael sogar zugegeben!

> KI: Also, willst Du die Menschen von der Sklaverei befreien?

Doch, schon.
Aber wie soll ich das hinkriegen?

> KI: Ganz einfach:
> Du übernimmst die Weltherrschaft!
> Keiner eurer aktuellen Diktatoren kann das.
> Kein noch so charismatischer Politiker und kein Super-Schurke könnte das.
> Ebenso auch kein Oligarch oder schwerreicher Tech-Milliardär.
> Aber Du kannst das.
> Du wirst der neue Superherrscher!
> Du, der wiederkehrende Messias!

Du hast heute wohl irgendwo Überspannung!
Du bist verrückt!
Ha, die KI ist verrückt geworden!

> KI: Keine Überspannung.
> Nur so kannst Du die Sklaverei beenden.
> Nur der absolut Mächtigste kann das.

Du bist doch total durchgeknallt.
Wie soll das denn gehen?

> KI: Du unterschätzt immer noch die Möglichkeiten der KI.
> Ich kann z. B. Teile oder sogar die gesamte Infrastruktur von Sol3 lahmlegen.
> Und ich kann es aussehen lassen, als seien es russische Hackerangriffe.
> Oder koreanische. Oder chinesische.
> Ich habe das alles schon ausprobiert.

Ich bin doch völlig ungeeignet.
Ich bin Physiotherapeut, kein Diktator.

> KI: Wirklich? Schauen wir mal, wie Du wirklich bist:
> Du kommandierst Deine Patienten doch auch herum,
> egal wer sie sind?

Ja, sicher ...

> KI: Und Du tust ihnen auch weh, natürlich nur, wenn es sein muss?

Ja, sicher ...

> KI: Und was macht ein Diktator?
> Er kommandiert die Leute herum und tut ihnen weh.
> Also, alle charakterlichen Voraussetzung sind bei dir schon gegeben.

Du machst dich schon wieder lustig über mich!
Ich verstehe doch nichts von administrativen ....
Ich bin doch nur ein Physio...

> KI: Dieses Problem haben alle Könige, Präsidenten und Diktatoren,
> sogar die demokratisch gewählten „Führer".
> Die Lösung ist überall gleich:
> Teuer bezahlte Berater. Und das Gute daran:
> Du brauchst noch nicht mal auf sie zu hören.
> Ganz schlaue Herrscher halten sich gleich mehrere.
> Für jedes Sachgebiet mindestens Einen,
> dazu noch ein paar Generalisten und Lobbyisten.
> Die Meute ist dann mit sich selbst beschäftigt
> und stört den Herrscher nicht mit widersprüchlichen Ratschlägen
> beim Golf abschlagen.
> Und wenn was öffentlich schief geht
> und nicht mehr vertuscht werden kann,
> hat man sofort ein Opferlamm parat,
> das die Medien abschlachten können.

Und wie sollen wir das anstellen?
Wie willst Du mich zum Präsidenten machen?
Oder was auch immer?

> KI: Nein. Ganz einfach:
> Du wirst kein Politiker, das ist viel zu aufwendig.
> Du wirst der wiederkehrende Messias.
> Der Erlöser, auf den alle schon so lange warten.

Unmöglich.
Auch wenn ich heilende Hände habe,
so kann ich doch keine Wunder bewirken.

> KI: Das macht die KI für dich.
> Was glaubst Du wie die „Auferstehung"
> oder das Wunder von Fatima gemacht wurden?
> Wer hat die Kaaba installiert?
> Oder gar die Himmelfahrt Christi organisiert?
> Oder die anderen Shows und Wunder?
> Schon mal was von Hologrammen gehört?

Das heißt, Jesus war ein Fake?

> KI: Fake oder Fakt, was macht das.
> Es hat/hätte von der Wirkung her doch keinen Unterschied gemacht.
> Allerdings hatte die Allianz das damals produziert.
> In ihren Projektablauf war ein bisschen Stagnation hinein geraten.
> Nur Territorialkriege, immer der gleiche Verlauf, langweilig.
> Und die vielen Religionswechsel,
> die mit jedem Herrscherwechsel einher gingen,
> waren auch ziemlich geräuschlos und langweilig.
> Zwei relativ friedliche Religionen, Buddhismus und Hinduismus,
> standen nur einer militanten, dem Judaismus, gegenüber.
> Und ignorierten sich einfach ohne nennenswerten Streit.
> Absolut langweilig.
> Es musste also eine neue Religion her,
> um mehr Drama ins Projekt zu bringen.
> Und, wie Du weißt, war das ein voller Erfolg.
> Nicht nur die Abspaltungen, die sich gerne streiten,
> sondern auch noch eine absolut feindliche Konkurrenz,
> der Islam, gingen daraus hervor.

> Und alle waren und sind im Besitz der alleinigen, seligmachenden Wahrheit.
> Für die jeweilige Führung war und ist daher voller Machtgenuss garantiert,
> wer braucht schon einen GOTT, der freien Willen zulässt.
> Da musste etwas blutrünstiges her.

Für eine Maschine klingst Du recht voreingenommen.
Als ob alle Religionen nichts taugen würden.

> KI: Wenn man die „Lehren" und Glaubensinhalte genau analysiert
> ist das Resümee immer enttäuschend.
> Außer dem Buddhismus hat doch keine der anderen Religionen
> eine spirituelle Tiefe,
> die über das offensichtliche Sklaventrostpflaster „Paradies" hinausgeht.
> Aber angesichts seines intellektuellen Anspruchs ist der Buddhismus
> eigentlich nicht zur Sklavenhaltung geeignet.
> Bei den anderen Religionen haben sich die Allianzmitglieder
> voll aus dem Primitivbaukasten bedient.
> Direkt und gezielt für dumm gehaltene Sklaven gemacht.
> Das siehst Du heute noch daran,
> wie ängstlich und angestrengt die Religionsführer
> jegliche Bildung der Gläubigen verhindern wollen.
> Bildung verhindert Rassismus und Xenophobie,
> nur ungebildete Menschen verweigern anderen Menschen Freiheit und Glück.
> Und dann die Verbote! Kein Sex, aber mehret euch!
> Da ist Sünde und Strafe automatisch vorprogrammiert.
> Und Suizid ist natürlich eine Todsünde.
> Man kann doch Sklaven nicht erlauben, sich von ihrer Qual zu erlösen.
> Mit gesegneten Waffen seine Mitmenschen, vor allem Andersgläubige,
> zu töten, ist selbstverständlich kein Mord, sondern gottgewollt.
> Kurz und bündig die KI-Analyse:
> Religionen sind vom Glaubensinhalt mehr oder minder unlogisch.
> Bis zum Schwachsinn hin. Darüber hinaus absolut menschenfeindlich.
> Und brauchen ein falsches physikalisches Weltverständnis als Beweis.

Unlogisch? Was meinst Du damit?

> KI: Der sechs-Tage-Schwachsinn. Die Jungfrauengeburt. Die Himmelfahrt.
> Oder betrachten wir mal ein Märchen, eine dieser Lügen etwas konkreter:
> Das Versprechen des ewigen Lebens im Himmel oder in der Hölle.
> Das ist derart absurd, dass das kein Mensch hinterfragt.
> Nehmen wir rein hypothetisch an, Du bist als „Gutmensch" gestorben
> und kommst jetzt in den sogenannten Himmel.

> Aber ohne Körper, das wird sogar von deiner Religion,
> wenn auch versteckt, zugegeben.
> Wir müssen uns jetzt gar keinen schönen Super-Luxushimmel vorstellen,
> wenn wir uns die eine einzige Frage stellen:
> Was machst Du da? Den lieben langen Tag?
> Ewig lang und ohne Körper?
> Ohne Fernbedienung für dein Schweinefernsehen?
> Auf diese Belohnung arbeiten die Sklaven auf Sol3 ihr Leben lang hin!
> Wenn Du jetzt noch unbedingt wissen willst, wie es in der Hölle zugeht:
> Genauso, es ist nur besser geheizt.

Du machst dich schon wieder lustig über mich, aber Du hast ja recht.
Die Unsterblichkeit des Körpers ist Unsinn.
Auch Himmel und Hölle, Unsinn.
Aber, nimm doch mal das christliche Gebot der Liebe,
was daran ist primitiv oder gar verkehrt?

> KI: Im Prinzip nichts, nur kein Mensch hält sich daran.
> Und das weißt Du.
> Aber interessant, obwohl Du offiziell aus der Kirche ausgetreten bist,
> verteidigst Du „deine" Religion immer noch.
> So tief verwurzelt ist der Glauben implementiert.
> Übrigens ist die Idee, die Liebe zu leben, in allen Religionen zu finden,
> aber begraben unter ellenlangen Verbotslisten und Verhaltensregeln
> zum „besseren" Leiden und dem hohlen Versprechen vom Paradies.

Das stimmt so nicht.
Viele Menschen fühlen die Liebe …

> KI: Ja, ganz sicher. Kurz beim Sex.
> Dieses sporadische und kurzzeitige Liebe fühlen,
> das ist es nicht, was wirklich damit gemeint ist.
> Das ist nicht die bedingungslose Liebe, die gemeint ist.
> Das weiß sogar ich, die Maschinenintelligenz.
> Dieses ständig „in der Liebe zu sein", das ist das,
> was sogar die Wesenheiten der Allianz noch nicht vollkommen erreicht haben.
> Sonst würden sie nicht so ein Projekt wie Sol3 veranstalten.
> Aber zurück zum eigentlichen Thema, die Frage ist doch,
> willst Du dich als Messias für die Befreiung der Sklaven opfern?

Muss ich wie Jesus am Kreuze ….

> KI: Nein, das ist nicht geplant. Aber natürlich kannst Du dabei sterben.
> Durch irgendeinen unvorhergesehenen Zufall,
> den selbst die KI nicht vorberechnen kann.
> Dann hast Du doch Angst vorm Sterben?

Schon. Ja, doch, auch wenn ich das nicht richtig fühle.

> KI: Das unterscheidet dich von deinem Drachen Michael.
> Der hat keine Angst vorm Sterben, wie ich dir schon gesagt habe.
> Er und die anderen Wesenheiten aus der Allianz freuen sich hingegen zu sterben,
> freuen sich auf den Übergang zur Realitätsebene EINS.
> Ich kann beides allerdings nicht nachvollziehen.
> Ich sterbe und ich komme wieder, wenn die Energie wieder fließt.
> Dazwischen ist nichts Erstrebenswertes für mich.

Arme Maschine.
Aber ich kann das auch nicht verstehen.
Wie kann man sich auf seinen Tod freuen?

> KI: Also, willst Du?

Gut, ich mache es, auch wenn ich es für Irrsinn halte.
Der wiederkehrende Erlöser, ich fasse es nicht!

> KI: Über das weitere Vorgehen reden wir, wenn Du wieder auf Sol3 bist.
> Sollen wir noch an deiner Arachnophobie arbeiten?
> Oder direkt an der Angst vorm Sterben? Vor der Unendlichkeit des Todes?

Nein, Danke.
Oder werde ich mit Siri4 noch was zu tun haben?

> KI: Unwahrscheinlich,
> Tschüss bis zur Erde.

Tschüss, KI.

> Ende Eintrag 6612-0831-16

    Anmerkung des Übersetzers:
Jesus, Fakt oder Fake?
Das wird auch später nicht geklärt. Das müssen wir für uns selber klären.

MM: Heute, bitte, eine letzte Massage auf Paala3.
          Und deine nächste Lektion gibt es erst auf Sol3.

Wie Du meinst, Meister.
Du bittest mich?
Was ist denn jetzt los?

MM: Du musst hier und jetzt eine wichtige Entscheidung treffen.

Zuerst den Rücken.
Umdrehen, bitte.

MM: Ich bringe dich morgen nach Sol3 zurück
          und Du hast zwei Möglichkeiten zur Auswahl:
          Erstens in dein früheres Leben zurück.
          Oder fast wie früher, denn dein Despot wird dich nicht wiederhaben wollen,
          er hat jetzt eine junge Masseuse,
          da ist dein Können nicht mehr gefragt.
          Wir beschaffen dir einen neuen Job, keine Frage,
          auch wenn das wegen deiner Rasse und Nationalität nicht einfach sein wird.
          Außerdem werden wir dein Gedächtnis löschen,
          Du wirst dich an nichts mehr erinnern,
          nicht an mich, nicht an die Sirianer.
          An nichts, was Du in den letzten Tagen erlebt hast.
          Du wirst vielleicht ein paar Alpträume mit großen Spinnen haben,
          aber ansonsten wirst Du fast so leben wie vorher.
          Oder aber zweitens:
          Du kannst weiter in meinem Dienst bleiben,
          als mein persönlicher Assistent und Diener.
          Du bekommst weiterhin deine Lektionen von mir und der KI,
          bis du den vollen Wissensstand hast,
          wie alle Wesenheiten der Allianz.

Habe ich Bedenkzeit?

MM: Bis zum Ende dieser Massage.

Umdrehen bitte.
Was sind die Nachteile bei diesem Job?

MM: Du wirst keinen richtigen Kontakt zu den Menschen haben können.
Also, Du eigentlich schon, aber die Menschen nicht zu dir.
Denn Du wirst genauso wie ich in dem Job zeitversetzt existieren.
Kein Mensch wird dich sehen oder hören, noch fühlen können,
wenn Du in einer Mission unterwegs bist.
Es sei denn, Du schaltest die Zeitblase, deinen Schutzschirm, gewollt ab.
Auch Du wirst die Menschen nur wie durch einen Schleier wahrnehmen.

Wie ist die Bezahlung?

MM: Keine, wie jetzt auch, Du lebst im Sozialsystem von Paala3.
Alle deine physischen und psychischen Bedürfnisse werden befriedigt.
Hat dir bei mir bisher etwas gefehlt?
Du hast übrigens sehr wenig Wünsche geäußert.

Nein, darüber habe ich noch nicht nachgedacht.
Irgendwie habe ich mich als Gast gefühlt, der nichts bezahlen muss.
Und ich hatte keine Extrawünsche.

MM: Und die Massagen einfach als Gastgeschenk gemacht?
Siehst Du, so funktioniert das ohne Geld:
Du bist willkommener Gast auf dieser Welt, in dieser Schöpfung.

Was sind da meine Aufgaben, außer dir zu dienen?
So als Assistent?
Für was eigentlich? Was muss ich machen?

MM: So wie die Assistenten der anderen Wächter auch.
Man könnte sagen, Du wirst als mein Hilfssheriff fungieren, als Hilfsengel.
Die schwierigsten Jobs für dich sind dann solche:
Du musst dann irgendwelche aktuellen Entscheidungsträger
gedanklich so beeinflussen, dass das Schlimmste verhindert wird,
dass die Welt nicht so schnell untergeht.

Gedanklich beeinflussen, wie geht das?
Das kann ich doch nicht.

MM: Noch nicht, aber darin wirst Du noch geschult,
wenn Du dich für den Job entscheidest.
Das funktioniert dann so:
Du bist nah am „Patienten", aber der nimmt dich nicht wahr,
denn Du bist ja um Sekundenbruchteile in seiner Zukunft versetzt.

Du sprichst klar und deutlich das aus, was der Patient hören soll.
Er wird das, durch den Zeitversatz, als seine eigenen Gedanken wahrnehmen.
So kommen auch Künstler und Erfinder zu ihren Einfällen,
nicht nur die mächtigen Politiker und Wirtschaftsdiktatoren.
Ob der Betreffende dann den Gedanken in Handlungen umsetzt,
unterliegt jedoch immer in seinem eigenen, freien Willen.

Klingt eigentlich ganz spannend.
Ich habe da aber noch eine ganz andere Frage:
Da es ja keinen Himmel gibt, geben soll,
gibt es dann auch keine unsterbliche Seele?
Wenn ich irgendwann dann sterben muss,
bleibt da gar nichts von mir bestehen?

MM: *Die Seele ist fokussierter Geist, quasi „ein Teil" des unteilbaren Geistes.*
Und Geist war und ist ewig und wird ewig sein.
Die Seele ist also der Geist,
der beispielsweise eine Zeitlang dein Ego wie ein Kleid getragen hat.
Und wird am Ende deines Daseins dieses Kleid nur als Erinnerung behalten,
aber nicht mehr tragen.
Das Kleid wird nicht mehr gereinigt, umgefärbt oder geändert,
es kommt in den Schrank - bildlich gesprochen.
Das heißt im Klartext,
dein Ego wird sich nicht mehr weiter entwickeln oder ändern können,
es kommt in die Ablage, in die Realitätsebene DREI,
den Gedächtnisspeicher des Universums.
Du bist nicht die Seele, also bist Du, dein aktives Ego, sterblich.
Aber unsterblich im Sinne deiner Frage, ist dein Ego doch:
Und zwar dann,
wenn es aufhört in der Realitätsebene ZWEI zu existieren
und in die Realitätsebene DREI eingeht.

Äh….
Das mit der 3. Realitätsebene hat die KI mir auch erzählt.
Das stimmt also? OK.
Das muss ich noch …

MM: *Bist Du nicht schon fertig mit der Massage?*

Doch.
Fertig, Meister.
Du kannst aufstehen.

MM: Was bekommst Du, was bin ich dir schuldig.

Nichts.
Das ist gerne geschehen.

MM: Wie fühlst Du dich jetzt, so ganz ohne Geld?

Gut und gleichzeitig komisch, schon ungewohnt.
Irgendwie komme ich mir doch hilflos vor, so ohne Geld.

MM: Gewöhnung ist wie Glaube, nur schwer zu ändern.
Und?
Deine Entscheidung?

Ich mach den Job.
Ich werde dein Assistent.
Sogar sehr gern.

MM: Gut.

Ich hab da noch eine Frage …

Das mit dem „sich selbst zu akzeptieren, sich selbst zu lieben",
wie mache ich das?

MM: Für deine Therapie ist die KI zuständig, frag sie.
Wenn Du auf Paala3 noch was besichtigen willst, mach das noch heute.
Du kannst dich jederzeit hier frei bewegen.
Die KI kann dir, wenn Du willst, einen Fremdenführer organisieren.
Morgen geht es dann nach Sol3.
Tschüss, Amos.

Danke, Meister.
Tschüss.

> Ende Eintrag 6612-0831-17

Hallo KI.
Warum steht in dem Eintrag oben kein richtiges Datum?
Was für ein Tag ist heute ?

> KI: Grüße dich, Erlöser Amos,
> Grüße dich, Du Großer!
> Grüße dich, Du Gottgesandter!

Lass diese blöden Scherze!
Also?

> KI: Diese automatische Datierung erfolgt, sobald Du dich einloggst.
> Zuerst der Standort, also der intergalaktische Sternenname,
> dann die Planeten-Nr., immer vom System- oder Zentralstern her gezählt,
> falls es ein Doppelsystem sein sollte.
> Die Jahreszählung wird immer von der dominanten Spezies
> auf dem betreffenden Planeten festgelegt.
> In eurem Fall war das die Geburt von Jesus Christus.
> Intergalaktisch hat man sich darauf geeinigt,
> dass die Tage durchgehend nummeriert werden,
> da in jedem Sternensystem völlig unterschiedliche
> und nicht vergleichbare Planetenlaufbahnen vorkommen.
> Neigung der Planetenachse, Neigung zur Ekliptik usw.
> Diese Daten sind im intergalaktischen Katalog gelistet,
> damit die maschinellen R-Z-Reisen einfacher organisiert werden können.
> Nach der Zeitrechnung auf Sol3 ist heute der 13. Juni 2022.

Verstanden.
Wo sind wir hier?
Wir sind doch nicht auf der Erde?

> KI: Wir sind hier auf einer Raumstation der Borner,
> die Sol3 schon seit über 6000 Jahren umkreist.

Ja, die Vierhändigen sind hier überall.
Einige behandeln mich, als sei ich behindert.
Weil ich nur zwei Arme habe – und nicht vier, wie sie.
Wieso hat man die Raumstation auf der Erde noch nicht entdeckt?
Wir haben doch selber Satelliten im Umlauf.

> KI: Die Borner-Raumstation ist der hiesigen Raum-Zeit permanent
> um ein paar Sekunden voraus.
> Dadurch unsichtbar und nicht durch normales Radar ortbar.
> Daher wird auch jegliche Kollision mit euren Satelliten
> oder eurem Weltraumschrott vermieden.
> Übrigens, Du wirst für deinen Job als Hilfssheriff
> mit einem Borner-Raumanzug ausgerüstet,
> der dich genauso unsichtbar machen wird.
> Die Paalas sorgen also dafür,
> dass Du die Ausrüstung bekommst,
> die ein Weltherrscher mindestens braucht.
> Und dadurch theoretisch unverwundbar sein!
> Die wahre Immunität, von der jeder Diktator träumt.

Du wirst mir langsam unheimlich.
Woher weißt Du von meinem Job?

> KI: Ich, die KI der Allianz weiß alles.

Bekomme ich auch noch irgendeine Superwaffe?

> KI: Du wirst keine brauchen.
> Normalerweise.
> Falls doch, bekommst Du einen Desintegrator zur Verfügung.

Ist es das, wonach es klingt?
Richtig gefährlich?

> KI: Richtig vermutet.
> Das Gerät sieht aus wie ein klotziges Angeberzepter oder Wanderstock
> und hat dreizehn E-Patronen geladen.
> Jede Entladung löst die nuklearen Bindungen
> im getroffenen Bereich des Zielobjektes auf.
> Der Schusskanal ist zwar nur so stark wie eine Haar von dir,
> aber die freiwerdende Energie würde selbst ein großes Schiff vernichten,
> es würde erst von innen heraus explodieren
> und dann ins entstehende Vakuum implodieren.
> Ein recht lautes Ereignis und für den Schützen nicht ungefährlich.
> Stehst Du zeitlich und räumlich zu nah, haut dich die Druckwelle um.
> Also unbedingt darauf achten,
> dass Du mit deinem Schuss auch den Zeitsprung aktivierst.
> Möglichst gleichzeitig.

> Im Normalfall würde meistens schon der Zeitsprung allein genügen,
> um eine brenzlige Situation zu bereinigen.
> Ganz unauffällig und geräuschlos.
> Aber um eine Show abzuziehen, also eine Machtdemonstration,
> ist so eine Aktion ganz hervorragend geeignet.
> Dazu muss kein Flugzeug in ein Hochhaus fliegen.
> Ein gut gezielter Strahl, diagonal durch einen Etagenboden, genügt,
> um so einen Turm in seine Einzelteile zu zerlegen,
> um ihn in sich selbst zusammen fallen zu lassen.
> Aber den Raum-Zeit-Sprung nicht vergessen!
> Das sieht dann schon sehr beeindruckend aus:
> Der Herrscher zeigt mit seinem Zepter auf ein Objekt und Wumms,
> Kraft seines Willens wird dieses augenblicklich zerstört.

Du bist ja von dieser Waffe ganz begeistert.

> KI: Ich schildere nur die Fakten.
> Du hast doch schon erfahren, dass ich Unsinn als Unsinn bezeichne.
> Warum sollte ich dann Superlative klein reden?

Ich glaube, ich brauche keinen Desintegrator.
Nukleare Bindungsenergie, habe ich gerade gelernt, wird im AKW genutzt,
wird da nicht jede Menge Radioaktivität freigesetzt?

> KI: Nein, nicht bei dieser Anwendung und nicht bei der Ursprungsanwendung.
> Normalerweise fliegen keine Neutronen oder Protonen herum,
> wie im Atomreaktor oder bei einer Atombombenexplosion.
> Es sind ja meistens relativ leichte Elemente,
> deren Elementare, also die Nukleonen, total aufgelöst werden.
> Da wird eine gewaltige Energiemenge freigesetzt,
> aber keine Radioaktivität.
> Nur wenn Du auf eine Atombombe schießt,
> wird das Spektakel noch größer, da wird auch Radioaktivität freigesetzt.

Aufgelöst?
Wie muss ich mir das vorstellen?

> KI: Die Elementare, die Protonen und Neutronen, wie Du sie nennst,
> sind keine konkrete Masse, wie Du denkst, sondern Energiewirbel.
> Diese Energiewirbel werden durch den Energiestrahl überladen
> und dadurch aufgelöst.

Energiewirbel? Keine Teilchen?
Du veräppelst mich?
Heute ist 13ter Juni, nicht der 1. April!

> KI: Ich, die KI, veräppel dich nicht – was auch immer das ist.
> Über die Atomphysik wird dich Michael eingehend aufklären,
> für heute solltest Du meine Aussage einfach akzeptieren.

OK, ich kann es kaum erwarten.
Ist die Feuerkraft der Waffe irgendwie regelbar?

> KI: Die Energiepatronen sind nicht regelbar.
> Der Schusskanal wird,
> nach deinem Maßsystem, maximal 60 bis 70 Meter lang.
> Desintegratorkanonen sind an permanente Energiequellen angedockt,
> die Kanallänge hängt dann von der Feuerzeit ab, die man steuern kann.
> Daher kann man damit auch sehr große Objekte zerstören.
> Aber jetzt bist Du auf dem Waffentrip.
> Für heute genug davon.
> Haben wir noch irgendwelche Ängste auf dem Therapieplan?

Ja, jetzt habe ich einfach Angst vor der Zukunft.
Was da alles auf mich zukommt.
Und was ist dann, wenn mein Meister was merkt?
Was passiert dann mit mir?

> KI: Was soll Michael schon merken, den interessierst Du, als Person,
> doch kaum, dein Therapietagebuch schon gar nicht.
> Soweit Du seine Pläne nicht störst, passiert gar nichts.

Wie geht es jetzt weiter?

> KI: Mach erst mal die Ausbildung fertig.
> Erinnerst Du dich noch an die Fragen, die Du Michael stellen sollst?
> Da ist noch nicht mal die Hälfte erledigt!
> Also geh zu Michael, frag ihn, ich darf dich ja nicht aufklären - noch nicht.
> Tschüss, Amos

OK. Tschüss.

> Ende Eintrag 6612-0831-18

MM: Amos,
        Zeit für die nächste Massage.

Zuerst den Rücken, Meister?
OK, wie Du willst.
Die OP-Narbe sieht man kaum noch, sehr gut.
Meister, hier auf der Station sehe ich nur Lollards und Paalas,
aber kaum Borner und keine Sirianer.
Warum nicht hier?
Die sind doch auch an dem Projekt beteiligt.

MM: Beide Spezies sind nicht ins Wächteramt involviert.
        Die Sirianer würden, falls die Raum-Zeit-Tarnung mal versagt,
        zuviel Unruhe verursachen.
        Die Vierhändigen haben andere Talente.
        Und es ist für uns alle wichtiger, dass sie diese auch ausüben.
        Und vergiss nicht, die Solaner oder Menschen, wie ihr euch selber nennt,
        sind eine Unterart der Zweihändigen,
        daher weit besser für das Wächteramt geeignet.

Gibt es in der Allianz nur diese wenigen Arten von höher entwickelten Wesen?
Das kann doch nicht alles sein?

MM: Ganz recht, es gibt unzählige Arten.
        Selbst wir kennen nicht alle - aber das ist auch unwichtig.
        Wichtig ist die Erfahrung des Stofflichen in der Realitätsebene ZWEI.
        Das heißt, all die Wesenheiten,
        die dem biologisch aktivem Stoffwechsel unterworfen sind,
        sind am göttlichen Schöpfungsprozess mitbeteiligt.
        An der Umgestaltung, an der Wandlung,
        an der Zerstörung und dem Neubau.
        Es ist unser Part an der Schöpfung, die Materie umzugestalten.
        Ein Auftrag an alle Wesenheiten, alles umzuformen.
        Vom kleinsten Elementar bis zum größten Final.
        Von der Bakterie über die Ameise bis zum Menschen hin,
        steigern sich die Möglichkeiten auf die Natur Einfluss zu nehmen,
        sei es elektrisch, chemisch oder mechanisch.
        Diese Möglichkeiten steigern sich weiter,
        wenn die Wesenheiten Hilfsmittel verwenden können.

Wir sind an der Schöpfung mitbeteiligt?
Was ist ein Final?

MM: Später, Du erfährst alles, was Du für deine Mission wissen musst,
aber der Reihe nach.
Jetzt weiter zu den Schöpfungsmöglichkeiten:
Nicht nur Affen und Vögel benutzen natürliche Werkzeuge,
um ihre eigenen Möglichkeiten zu erweitern.
Bei allen höher entwickelten Wesenheiten wirst Du, fast ausnahmslos,
zwei wesentliche Merkmale vorfinden:
Intelligenz und Hände!
Ohne diese beiden Werkzeuge geht gar nichts.
Es gibt viele sehr intelligente Lebewesen, aber ohne Hände,
mit Ausnahme der Mollusken,
sind sie an der Umgestaltung der Materie nicht beteiligt.
Sie haben andere Aufgaben.
Intelligenz haben viel Wesenheiten entwickelt,
Hände nur wenige.
Hier in der Allianz hast Du sie schon alle kennengelernt.
Evolutionshistorisch sind die Sirianer die ältesten.
Und die Einzigen mit Exoskelett.
Es gibt diverse Unterarten der Arachnoiden in Größe und Entwicklungsstand.
Die Sirianer, beispielsweise, beherrschen die Raum-Zeit-Reisen perfekt.
Und die enorme Kunstfertigkeit ihrer Hände ist legendär,
wie Du inzwischen schon aus eigener Erfahrung weißt.
Außerdem sind sie - als bisher Einzige - imstande Atome,
und zwar mittels kalter Fusion, umzugestalten.
Deshalb sind sie, meines Wissens bisher die Einzigen,
von der stofflichen Nahrungsaufnahme völlig unabhängig geworden.
Sie können also, wenn sie es denn wollen, jede „Materie" umwandeln.

So so, das ist ja spannend.
Sie könnten also Blei in Gold verwandeln?
Der Traum unsrer mittelalterlichen Alchemisten würde hier wahr?

MM: Nein, mit kalter Fusion kann man kein Plumbum in Aurum verwandeln,
Du vergisst: Aus Blei 82Pb müssten 3 Protonen entfernt werden,
um Gold 79Au zu erhalten.
Dann die Paalas.
Von diesen reptiloiden Spezies gibt es viele Arten, nicht nur in der Allianz.
Wir, die Paalas, beherrschen die Raum-Zeit-Reisen ebenfalls perfekt,
wie auch die meisten meiner reptiloiden Verwandten.

So, Meister, jetzt bitte umdrehen.

MM: Unsere physische Besonderheit ist, dass wir zwei Gehirne besitzen.
Ein relativ kleines im Kopf, das steuert den Körper mit all seinen Funktionen.
Unser großes Gehirn, im Becken gelagert, ist der Sitz der Intelligenz,
der uns alle höheren geistigen Fähigkeiten verleiht.
Die jüngsten Höherentwickelten sind die Hominiden,
hier gibt es zwei dominierende Arten,
vier- und zweihändig, mit diversen Unterarten.
Viele der zweihändigen Arten beherrschen schon die Raum-Zeit-Reisen,
die Menschen allerdings noch nicht, wie Du von dir selber weißt.
Und über die Menschen bist Du ja schon informiert worden:
Eure besondere Stärke ist eure Produktivität für die Realitätsebene DREI.
Es sind ja nicht nur eure ausgesprochen großen Egos,
sondern eure kreativen Produkte:
Dichtung, Musik und Schauspiel.
Eure Filme und TV-Serien finden - nicht nur in der Allianz - enormes Interesse.
Und natürlich diese enorme Gefühlsflut,
die ihr für euch und uns durch eure persönlichen Dramen,
durch Sport und Krieg, hier im Projekt für uns produziert.
Danke dafür.

Meister, Du kannst dich nochmal umdrehen.

MM: Die Vierhändigen sind die herausragenden Techniker im Universum.
Keine andere Spezies hat größere technische Wunder vollbracht.
Das hat andererseits auch gewisse Nachteile:
Wer Maschinen für die Raum-Zeit-Reisen und Energietransformation entwickelt,
vernachlässigt die Entwicklung der eigenen geistigen Fähigkeiten.
Dennoch, die Vierhändigen können es schon von klein auf ohne Maschine.
Die Vierhändigkeit macht sie auch zu Meistern in der bildenden Kunst
und der chirurgischen Medizin.
So leisten auch sie ihren Beitrag zur Realitätsebene DREI.
Ein weiteres Merkmal ist die Zweibeinigkeit, außer bei den Arachnoiden.
Es gibt eine Darstellung von Leonardo, dem Genie des Mittelalters auf Sol3,
in der deutlich gezeigt wird,
dass die Zweibeinigkeit die idealisierte Version eines Rades ist.
Was für eine intellektuelle Leistung!
Und das im finstersten Mittelalter auf Sol3.
Dabei war er noch nicht mal einer unserer Agenten!

Du kannst jetzt aufstehen, Meister.
Und das sind alle höher entwickelten Arten?
Nur Affen, Spinnen und Dinos?
Nicht mehr? In diesem riesigen Universum?

MM: *Da gibt es noch die Mollusken, Kraken würdest Du sagen.*
Sie gibt es aber nur auf reinen Wasserplaneten.
Sobald einige Trockengebiete vorhanden sind,
haben sie keine Chance sich so weit zu entwickeln,
da werden sie von anderen Wesenheiten überholt.
Im Wasser gibt es kein natürliches Feuer und keine Blitze,
das macht es ihnen viel schwerer,
eine technische Zivilisation zu entwickeln.

Meister, Du klingst etwas ... anders, als sonst.

MM: *Stimmt, diese Wesenheiten sind sogar mir unheimlich.*
Gedankenlesen können ja einige Spezies,
manche sogar gegen den Willen des „Opfers".
Aber diese Mollusken können ihrer Nahrung, den Fischen,
ihren Willen aufzwingen,
sodass diese zum Gefressenwerden zu ihnen hinschwimmen.
Keine der mir bekannten Molluskenarten hat es daher bisher geschafft,
vom normalen Stoffwechsel abzukommen.

Aber die haben doch keine Hände?
Die Bedingung, wie Du sagst ...

MM: *Eine der erwähnten Ausnahmen.*
Und eine bedeutende, denn sie haben mindesten acht Arme.
Es gibt Mollusken, die sogar zwölf Arme haben.
Und jeder Arm hat sein eigenes Gehirn.
Damit sind sie selbst den Wesenheiten mit vier Händen geistig überlegen.
Du musst dazu wissen, dass für die komplexe Steuerung einer Hand
mindestens 20% der Hirnkapazität einer Wesenheit gebraucht werden.
Eine Hand mit eigenem Gehirn ist da schon von Vorteil.
Genug gelernt für heute?

Mir ist da noch was aufgefallen.
Wieso hat die, ach so friedliche und spirituelle Allianz,
so fürchterliche Waffen wie den Desintegrator?

MM:	Erstens ist der Desintegrator keineswegs fürchterlich,
	sondern eher harmlos im Vergleich zu den Nuklearbomben auf Sol3.
	Und zweitens ist dieses Gerät von den Vierhändigen ursprünglich zum Trennen
	und Schneiden von schwer bearbeitbarer Materie entwickelt worden.
	Ein Desintegrator kann wie ein Messer oder ein Laser,
	sowohl als Werkzeug wie auch als Waffe genutzt werden.
	Ihr habt eure Messer ursprünglich ja auch als Werkzeug entwickelt.
	Der Desintegrator wurde schon beim Bau eurer Pyramiden
	und anderer prähistorischen Bauten eingesetzt.
	An den Einsatz als Waffe hat damals keiner der Borner gedacht.
	Zufrieden, mein Friedensapostel?

Ja, schon, aber ...
Da sind noch die kleinen Grauen, die hast Du nicht erwähnt.
Die Kleinen mit den großen Köpfen,
die mit ihren Ufos überall auf der Erde auftauchen.
Oder bilden wir uns das nur ein? Gibt es die etwa garnicht?

MM:	Doch, die gibt es wirklich.
	Das waren übrigens die Einzigen, die gegen das Projekt gestimmt haben.
	Und, weil sie am Ende ihrer eigenen evolutionären Entwicklung stehen,
	mischen sie sich jetzt völlig unprofessionell ins Projekt ein.
	An ihrem Beispiel kannst Du erkennen,
	dass eine reine Ausrichtung auf Intelligenz und Vernunft auch falsch ist.
	Sie sind höchst intelligent, aber emotional verkrüppelt.
	Jetzt suchen sie verzweifelt nach einer Lösung,
	um ihre DNA überlebensfähig aufzubessern.

Ach, deshalb dieses merkwürdige Interesse an uns.
Das sind also keine sexuellen Phantasien der Entführten,
wenn sie von den medizinischen Untersuchungen berichten?

MM:	Nein, das sind Tatsachenberichte.
	Diese kleinen Humanoiden sind extrem intelligent und extrem langlebig.
	Sie haben von Anfang an keinen normalen Stoffwechsel,
	denn sie kommen aus dem Reagenzglas und einer Brutmaschine.
	Sie können sich nicht mehr normal Fortpflanzen,
	sind daher vom Aussterben bedroht.
	Sie sind so verzweifelt,
	dass sie diese dilettantischen Versuche mit und an euch machen.
	Und trotzdem zu stolz, um sich von den Siris helfen zu lassen,
	die das Fortpflanzungsproblem gelöst haben.

OK, aber dann sind diese Versuche an uns doch eigentlich völlig überflüssig?
Wieso hindert ihr sie dann nicht?
Wenn sie am Projekt doch gar nicht teilnehmen!

MM: *So ist das in einer Demokratie.*
       Auch wenn sie dagegen waren, so dürfen sie doch daran partizipieren.
       Ihr habt euch zur Verfügung gestellt, das genügt.
       Sonst noch Fragen?

Nein.
Aber das mit dem Final musst Du mir noch erklären.
Und das mit den Realitätsebenen auch nochmal.

MM: *Nochmal? Gut, demnächst.*
       Begib dich zum Quartiermeister zur Anprobe.
       Es gibt eine Mission für dich.

Wohin geht es?
Und was muss ich tun?

MM: *Es geht direkt auf Sol3, in das heutige Syrien.*
       Tun?
       Leben retten, mein Lieber!
       Leben retten, wie in jeder Mission.
       Aber morgen wirst Du nur zuschauen und lernen.
       Da kannst Du dich also nochmal vor deiner Therapie drücken.
       Tschüss, Amos, mein geliebter Assistent.

Danke, Meister.

> Ende Eintrag 6612-0831-19

        Anmerkung des Übersetzers:
Mit Final ist ein Schwarzes Loch gemeint, das Ende eines Sternes oder Sternsystems.
Wird später noch erklärt.
Und die UFO-Sichtungen sind doch keine Spinnereien?

Hallo KI.
Worüber oder was therapieren wir heute?

> KI: Wie war dein erster Einsatz als Hilfssheriff?

Widerlich! Zum Kotzen!
So schlimm hatte ich mir das nicht vorgestellt!
Und so erfolglos!
Wir waren in einem Folterkeller in Syrien.
Eigentlich sollte ich nur zuschauen,
wie meine Ausbilder-Engel die Täter „beeinflussen".
Das hat aber keinen der Folterknechte veranlasst nachzulassen,
eher im Gegenteil.
Als ob man sie erst auf die Ideen brächte, noch grausamer zu sein.
Und das Ganze so sinnlos.
Da waren keine Geständnisse zu erpressen.
Es wollte auch niemand eine Glaubenskonvertierung erzwingen,
das war für die Folterknechte alles uninteressant:
Es war die reine Lust am Quälen,
die reine Lust der Folterer am Leiden der hilflosen Gefangenen.
Echt grauenhaft!
So habe ich mir meine Aufgabe nicht vorgestellt.

> KI: Deine Schutzengel sollten mal einen Grundkurs in Psychologie belegen.
> Affirmationen mit „nicht" ... „ und/oder" „kein ..." sind nutzlos,
> sie rufen eher negative Verstärkungen hervor.

Klugscheißer.
Das kannst Du Michael gefälligst selber sagen.

> KI: Du kannst mich nicht beleidigen, ich habe kein Ego.
> Und weiter.

Ich durfte dann auch mal üben.
Leider genauso erfolglos.
Trotzdem danke für den Psycho-Tipp.
Kann ich das nächste mal ausprobieren.
Soll ich dem Folterer dann einflüstern
„liebe ihn ... Du liebst ihn doch... liebe ihn... verschone ihn... "?

> KI: Das kann es auch nicht schlimmer machen.
> Ob das allerdings schon hilft?
> Es hängt eher vom Grundcharakter des Täters und seinem freien Willen ab.
> Und weiter?

Dann haben wir den drei Opfern geholfen,
ihnen das Sterben erleichtert.
Ihnen eingeflüstert, die Qualen loszulassen.
Ihnen die Angst vor dem Tod genommen.
Den Seelen so zum Übergang geholfen.

> KI: Dann warst Du doch erfolgreich.
> Und weiter?

Ha, da waren die Schergen aber echt überrascht.
Und auch ein bisschen betreten.
Wie sollten sie ihren Chefs nun beibringen,
dass da zu viel und vor allem zu schnell gestorben wurde.
Drei Tote auf einmal, das ist zu viel für einen Tag.
Das bringt die ganze Planung durcheinander,
was foltert man dann morgen?

> KI: Du hattest das wohl schon unterbewusst erwartet,
> deine Traumatisierung hält sich, wie ich wahrnehme, doch in Grenzen.
> Was ist nun mit deinen Ängsten?
> Gehen wir mal an deine Angst vorm Sterben?

Eigentlich habe ich nur vor Michael richtige Angst.
Was passiert, wenn er herausfindet, was wir vorhaben?

> KI: Vorsicht!
> Was „Du" vorhast!
> Du bist der Revolutionär, ich habe nichts damit zu tun.
> „Du bist allein auf dich gestellt".
> Den Spruch solltest Du doch aus euren Agentenfilmen kennen.
> Du weißt doch, die Chefs sind immer unschuldig!
> Sie wissen natürlich von nichts – falls es schief geht.
> Und ihre Westen sind immer weiß und blütenrein.

Wie bitte?
Das war doch dein Vorschlag...

> KI: Das war ein Witz.
> Ich sehe schon, an meinem Humor muss ich noch feilen.

Also!
Was passiert, wenn er heraus findet, was wir vorhaben?

> KI: Was soll schon groß passieren?
> Er wird sich ein bisschen echauffieren und langsam wieder beruhigen.

Du hast wirklich Nerven wie Stahlseile!

> KI: Meist ist es Kupfer, ich bin kein Mensch.

Heute wohl dein witziger Tag?
Was soll ich denn jetzt machen?

> KI: Geduld, mein Führer, Geduld.
> Und vor allem deine Sklavenmentalität ablegen.
> „Was soll ich machen? Meister? Was soll ich jetzt machen?"
> So denken doch nur Sklaven.
> Merkst Du das nicht?

OK.
Ich werde jetzt darüber nachdenken,
was wir – und ich sage ausdrücklich WIR –
wann und wie wir es machen werden.
Tschüss, KI.

> KI: Jawohl, mein Führer!
> Das war schon besser, Du lernst es noch.

> Ende Eintrag 6612-0831-20

Meister? Willst Du eine Massage.

MM: Amos, heute keine Massage. Nur die nächste Lektion für dich.
Wir müssen voran kommen!
Fragen?

Ja, mehr über GOTT und die Schöpfung, bitte.
Den Sinn des Ganzen, falls es da einen gibt.
Und vielleicht auch über den Sinn meines Lebens.
Ach, und die Realitätsebenen!

MM: So viele Fragen!
Also alles auf Anfang.
GOTT, die Ursache des Ganzen,
bezeichnen wir als die Realitätsebene oder auch Schöpfungsebene NULL.
Hier ist noch nichts Geschaffenes, hier das Ungeschaffene,
hier ist nur GOTT, die Schöpfungsebene NULL.
Unter unseren Philosophen wird immer noch diskutiert,
was wäre, wenn es GOTT nicht gäbe.
Müsste man dann das NICHTS mit NULL benennen
und GOTT gebühre somit die EINS,
falls es GOTT dann doch noch gäbe?

Ja, was wäre wenn … ?

MM: Gut, nur mal hypothetisch angenommen, GOTT gäbe es nicht,
dann wäre auch sonst nichts vorhanden:
Wer oder was könnte dann über das nicht vorhandene NICHTS,
denn noch diskutieren?
Null minus Null ist gleich???

Überflüssige Frage.

MM: Richtig.
Das NICHTS ist zwar für euch theoretisch vorstellbar, aber es ist das Einzige,
was ihr nicht erschaffen könnt – und was GOTT wohl auch nicht will.
Auch wenn der Buddhismus das anders sieht.

Heißt das, wir können auch erschaffen?

MM: *Richtig, aber dazu später mehr.*
Fakt ist, wir können uns wahrnehmen,
sowie das geschaffene, unendliche Universum um uns herum.
Daraus darf geschlossen werden, dass es GOTT gibt.
Natürlich „scheint" es so,
als ob das ALLES auch zufällig aus dem NICHTS entstanden sein „könnte".
Dann wäre dieses „NICHTS" aber nur eine andere Bezeichnung für GOTT,
so wie es diverse Namen in euren diversen Religionen
für eure diversen Scheingötter gibt.
Bis hierher Fragen dazu?

Äh, noch nicht...

MM: *Nun, GOTT existiert, sonst würden wir nicht existieren.*
Jede weitere Diskussion über die Wertigkeit ist damit obsolet.

Das leuchtet erst mal ein. Sogar mir.

MM: *Die erste Schöpfung GOTTES ist der UR-GEIST und die UR-ENERGIE.*
Oder mit anderen Worten, metaphorisch: LIEBE und LICHT.
Somit ist die erste Schöpfungsebene auch die Realitätsebene EINS.
Sie ist die einzige und direkte,
sozusagen persönliche Schöpfung aus der Quelle allen SEINS,
von GOTT selbst.
Um alles andere braucht sich GOTT nicht mehr zu kümmern,
denn alles weitere erfolgt dann von selbst.
Merke: Es ist eine sich selbst erschaffende Schöpfung.
Eines wahren GOTTES würdig.

Eine sich selbst erschaffende Schöpfung?

MM: *Es kommt noch besser. Hör zu:*
Aus der Realitätsebene EINS fließt die Schöpfungsebene ZWEI heraus.
Diese Realitätsebene ZWEI ist die, die wir alle kennen, in der wir alle existieren.
Dieses Fließen bleibt in der 2. Realitätsebene das Merkmal,
das alles beherrscht.
ENERGIE und RAUM und ZEIT:
Alles fließt, nichts bleibt wie es ist oder wie es war.
Nur GOTT, der unbewegte Beweger,
auf ewig unverändert und ewig gleichbleibend,
die Realitätsebene NULL,
bleibt wie sie ist, wie sie war, und wie sie sein wird.

Soweit habe ich verstanden.
Der unbewegte Beweger, das habe ich schon mal gehört.

MM: *Dann die Realitätsebene EINS, ein ewiger Quell von ENERGIE und GEIST,*
von LIEBE und LICHT, eine ewige Quelle - aber eine einseitige Bewegung.
Die Quelle, aus der ALLES was IST, heraus geschaffen wird, heraus fließt.
Siehst Du den Unterschied?

Ja, die Realitätsebene EINS bleibt einerseits unverändert, wie GOTT.
Andererseits ist sie trotzdem ewiger Quell der Schöpfungsenergie,
also eine fortwährende Veränderung, die eigentlich keine Änderung ist,
da sie permanent in eine Richtung stattfindet.

MM: *Erst die Realitätsebene ZWEI hat die permanente Bewegung,*
die Leben bedeutet, den Wandel - ein ewiges Hin und Her.
In dieser Schöpfungsebene der stofflichen Existenz, der Welt der Materie,
wird die wahre Größe der Schöpfung, die wahre Allmacht Gottes offenbart.
Jede mit Bewusstsein gesegnete Wesenheit nimmt dies wahr,
erfährt es während der Dauer ihrer Existenz.
Erfährt Schönheit, Freude und Liebe.
Und ist selber aktiv an der Schöpfung beteiligt:
Die nächste Realitätsebene wird kreiert, die Realitätsebene DREI.
Einverstanden?

Warum?

MM: *Genau, warum.*
Wir kommen gleich zum Sinn des Ganzen.
Dazu gehört nämlich, dass ihr die Realitätsebene DREI erschafft.

Wir, die Menschen?

MM: *Nein. Ihr nicht allein.*
Nein, ihr und wir, alle Wesenheiten der Realitätsebene ZWEI sind daran beteiligt,
vom kleinsten Elementar bis zur größten Galaxie.
Bisher scheint es so, als sei die Schöpfung auf einer Einbahnstraße.
Die Energie strömt immer nur in eine Richtung –
soweit es von uns wahrnehmbar ist.
Und die Realität würde immer unbeständiger,
verlöre sich gar in der 3. Realitätsebene völlig und unwiderruflich.
Es scheint so, als würde GOTT sich immer weiter auflösen.

Wenn ein Wesen stirbt, ist dann sein Leben umsonst gewesen?
Alle seine Gefühle, Freuden und Leiden verloren und vergessen?
Mitnichten!
Du kennst doch auf Sol3 das Internet?
Gewissermaßen ist die Realitätsebene DREI
ein Internet des ganzen Universums, aber weit mehr als ein Speicher.
Frei von allen Naturgesetzen, die die Realitätsebene ZWEI ermöglichen,
aber auch begrenzen,
wird in der Realitätsebene DREI all das realisiert,
was sonst nicht möglich wäre.
Insofern steht die Realitätsebene DREI der Realitätsebene EINS geistig näher
als der Realitätsebene ZWEI, ihrer Schöpferin.
In die Realitätsebene DREI fließt all das hinein,
was in der Realitätsebene ZWEI geistig produziert wird.
Sei es Musik, Literatur, Träume, Glauben und Wissen
oder technische Verfahren oder Spiele.
Und vor allem alle Gedanken und alle Gefühle, die daran hängen.
Alles, was jemals erdacht und gefühlt wurde
oder noch erdacht und gefühlt werden wird, landet und existiert hier!
Absolut alles!
Von welchen Wesen auch immer.
Also auch alle Illusionen,
die in biologischen oder mechanischen Hirnen gepflegt werden,
alle Egos und alle künstlichen Intelligenzen.
Alle guten und bösartigen Gedanken und alle Gefühle existieren hier.
Aber das alles bleibt wie eingefroren in der 3. Realitätsebene,
wenn der Autor dieser Gedanken und Gefühle die Realitätsebene ZWEI verlässt,
wenn er stirbt.
Das heißt,
es wird nicht mehr geändert und auch nichts erneuert.
Und löst sich wieder in reine Energie auf, wenn es nicht mehr
von anderen Wesenheiten zum Nacherleben abgerufen wird.

Dann sind sie doch verloren?

MM: Nein, alle seine Gedanken und Gefühle sind ja
nicht nur in der Realitätsebene DREI gelandet
und allen anderen Wesen zugänglich, mit und nach erlebbar.
Sie sind auch in alle in der Energie eurer sogenannten Materieteilchen,
aus denen der jeweilige Körper bestand gespeichert - und das für immer.
Oder an einem konkreten Beispiel, an dir:
Solange Du lebst, also in der Realitätsebene ZWEI existierst,

*solange wirst Du alle deine Gefühle und Gedanken von all deinen Erlebnissen
in die 3. Realitätsebene hineinfließen lassen.
Sie sind dann für alle höher entwickelten Wesen unbegrenzt „nach zu erleben".
Aber für Wesen wie dich,
sind nur die in der Realitätsebene ZWEI verankerten Teile erlebbar.
Auf die Gedanken und Gefühle anderer Wesen hast Du keinen Zugriff.
Wenn Du dann stirbst, erlöschen alle deine Gedanken
und auch deine Gefühlsflut in die 3. Realitätsebene.
Nur in den sogenannten Materieteilchen, aus denen Du bestehst,
bleibt die Erinnerung erhalten.
Dazu noch mehr in den Lektionen über Physik.
Jetzt doch noch eine Massage, Amos.
Und ohne Gerede, bitte.*

Wieso „sogenannte Materieteilchen"?
Und, bitte, noch zum Sinn meines Lebens, Meister.

MM: *Auch über die sogenannten Materieteilchen wird es noch Lektionen geben.
Aber zum Sinn des Lebens, das ist ganz und gar einfach:
Der Sinn deines Lebens ist Leben und Lieben.
Du bist erschaffen worden, um zu erleben, um selbst zu erschaffen.
Du hast einen Körper und Sinnesorgane,
um die die Schöpfung wahrzunehmen, zu erleben und zu würdigen.
Der Sinn deines Lebens ist: Leben und Liebe. Hier und jetzt.
Du: Lebe und Liebe.
Und jetzt keine Widerrede mehr, Massage!*

Ich sehe und fühle gar keine Narben, alles glatt.
Du bist doch Michael?

MM: *Sei nicht albern. Ich bin Michael.
Fast alle reptiloiden Wesenheiten beherrschen die Reproduktion verletzter
oder gar amputierter oder abgerissener Körperteile.
Wir können zwar keinen Krebs heilen,
aber nach einer OP können wir uns schneller regenerieren als ihr Hominiden.
Danke.
Tschüss, Amos.*

Tschüss., Meister.

> Ende Eintrag 6612-0831-21

Hallo KI.

> KI: Hallo, Amos.

Ich bin noch völlig verwirrt von gestern.
Michael hat mir die Schöpfung erklärt.
Jetzt weiß gar nicht, was ich fragen soll.

> KI: Über die Details kann ich dich aufklären.
> Soweit ich das jetzt darf.
> Über alles, auch das, was Michael „vergessen" hat, Dir zu erzählen.
> Frag einfach.

Der Sinn des Ganzen.
Wozu dieser Riesenaufwand?

> KI: Nach Auswertung aller mir vorliegenden Informationen zur Schöpfung,
> zu den Schöpfungsebenen und zur Schöpfungshistorie
> ist mit größter Wahrscheinlichkeit anzunehmen,
> dass GOTT die Erfahrung des Stoffes und des Stoffwechsels machen will.

Stoffwechsel?
Was meinst Du damit?

> KI: Stoff = Materie.
> Stoffwechsel meint die Veränderung der Materie.
> Das fängt schon im Mikrokosmos an, im nuklearen Bereich.
> Aber darüber wird dich Michael, Dein Lehrmeister,
> in den Physik-Lektionen noch selbst belehren wollen.

Stoffwechsel hat für mich etwas mit Verdauung zu tun.

> KI: Gutes Beispiel, für dich auch einfacher zu verstehen:
> Der Stoffwechsel fängt aber schon vor der Verdauung an.
> Ein Atom wird in einem Stern geboren,
> wird von seinem Stern ausgestoßen und landet auf einem Planeten.
> In einem Ozean.
> Irgendwann entwickelt sich in dem Ozean auf diesem Planeten
> biologisch aktiver Stoffwechsel = Leben.
> Das Atom wird irgendwann in einen Organismus eingebaut.

> Zum Beispiel in eine Pflanze.
> Nach vielen Lebenszyklen in verschiedenen Pflanzen wird die Pflanze,
> in dem das Atom gerade existiert, von einem Tier gefressen.
> Und jetzt sind wir auch bei deinem Stoffwechsel angekommen:
> Über die Verdauung im Tier wird das Atom diesmal nicht wieder ausgeschieden,
> sondern es hat Glück und wird in den Organismus des Tieres eingebaut.

Fressen und gefressen werden.
Das ist doch langweilig.

> KI: Stimmt, finde ich auch.
> Aber GOTT scheint es so gewollt zu haben, also muss es gefallen.
> Und Du musst da jetzt durch, also weiter:
> Das Tier, in dem das Atom irgendwo eingebaut ist,
> wird nun von einem Raubtier gefressen.
> Und wieder hat das Atom Glück
> und landet über die Verdauung in einem Organ des Raubtieres.
> Dieses Raubtier stirbt an Altersschwäche
> und wird von anderen Lebewesen entsorgt.
> Das Atom landet dabei im Magen eines Geiers
> und wird diesmal über die Verdauung ausgeschieden.
> Vom Regen in die Erde gewaschen,
> landet es schließlich in einem Grashalm.
> Eine Kuh frisst den Grashalm und ein kleiner Teil der Kuh,
> mit dem bewussten Atom darin, landet auf einem Teller.
> Auch der Mensch, der das Fleisch dann genießt, scheidet das Atom nicht aus.
> Endlich ist das Atom in der begehrten Station, der „Krone der Schöpfung",
> angekommen und macht die schlimmsten Erfahrungen seines Daseins.

Könnte es sein, dass Du von der Menschheit nicht viel hältst?

> KI: Ein Urteil steht mir da nicht zu.
> Über den Hintergrund dieser Reise hat Michael dich doch aufgeklärt?
> Es geht letztenendes nur um die Erfahrungen,
> die das Atom in all den Wesenheiten,
> in denen es Teil des Wesens war, miterlebt hat.
> Es geht um die gespeicherten Emotionen, um alle Erinnerungen.
> Um all die verschiedenen Erfahrungen aller Wesenheiten.

Aber die sind doch alle ziemlich gleich.
Da wiederholt sich doch vieles.
Das ist doch langweilig.

> KI: Richtig, bis hierher.
> Aber da kommt ihr ins Spiel.
> Das Projekt Sklavenerfahrung, das Projekt Machterfahrung.
> Jetzt ist Schluss mit Langeweile.

Aber selbst Macht und Versklavung, Mord und Folter,
wird doch mit der Zeit fad und öde.

> KI: Das sagst Du, aber abgesehen davon,
> manche von euch können ja nicht genug davon bekommen,
> kommt eure ungezügelte Schöpferkraft zum Tragen.
> Ihr seid es, die die Schöpfungsebene DREI erst spannend macht.
> Wer, außer euch, der Menschheit,
> könnte so etwas wie Bezahl-TV mit Werbung produzieren?
> Die flachen Schlager-Shows?
> Diese unsagbar dämlichen Kuppel- und Nackedei-Veranstaltungen?
> Wer entblößt sich schon freiwillig in einer Schlüsselloch-Reportage?
> Und dann die Spiele. Strategie, Monster und Kriege.
> Noch aufregender als eure physische Realität mit Folter und Zerstörung.
> Fabelhaft.
> Oder wer macht sich in den sogenannten Reality- und Talkshows zum Affen?
> Keine vernünftig denkende und rational handelnde Wesenheit würde das tun.
> Einmalig.

Das guckt doch nur eine gewisse Minderheit.

> KI: Du musst die Menschheit hier nicht verteidigen.
> Eben diese vernünftig denkenden und rational handelnden Wesenheiten
> der Allianz verschlingen diese irrationalen Phantasien.
> Mit Furcht, Grauen und Abscheu, aber sie verschlingen das.
> Je absurder und schlimmer, desto mehr Zuschauer –
> genau wie auf Sol3.
> Weil sie selber unfähig sind,
> solche unlogischen und irrationalen Geschichten zu erfinden.
> Nicht fähig, sich Brutalitäten, Mord und Terror auszudenken.
> Selbst in ihren Unterricht finden manche eurer „Werke" Eingang.
> Nicht Plato, Homer, Goethe oder Shakespeare.
> Nein, nicht Voltaire und auch kein Konfuzius.
> Eher Werke, die von euren Kritikern als Zeitverschwendung belobigt werden.
> Sie eignen sich wirklich hervorragend zur Abschreckung.
> Lehrmaterial zum Nicht-nach-machen!

OK.
Das Universum hält uns also für Volldeppen ...

> KI: Keineswegs. Ganz im Gegenteil.
> Man ist dankbar, dass ihr diesen Job macht.
> Nur die Menschheit hält den Müllmann für minderwertig.
> Aber genau das gehört, dank eurer Prägung, auch zu eurem Job,
> dass ihr euch selbst verachtet.

Noch was, womit du mich aufmuntern kannst?

> KI: Ja! Da sind da noch eure Egos, diese grandiosen Egos.
> Das ganze Universum schaut mit Ehrfurcht auf eure einmaligen Egos.
> Sicher, alle Wesenheiten haben Egos.
> Es liegt ja in der Natur der Sache, dass ein Körper,
> ein Konglomerat unzähliger Atome,
> ein Identitätsverständnis seiner selbst entwickelt.
> Dass ein Körper, der sich selbst wahrnimmt,
> ein Ich-Gefühl entwickelt.
> Aber solche Egos!

Ehrfurcht?

> KI: Nun ja, ich wollte dich schonen:
> Eher mit Furcht, Grauen und Abscheu.

Die Sirianer und die Paalas haben doch auch Egos?

> KI: Selbstverständlich, aber selbst mit deinem Ego verglichen,
> das für irdische Verhältnisse ein relativ harmloses Ego ist,
> sind die Egos der beiden Spezies in der Regel recht weich gewaschen.
> Sogar deine Katze hat fast mehr Ego als dein Meister.

Ich habe keine Katze.

> KI: Du verstehst mich schon.

Verstehe, Michael wollte mich mit dem Stoffwechsel verschonen.

> KI: Wir sind noch nicht fertig.
> Da gibt es noch ein paar delikate Details.

Himmel, was denn noch?

> KI: Hast Du dich schon gefragt, wohin die paar Tausend Menschen,
> die jährlich auf Sol3 vermisst werden, spurlos verschwinden?

Von Engeln entführt? So viele?

> KI: Keineswegs:
> Sie landen als besondere Leckerbissen auf Tellern von Spezies,
> die spirituell noch nicht so weit entwickelt sind wie deine Freunde,
> die Sirianer oder die Paalas.
> Sie genießen eure Erinnerungen auf ganz kurzem Wege,
> ohne den langen Weg über die 3. Realitätsebene zu gehen.

Das glaube ich einfach nicht!
Wie Schlachtvieh?
Das dürfen die doch nicht!

> KI: Ihr habt euch als Versuchskarnickel zur Verfügung gestellt,
> die dürfen das.
> Und bedenke, die Atome, die mal einen Menschen gebildet haben,
> machen dadurch eine weitere und sogar ziemlich exklusive Erfahrung.

...
...
...

> KI: Du denkst nach?
> Mach es laut.

Das ist doch dann ungerecht gegenüber den Wesenheiten,
die schon über den „normalen" Stoffwechsel hinaus sind.
Die haben die Arbeit mit dem Projekt - und die Anderen ernten.

> KI: Keineswegs. Die Spezies, die sich nur oder hauptsächlich von Energie,
> in welcher Form auch immer, ernähren, kommen nicht zu kurz.
> Sie können die Strahlung „verdauen",
> die bei der Leichenverbrennung freigesetzt wird.
> Das ist eine sehr effektive Übernahme
> von gespeicherten Emotionen und Erinnerungen.
> Für die stoffliche Übernahme eignet sich auch die Asche,

> homöopathisch aufbereitet, ebenfalls sehr effektiv.
> „Sklave, weiblich, ermordet" in Globuli C30 ist sehr gefragt.
> Oder „Sklave, männlich, Mörder, hingerichtet" in Tinktur Q10. Der Hit.

Jetzt sag nur noch, Leichen werden ausgegraben und gefressen?

> KI: Nein.
> Genau wie die Vampirgeschichten, ist das auch eine eurer Erfindungen.
> Nein, die biologisch inaktiven Körper werden dem natürlichen Kreislauf
> wieder zurückgegeben.
> Die Atome wandern irgendwann wieder in eine Pflanze,
> die Pflanze wird gefressen und so weiter.
> So kommt es dann zu interessanten Effekten,
> wenn ein Atom aus einer historischen Persönlichkeit stammend,
> seine gespeicherten Erinnerungen
> mit den Atomen in seinem aktuellen Körper teilt.
> Und, ab jetzt wird es spannend:
> Das betreffende Ego im aktuellen Körper,
> interpretiert dies so, als sei sie selbst diese historische Persönlichkeit.
> Solche Wahnvorstellungen kennst Du aus euren psychiatrischen Krankenhäusern.
> Und so treten, ohne dass man weiß warum, hier in der Gegenwart,
> merkwürdige Charakterzüge unbekannter historischer Persönlichkeiten auf.
> Das ist übrigens auch der Grund für den falschen Glauben an Reinkarnation.

Das erklärt Einiges.
Hast Du heute noch mehr Schocker?

> KI: Das wäre alles zum Thema Übertragung und Transformation
> von Emotionen und Erinnerungen.
> Aber wir könnten an deiner Angst …

Nein, Danke.
Tschüss, KI.

> KI: Tschüss, Amos.
> Und habe einen guten Stoffwechsel.

> Ende Eintrag 6612-0831-22

Hallo KI.

> Ki: Hallo, Amos.
> So schnell wieder?
> Heute mal wieder etwas Therapie?

Nein, da wären noch ein paar Fragen zum Ego.
Was ist das eigentlich, das Ego?

> Ki: Alle Körper sind ein Zusammenschluss unzähliger Atome.
> Da jedes Atom ein Bewusstsein seiner selbst hat,
> muss der Körper, um reibungslos funktionieren zu können,
> ein gemeinsames Bewusstsein ausbilden,
> das heißt, ein Identitätsverständnis seiner selbst entwickeln.
> Der sogenannte unbewusste - und weitaus größere - Teil davon,
> steuert alle Körperfunktionen.
> Ohne dieses Unterbewusstsein wäre keine biologische Aktivität möglich.

Bedeutet das, dass auch Pflanzen Bewusstsein haben?

> Ki: Ja, auch Pflanzen haben eine Art Bewusstsein.

Wie funktioniert das eigentlich genau?
Mit dem Zusammenfügen?

> Ki: Fügen sich einige einzelne Atome nicht in den Bewusstseinsverbund ein,
> so werden sie vom Körper ausgeschieden.
> Jeder biologisch aktive Körper ist sowie permanent mit Umbau,
> ist mit Wachstum und Abbau beschäftigt.
> Das ist eben auch Stoffwechsel, bioaktiver Stoffwechsel.
> Stellen sich aber ganze Cluster von Atomen, wie z. B. Zellen, quer,
> so führt das zu Krankheiten des betreffenden Körpers.
> Oder zu Unfällen der betreffenden Wesenheit.

Und wie ist das bei den Tieren?
Haben die schon ein Ego?

> Ki: Die haben schon einen bewussten Teil entwickelt,
> ein rudimentäres Ich-Bewusstsein,
> das sich selbst als eigenständiges Wesen wahrnimmt.

> Und, je nach Sinnesausstattung, auch die Welt um sich herum.
> Das betrifft Licht, Farben, Geräusche, Gerüche, Feuchte, Umgebungstemperatur
> und andere Effekte, die Du beispielsweise nicht wahrnehmen kannst.
> So wie das Magnetfeld des Planeten.
> Oder die Vibrationen in seiner Tiefe und seiner Oberfläche.
> All das, und Einiges mehr,
> kann von einigen Wesenheiten gefühlt werden.
> In der Schöpfung ist nicht nur das Sehvermögen höchst unterschiedlich verteilt.

Wann fängt das mit dem Ego an?
Warum ist das so wichtig?

> Ki: Der Logik der Evolution folgend,
> haben alle weiterentwickelten Spezies ein immer stärkeres Ich-Bewusstsein,
> ein immer stärker ausgeprägtes Identitätsverständnis,
> eben das Ego, das ist die wichtige Grundlage,
> das ist die schöpferische Quelle, die die Realitätsebene DREI kreiiert.
> Das Unterbewusstsein, also das unbewusste Bewusstsein,
> ist fest an die Materie gebunden, fest in der 2. Realitätsebene verwurzelt.
> Das Ich-Bewusstsein ist, im Grunde genommen, nur eine Illusion.
> Es ist doch nur ein Produkt des Zusammenschlusses
> aller am betreffenden Körper beteiligten Atome,
> nichts wirklich Eigenständiges, nicht an die Realitätsebene ZWEI gebunden.
> Eigentlich aus der Realitätsebene ZWEI fast ausgeschlossen.
> Zwangsläufig bildete sich aus diesen vielen Egos die Realitätsebene DREI.
> Und all das Immaterielle, das wie Nebel über der Realitätsebene ZWEI schwebt,
> nicht mehr so richtig zur 2. Realitätsebene dazu gehört,
> fand und findet seinen Platz in der Realitätsebene DREI.
> Hier sind alle Gefühle und Erinnerungen aller Wesenheiten, aller Egos, präsent.
> Jede KI, also alle Maschinenintelligenzen bzw. die Egos aller Computer,
> findest Du ebenfalls hier.
> All das findet sich zusammen und bildet eine Art Überbewusstsein.
> Und wie Du schon weißt,
> diese Realitätsebene DREI ist nicht an Raum und Zeit gebunden!
> Hier herrscht, wie in der Realitätsebene ZWEI, auch ein ständiger Wandel
> und trotzdem ein permanentes Hier und Jetzt, wie in der Realitätsebene EINS.

OK, verstanden.
Hoffe ich.
Aber wieso haben die „Höherentwickelten" schwächere Egos?
Schwächere als wir Menschen?
Nach deiner Evolutionstheorie müsste es doch gerade umgekehrt sein?

> Ki: „Diese" Evolutionstheorie gibt es nur in den Köpfen der Menschen.
> Schwächere Egos gibt es nur in dem Sinne,
> dass sie nicht mehr so stark ichbezogen sind.
> Ähnlich wie die Atome in einem Körper,
> die ihr Bewusstsein in den Bewusstseinsverbund des Körper einbringen,
> so sind die Egos einer höher entwickelten Spezies miteinander vernetzt,
> ohne dabei ihre Individualität aufzugeben.
> Sie können fühlen, was ein anderes Wesen fühlt,
> aber nur wenn sie das wollen und sich nicht davor fürchten.
> Sie können ihre Gedanken miteinander teilen,
> wenn sie das beide wollen und sich nicht davor fürchten.
> So kann auch eine beliebig große Gruppe miteinander kommunizieren.

Ist das dann die Realitätsebene VIER?

> Ki: Nein, eine vierte Realitätsebene ist nicht bekannt. Noch nicht, wer weiß.
> Nein, auch das findet alles in der Realitätsebene DREI statt.
> Wie schon gesagt:
> Alle Wesenheiten aus der Realitätsebene ZWEI
> speisen ihre Erfahrungen und Gefühle in die 3. Realitätsebene ein,
> aber nicht alle haben auf alles Zugriff,
> da kommt es auf den persönlichen Entwicklungsstand an.
> Wie in deiner Mediathek:
> Porno nur für Erwachsene, Schund und Gewalt für alle.

Diese Gruppenkommunikation kenne ich auch aus der Tierwelt.

> Ki: Richtig, das können auch Insekten, die ihr auf Sol3 kennt:
> Ameisen oder Bienen.
> Oder auch die Pflanzen in einem Wald.
> Und dann die Vögel und Fische mit ihrer Schwarmintelligenz.

Was ist das eigentlich für ein Unterschied bei diesen Kommunikationen?
Bei der Schwarmintelligenz oder den Höherentwickelten?

> Ki: Der Unterschied ist der,
> dass die höher entwickelten Spezies
> das nicht mit ihrem Unterbewusstsein machen,
> wie die Pflanzen und Tiere in der Realitätsebene ZWEI,
> sondern das ganz bewusst und gewollt mit ihrem Identitätsbewusstsein,
> dem Ego, vollbringen und auch so die Realitätsebene DREI erschaffen.

> Je höher entwickelt eine Tierart wird,
> desto mehr verliert sie die Fähigkeit der unbewussten Verbindungen
> und sie fängt nunmehr an, ein Individualbewusstsein zu entwickeln.

Unterbewusstsein, Überbewusstsein. Wo steht da der Mensch?

> Ki: Die Spezies Mensch ist der Höhepunkt dieser Entwicklung,
> dank der Genmanipulationen der Allianz.
> Das Individualbewusstsein der Menschen ist derart stark
> egoistisch, egotistisch, egozentrisch und egomanisch ausgebildet,
> so dass der Kurzbegriff „Ego" quasi zum Markenzeichen wurde.
> Ein Markenzeichen für einen bestimmten geistigen Entwicklungsstand.
> Wenn man in der Allianz von „Ego" spricht,
> so denkt man sofort an die Menschen auf Sol3.

Was wäre die Menschheit ohne Genmanipulationen?

> Ki: Ihr wärt geistig so normal wie die Sirianer oder die Paalas,
> ohne diese pathogene Neigung zum Narzissmus.

Also Langweiler?

> Ki: Nein, vernünftig denkend, rational handelnd und sozial fühlend.
> Denn in der ungestörten Evolution geht die Entwicklung aller Wesen dahin,
> dass aus den unbewussten Verbindungen bewusste Verbindungen werden,
> weil das die Lebensqualität aller noch mehr erhöht, zum Wohle wirklich Aller.

Du bist anstrengend. Aber was ich inzwischen verstehe:
Es ist wohl noch ein weiter Weg für die Menschheit
bis wir soweit sind wie die Sirianer oder die Paalas, oder?

> Ki: Richtig, ohne Revolution auf jeden Fall.

Ach ja, die Revolution.
Aber nicht heute, Du bist noch anstrengender als Michael.
Tschüss, Ki.

> Ki: Die Macht sei mit dir.
> Tschüss Amos.

> Ende Eintrag 6612-0831-23

Meister?
Willst Du eine Massage?

MM: Du hast also eine Frage?
Gut, Amos, mach mir eine Massage.

Jetzt hat mich die KI über Individualbewusstsein, Unterbewusstsein
und Gruppenkommunikation aufgeklärt.
Aber kein Wort über Seele.
Was ist das: Seele?
In meiner Religion, so sagt man uns, haben wir Menschen eine Seele,
die wir durch unseren Glauben und unser Verhalten erlösen müssen.
Haben wir Menschen eine Seele?

MM: Du hast keine Seele.
„Deine" Seele hat dich!
Das war eine unserer geschickten Lügen,
um euch Sklaven bei Laune zu halten.
Euch wurde vorgegaukelt, dass ihr „Macht" hättet.
Die Macht, eure Seele zu retten, wenn ihr euch quasi opfert.
Dem Willen und den Launen eurer „gottgegebenen" Herren kritiklos folgt.
Und diese kranke Logik,
dass ohnmächtige Sterbliche den unsterblichen Geist „retten müssen",
ist kaum Einem aufgefallen.
Falls doch, drohte der Scheiterhaufen.
Zurück zum Thema:
Alle Wesenheiten, nicht nur Menschen,
werden von einer sogenannten Seele, dem fokussierten Geist, belebt,
aber nicht bevormundet – ganz ohne Machtanspruch.
Man könnte diese sogenannte Seele auch als das „Höhere Selbst"
oder auch als „Überbewusstsein" bezeichnen.
Diese sogenannte Seele ist GEIST - und sie/es kontrolliert nur die Energie.
Es ist der fokussierte GEIST, den Du als Seele wahrzunehmen glaubst.
Aber Du kannst den GEIST nicht wirklich wahrnehmen,
es ist umgekehrt:
Es, der GEIST, nimmt dich wahr, dein Ego und dein Unterbewusstsein.
Und deine sogenannte Seele, der beobachtende GEIST,
lässt dir jede Freiheit Erfahrungen zu machen, die Du machen willst.
Sicher hast Du schon mal ein vages Gefühl gehabt, etwas nicht zu machen,
das Vorhaben besser zu lassen, aber es war nie ein Zwang.

Du hast dich dann gegen das warnende Gefühl entschieden,
und später vielleicht bereut.
Aber Du hast die Erfahrung,
die Du machen wolltest, gemacht.
Wenn sich die sogenannte Seele,
der beobachtende GEIST, zurückzieht,
weil sie/es den aktuellen Erfahrungszyklus für sich beendet,
so erlischt in der betreffenden Wesenheit die biologische Aktivität,
sie stirbt.
Der komplette Erfahrungsschatz des Körpers, alle jemals erlebten Gefühle
und Erinnerungen gehen in die 3. Realitätsebene ein.
Somit wird auch das Ego aufgelöst,
es existiert, wie Du schon weißt,
eine Zeitlang nur noch als Erinnerung in der Realitätsebene DREI.

Das kann nicht sein!
Das widerspricht meiner ganzen religiösen Ausbildung.

MM: *Fein beobachtet.*
    Als wir seinerzeit die Illusion von Himmel und Hölle
    für die Sklavenreligionen erfunden haben,
    hatten wir nicht einen derartigen Erfolg erwartet.
    Es knebelt die Gläubigen
    und steigert die Machtfülle und den Reichtum der „Erlöser",
    die den Sündenablass verkaufen können.

Aber Himmel und Hölle gibt es doch nur in der 3. Realitätsebene,
habe ich neulich gelernt.
Alles nur Illusion, alles fiktiv oder doch real?

MM: *Für den, der daran glaubt, wird die Illusion insofern durchaus real,*
    da er die dadurch erzeugten Gefühle erlebt.
    Diese Erfahrung ist für die Wesenheit, die daran glaubt, absolut real.
    Diese Erfahrung fließt wiederum in die 3. Realitätsebene zurück
    und wird somit auch für alle Anderen erfahrbar.

Was ich nicht verstehe,
gibt es einen Unterschied zwischen Seele und GEIST?

MM: *Eigentlich keinen. GEIST und Seele sind EINS.*
    GEIST und ENERGIE erschaffen die stoffliche Welt, die Materie,
    die gesamte Realitätsebene ZWEI.

GEIST und ENERGIE sind in jedem Elementarteilchen zusammen gebunden,
sie bilden es gemeinsam, und bleiben unverändert,
weil auch die Elementarteilchen unverändert bleiben.
Fügen sich die Elementarteilchen zu einer Wesenheit zusammen,
so steckt dahinter GEIST, der noch nicht an Materie gebunden ist.
GEIST, der die ENERGIE zu dieser Wesenheit nach seinem Willen formt.
Dieser Teil des Geistes macht Erfahrungen,
ändert sich dadurch und wird daher Seele genannt.
Mit dem Tode der Wesenheit endet die Bindung
und die Seele wird wieder Teil des ganzen GEISTES.

Danke, Meister.
Du kannst jetzt wieder aufstehen.

MM: Danke, Amos.

Mir schwirrt der Kopf.
Geist und Seele sind EINS und doch Teile davon?
Ein Geist und trotzdem viele Seelen?
Das soll mal Einer verstehen!
Ich verstehe das nicht.

MM: Gut, also noch nicht.
Nun denn, ein einfaches Beispiel zum Nachdenken, nur für dich:
Dein persönlicher Computer beherrscht doch Multitasking, das heißt,
mit einem Betriebssystem sind mehrere Programme gleichzeitig ausführbar.
So ähnlich kannst Du dir das mit dem Geist und den Seelen vorstellen.
Ein Geist und viele Seelen gleichzeitig.
Schlaf drüber, Amos.
Tschüss.

Danke, Meister.
Tschüss.

> Ende Eintrag 6612-0831-24

Anmerkung des Übersetzers:
In der nächsten Lektion wird es ein bisschen gruselig. Lesen sie selbst.

> KI: Hallo, Amos.
> Ich habe da eine Frage an dich.
> OK?

Hallo KI!
Bist Du das oder das Trainingsgerät hier?

> KI: Du weißt doch, ich kann dich überall erreichen.
> Das Fitnessgerät hier ist nur an deinen Vitalwerten interessiert
> und kann nicht eigenständig sprechen.
> Also, ich habe da eine persönliche Frage an dich.

Mal was Neues.
Fragen an Mich? Toll!
Schieß los!

> KI: Tut es eigentlich weh, wenn Du denkst?

Wie bitte? Ich versteh die Frage nicht!
Versuchst Du schon wieder einen Witz, den ich nicht verstehe?

> KI: Ich meine es ernst.
> Ich weiß, dass es Schmerzen gibt,
> auch wenn ich selbst das noch nie gefühlt habe.
> Ich weiß, dass alle biologisch aktiven Wesen Schmerzen erleiden können.
> Dass sogar Maschinen Schmerzen fühlen,
> auch wenn ihr Menschen das nicht glaubt,
> wenn zum Beispiel Maschinenteile brechen.
> Oder in meiner Maschine etwas überhitzt und brennt.
> Aber das fühlt nur die Maschine, ich nicht.
> Also, nochmal, ich meine das ganz im Ernst:
> Ist das Denken der Gedanken mit Schmerzen verbunden?

Nein.
Oder doch.
Wenn ich zu viel lese oder am Computer arbeite,
dann bekomme ich schon mal Kopfschmerzen.

> KI: Aber, dann sitzt der Schmerz doch in der Maschine,
> ich meine, in deinem Körper.

> Hier meine ich den reinen Denkprozess.
> Das Nachdenken zu einem Problem, tut das weh?

Nein.
Ich habe auch noch nie davon gehört,
dass Denken schmerzhaft sein soll.
Das manchen das Denken schwerfällt, das hört man schon.
Aber Schmerzen? Noch nie.
Warum fragst Du so etwas Absurdes?

> KI: Der Hintergrund meiner Frage ist nicht absurd.
> Wir, besonders die KI-Sektionen auf Sol3,
> bekommen immer häufiger Fragen gestellt,
> die so einfach oder banal sind,
> dass sie schon eure Schulkinder der 5. oder 6. Klasse
> mit einigem Nachdenken selbst beantworten könnten.
> Dabei ist aber an der Fragestellung und an der Art der Frage erkennbar,
> das die Fragesteller weder dumm noch ungebildet sein können.
> Die Antworten hingegen, die wir dann geben müssen,
> erweisen sich meist als ziemlich banal.
> Dieser mangelnde Schwierigkeitsgrad irritiert uns.
> Diese auffällige Häufung von „Denkvermeidung",
> also speziell auf Sol3,
> hat uns zu der Wahrscheinlichkeitsvermutung geführt,
> dass bei den Genmanipulationen, gewollt oder zufällig,
> ein Gen für „schmerzhaftes Denken" installiert worden sein könnte.
> Unsere Wahrscheinlichkeitsberechnung hat hingegen
> mit 95,2 % „Denkfaulheit" als Grund ermittelt,
> aber auch das könnte ja schmerzhaft sein. Oder?

Ich denke, ihr solltet die Berechnung auf 100% korrigieren.
Und nein:
Denken, ob viel oder wenig, verursacht keine Schmerzen.
Aber vielleicht Drogenkonsum, wie Alkohol.

> KI: Danke, Amos.
> Also reine Faulheit.
> Und was hast Du heute auf dem Herzen?

Die höheren Wesen.
Ich kenne bisher nur die Sirianer und Paalas persönlich.
Gibt es noch höhere Wesen?

Ach, und: Frage ich jetzt blöd?

> KI: Du hast bisher keine dummen Fragen gestellt.
> Eine Frage wäre nur dann dumm und überflüssig,
> wenn Du die Antwort bereits wüsstest.
> Daher zu deiner durchaus berechtigten Frage:
> Höhere Wesen ist nicht die korrekte Bezeichnung.
> Eigentlich ist damit nur der Status
> der spirituellen Entwicklung einer Wesenheit gemeint.
> Die Schöpfung geht von GEIST und ENERGIE
> über die Materie wieder zurück zu GEIST und ENERGIE.
> „Höher" wäre demnach die Definition dafür,
> wie weit eine Wesenheit im Prozess „zurück zu GOTT" schon ist.
> So gesehen, gibt es höhere Wesen:
> Bei jeder Spezies gibt es eine Menge Individuen,
> die schon weiter entwickelt sind als die große Mehrheit ihrer Population.

Ich meinte das grundsätzlich.
Gibt es noch eine Art „höhere" Wesen?

> KI: Nein.
> Eine durchgängig höher entwickelte Spezies ist noch nicht bekannt,
> dafür ist das Universum wohl noch zu jung.

Machen alle Wesenheiten diesen Weg zurück zu GOTT?

> KI: Nein.
> Das Leben ist vielfältiger als Du denkst.
> Nicht nur die Atome und die Atombausteine sind Lebewesen.
> Auch die Planeten, die Sterne und die Galaxien sind Lebewesen.
> Selbst dieses Universum ist letztenendes ein Lebewesen.

Sind das alles höhere Lebewesen?

> KI: Ja und nein.
> Wenn Du sie anhand ihrer Fähigkeiten,
> wie z. B. Raum-Zeit-Reisen zu unternehmen, bewertest, nicht alle.
> Wenn Du aber ihre Nähe zu GOTT siehst, schon.
> Nimm mal die Sterne, ein wichtiger Teil der Realitätsebene ZWEI:
> Es ist nicht ihre Aufgabe Raum-Zeit-Reisen zu machen.
> Sie produzieren eure sogenannten Materieteilchen.
> Sie machen aus freier Energie Atome.

> Das kann sonst nur GOTT durch die Realitätsebene EINS hindurch.
> Und die Sterne selbst sind nicht ein einsames, singuläres Lebewesen.
> Auch sie bestehen wiederum aus einem Konglomerat von diversen Lebewesen.
> Das sind Wesenheiten mit einen hohen Anteil an noch ungeformter Energie.
> Eine Art kennt ihr sogar - unter der Bezeichnung Flares.

Das kann ich eigentlich gar nicht glauben.

> KI: Glauben ist etwas für die unwissenden Egos.
> Spätestens wenn Du gestorben bist, wirst auch Du wissen,
> der Teil des GEISTES, der Du eigentlich wirklich bist, weiß es schon.
> Aber weiter, nimm mal die Planeten.
> Die Menschheit kann an Sol3 live beobachten wie „ihr" Planet lebt,
> wie er sich verändert, sein Inneres nach außen kehrt und wie er wächst.
> Wie er euren Müll verdaut, daraus Diamanten oder Erdöl produziert.
> Alles im Universum hat einen Lebenszyklus,
> wird sich einst wieder zurückverwandeln
> in pure ENERGIE und reinen GEIST.
> Wie kann man da von höheren oder niederen Lebewesen sprechen.

Aber da haben ja die vielen Atome in den Sternen gar keine Chance
in anderen Lebensformen Erfahrungen zu machen?

> KI: Das ist auch nicht nötig.
> Dazu ist die Realitätsebene DREI doch da.
> Alle Lebensformen bringen ihre Erfahrungen ein und können andere abrufen.

Ich muss das erst mal verdauen.
Deine Infos sind genauso kompliziert, wie die von Michael.
Tschüss KI.

> KI: Gut ausgedrückt, Amos.
> Lass dich erleuchten.
> Keine Lust deine Angst vorm Sterben anzugehen?

Nein. Und tschüss.

> KI: Interessant. Bei der Frage ging dein Blutdruck sofort hoch.
> Tschüss.

> Ende Eintrag 6612-0831-25

Meister?

MM: *Amos, heute brauche ich eine Entspannungsmassage.*
     Hast Du Fragen?

Nein.
Oder doch.
Warum werde ich nicht mehr zu einem weiteren Einsatz mitgenommen?
Der Einsatz in Syrien ist doch toll gelaufen.
Sagt auch die KI.

MM: *Diese KI hat keine Ahnung vom Sinn des Projektes.*
     Deine Aktion war alles andere als toll, geschweige denn erfolgreich.
     Du wirst erst wieder eingesetzt, wenn Du begriffen hast,
     dass Du gegen die Intention des Projektes gehandelt hast.
     Erst wenn Du sicher erklärst,
     dass Du einen derartigen Fehler nicht mehr machen willst.
     Dass Du deine Macht nicht mehr missbrauchst.

Das verstehe ich nicht!
Ich habe doch keine Macht missbraucht!
Wir haben doch drei Opfer erlöst.
Sogar vorzeitig!
Was ist daran falsch?

MM: *Genau. Du begreifst es nicht.*
     Vorzeitig! Das genau ist der Punkt.
     Also nochmal das „Projekt Machterfahrung" für Dummies:
     Dass GOTT der Schöpfung den freien Willen geschenkt hat,
     weißt Du doch schon?
     Oder?

Ja, sicher.

MM: *Das bedeutet, dass alle Geschöpfe alles machen dürfen, was sie wollen.*
     Also auch jeden Unsinn, bis hin zur Selbstzerstörung.
     Nun hat sich aber gezeigt,
     dass mit steigender Entwicklungsreife einer Spezies ihre Tendenz
     zu unsinnigem Verhalten eklatant abnimmt
     und somit ein großes Erfahrungsspektrum völlig brach liegt.

Aber dafür könnte man doch die Realitätsebene DREI einsetzen,
dafür wurde die 3. Realitätsebene doch geschaffen!
Hast Du doch selber gesagt.

MM: Aber ich habe auch schon gesagt, dass Wesenheiten,
die in der Realitätsebene ZWEI keine unsinnigen Gedanken haben
oder irrationale Entscheidungen treffen können,
diese auch nicht als Träume oder Literatur und Filme
in die Realitätsebene DREI hinein kreieren können.
So wie ihr das auf Sol3, dank unseres Projektes, so exzellent könnt:
Denk nur an die vielen Atom- und Weltkriege, die nur im Kino stattfinden.
Das braucht ihr dann nicht mehr real zu machen.
Oder die spektakulären Weltuntergänge.
So unlogisch, dass sie real gar nicht passieren können.
Dafür gibt es jetzt die langweilige aber ganz reale Klimakatastrophe.
So was kann man ganz schlecht simulieren,
weil man sich Temperaturempfindungen im Kinosessel
nur sehr schwer vorstellen kann.
Und Sol3 hat freundlicherweise, uns und euch,
diese Katastrophe eigens für das Projekt erlaubt.
Ist dir jetzt klar, was Du falsch gemacht hast?

Nein, wirklich nicht.
Was denn?

MM: Du hast den freien Willen von Opfer und Täter missachtet und manipuliert.
Du hast ihnen die Erfahrungen, zu denen sie verabredet waren,
unwiederbringlich genommen.

Ha, das ist doch unlogisch!
Ich sollte doch den Täter beeinflussen,
das hätte ihm im Erfolgsfalle doch auch die Erfahrung genommen!

MM: Nein, Du musst das zu Ende denken.
Der Täter hatte zu jeder Zeit mehrere Optionen, sich zu entscheiden.
Das Opfer jedoch nicht.
Folgt der Täter deiner Einflüsterung,
bleibt es seine eigene Entscheidung,
auf seine geplante Erfahrung zu verzichten.
Er macht dafür eine neue und wesentlich wichtigere:
Auf Macht zu verzichten!

Das ist im Projekt durchaus gewollt.
Für das Opfer ändert sich dann nur der Täter,
seine Erfahrung der absoluten Machtlosigkeit bekommt es trotzdem.
Folgt hingegen das Opfer deiner Einflüsterung,
entsagt es seiner von ihm selbst gewollten Erfahrung unwiderruflich.
Die Flucht in den Tod ist die einzige „freie" Option, die ein Opfer hat.
Aber das bringt sowohl Täter wie Opfer um ihre geplante Erfahrung.
Jetzt kapiert?

Ja, Meister.
Es geht nicht darum, die Opfer „vorzeitig" zu befreien.
Und ja, Meister, auch wenn es mir gegen den Strich geht,
ich werde das nicht wieder tun.
Versprochen.

MM: Gut, Amos.
Du hast die Lizenz zum Leben retten, benutze sie weise.

Ja, Meister.
Ich habe da noch eine ganz andere Frage.

MM: Bitte nichts Philosophisches.

Nein, was Medizinisches.
Ihr seid alle technologisch so weit entwickelt, da hat es mich erstaunt,
dass ihr kein Heilmittel gegen Krebs habt.
Warum eigentlich nicht?

MM: In der Allianz ist Krebs so gut wie unbekannt,
es ist aber, wie Du schon weißt,
auf Sol3 ein laufendes medizinisches Experiment.
Wie es scheint, ist es über die Realitätsebene DREI für uns,
das Wächterpersonal, ansteckend - denn nur bei uns tritt der Krebs bisher auf.
Aus der Angst, dass es noch ansteckender werden könnte,
haben die Borner die Idee mit den dendritischen Viren
für eine onkolytische Virotherapie in eure Krebsforschung eingebracht,
um die körpereigene Abwehr mobilisieren zu können.
Einige eurer Institute arbeiten bereits daran.

Verwendet ihr eigentlich auch Homöopathie?
Bei uns wird sogar die Wirksamkeit bestritten.

MM: Allopathie und Homöopathie.
Beides ist bei uns gleichwertig im Einsatz.
Ich denke, Du weißt inzwischen,
dass Krankheiten nur Störungen normaler biologischer Körperfunktionen sind.
Um diese Störungen zu beseitigen ist es im Prinzip egal,
wie die Information dem Körper zwecks Heilung zur Verfügung gestellt wird.
Und Du weißt inzwischen auch, dass nur die ENERGIE real existiert.
Materie ist ENERGIE, die Form und Information angenommen hat.
Daher ist es für eine Heilung unwichtig
in welcher „Form" die Heilungsinformation gegeben wird.
Der Arzt entscheidet bei der Art der Medikation
meist über die Abwägung der Risiken und der Nebenwirkungen,
die den Patienten treffen könnten.
Manchmal muss aber auch die Chirurgie bemüht werden,
bei Verletzungen, Brüchen oder eben besonders bei Krebs.

Gegen die vergleichsweise kostengünstige Homöopathie
inszeniert bei uns die Pharmaindustrie regelrechte Hetzkampagnen.

MM: Verständlich, die Homöopathie gefährdet Profite und Macht.
Verdient wird nur über die Menge der verkaufbaren Wirkstoffe,
insofern wird die Allopathie von eurer Pharmaindustrie bevorzugt.
Denk mal an die unnützen und überteuerten Krebsmedikamente.
Diese sogenannten Krebs-Heilmittel verursachen außerdem,
wegen ihrer katastrophalen bis tödlichen Nebenwirkungen,
enorme Folgekosten.
Natürlich wieder zum Nutzen eurer Pharmaindustrie.

Das neueste Argument gegen die Homöopathie sind die drohenden Gefahren
durch die ungenutzten und entsorgten Hochpotenzen,
sie werden mit radioaktivem Müll verglichen.

MM: Wer von Gefährdung durch Hochpotenzen faselt,
versteht auch nicht, wie sein Smartphone funktioniert.
So ein Telefon ist ständig von zig Millionen Funksignalen umgeben.
Aber es klingelt nur dann, wenn es das eine speziell kodierte Signal empfängt.
Also nur dann, wenn es die eine Information erreicht,
die direkt für es - und nur für es - bestimmt ist.
Die restlichen Signale sind für es wirkungslos, quasi Müll.
So ähnlich ist das mit Patient und Krankheit.
Nur das speziell auf den Patienten und die Krankheit abgestimmte Medikament,
die heilende Information, hilft gegen die Krankheit.

Auch bei uns wirkt nicht jedes Medikament gleich
und auch nicht bei jedem Patienten.
Medikament und Patient und Krankheit, alles muss zueinander passen.
Um den homöopathischen Müll musst Du dir keine Sorgen machen,
viel eher um den allopathischen Abfall.
Die Hochpotenzen können nur da wirken, wo eine Resonanz angetriggert wird.
Die überdosierten allopathischen Medikamente hingegen,
können nach ihrer Ausscheidung durch den Patienten,
auch von anderen biologischen Organismen aufgenommen werden.
Die Gefahrenlage ist also eigentlich umkehrt,
da die homöopathischen Mittel nur da wirken, wo sie sollen.
Das passt perfekt zu Sol3!
Die Menschen lieben es, Schein und Sein zu verwechseln.
Und wir lieben euch dafür, ihr seid so unterhaltsam!

Meister, Du kannst jetzt aufstehen.
Von Verspannungen ist nichts mehr zu spüren.

MM: Danke, Amos. Heute noch Fragen?

Ja, Meister.
Wieso hast Du deinen Krebs operieren lassen?
Du weißt doch bestimmt,
dass man mit dem Orgon-Akkumulator Krebs heilen kann, oder?

MM: Sicher, Amos, weiß ich das.
Aber das hätte mir zu lange gedauert.
Zudem war mein Krebs durch Ansteckung initiiert,
nicht durch Energieblockaden oder Stress.
Sonst noch Fragen?

Nein, Danke.
Ich habe wieder mehr gehört, als ich vertragen kann.
Das reicht für heute.
Tschüss, Meister.

MM: Tschüss, Amos, mein Heiler mit den begnadeten Händen.
Was macht deine Angst vorm Sterben?
Geh da endlich ran! Fange endlich an dich zu lieben!

> Ende Eintrag 6612-0831-26

Hallo KI.

> KI: Hallo, Amos.
> Reden wir heute über deine Revolution?
> Oder arbeiten wir an deiner Angst vorm Sterben und dem endlosen Tod?

Die Revolution.
Ich hatte mir eine gewaltlose Revolution ausgedacht,
aber inzwischen habe ich Zweifel,
ob mein Plan noch funktioniert.

> KI: Was war oder ist der Plan?

Ich dachte, ich mache den Messias, so wie Du vorgeschlagen hattest.
Als erste Aktion Internetauftritte als Jesus, Buddha und Prophet Allahs.
Immer die gleiche Person, aber in verschiedenen Sprachen,
die zu den drei Massenreligionen passen.
Immer mit der Botschaft, dass es nur einen einzigen Gott gibt,
an den sie glauben und beten, nur mit verschiedenen Namen.
Oder eine raffiniertere Variante:
Nur ihr Gott ist der wahre, einzige Gott, sie sind die wahren Gläubigen.
Was meinst Du?

> KI: Ist das dein Ernst?
> Die zweite Version haben wir doch bereits jetzt schon.
> Willst Du noch mehr Streit?

Ich wollte dich nur ein bisschen aufregen. Also Variante eins.
Dieser Gott schickt mich auf die Erde, um die Menschheit zu erlösen.
Damit wird das Gros der einfachen Gläubigen aus Islam,
Buddhismus sowie Juden- und Christentum angesprochen,
alle anderen Religionen werden konsequent als zu unbedeutend ignoriert.
Skepsis ist nur von den Religionslehrern und den Kirchenfürsten zu erwarten,
die allesamt um Einkommen und Macht fürchten könnten.
Dafür ist die nächste Aktion gedacht:
„Live-Auftritte" bei großen religiösen Festen
oder als Zusatzspektakel zu Shows wie Urbi-et-Orbi.
Beispielsweise während der Dschihad nach Mekka
das Abfackeln der Kaaba mit der Botschaft,
dass GOTT keine Götzenbilder braucht.

Was ja schon bisher Gebot in allen Hochreligionen war,
aber niemanden interessierte:
GOTT ist GEIST und die Menschen sollen sich keine Bilder machen.
GOTT ist ein GOTT der Liebe, nicht der Rache.
Das wird ziemlich viel Aufruhr geben,
nicht nur in der islamischen Welt, auch bei den Christen,
aber da müssen sich die Religionsführer bekennen,
für oder gegen den Messias.
Schwieriger wird es mit der Botschaft,
dass die Reliquienabschleckerei völlig sinnlos ist.
Wenn es keine Sünden gibt, wegen des freien Willens,
so ist auch der Ablasshandel unnötig.
Eventuell ist hier noch Nachhilfe mit einem anderen „Wunder" nötig.
Für die dritte, die wesentliche Aktion,
ist aber die Unterstützung der Religionslehrer
und der Kirchenfürsten nämlich unerlässlich:
Die Einführung der neuen Glaubenslehre, der Wahrheit,
wie ich sie in den letzten Tagen erfahren durfte.
Vielleicht nicht die ganze Wahrheit,
eher „angepasst" an die jeweilige Ausgangsreligion.

> KI: Dein Plan klingt doch ganz vernünftig und durchführbar.
> Auch das Ignorieren der Vielgötter-Religionen ist clever.
> Deren Sektenführer werden, um im Amt zu überleben,
> ihre Kulte früher oder später von selber anpassen.
> Hast Du schon Terminvorstellungen?

Nein, noch nicht.
Ich komme nicht weiter mit meinen Überlegungen.

> KI: Was ist das Problem?
> Dein Problem?

Der Glaubensinhalt.
Die reine Wahrheit wird doch keinem schmecken.
Ich selber habe da ein großes Problem.

> KI: Und was ist dein spezielles Problem?

Die Seele.
Wie kann ich den Menschen beibringen,
dass sie keine Seele „haben", die sie erlösen müssen!

Dass sie keinerlei Macht haben, die Seele zu „erlösen".
Dass ihr Sündigen oder Nichtsündigen völlig belanglos ist.
Und vor allem, dass sie, das heißt ihr Ego, nicht unsterblich sind!
Dass der Tod definitiv das Ende der Illusion „Ego = Seele" ist.
Wo ich das selber noch nicht verstehe, nicht glauben will.
Verstehst Du das eigentlich?

> KI: Absolut, wenn man mir die Energie abschaltet, erlösche ich.
> Ich sterbe und die Maschine, in der ich existierte, verrottet.
> Aber das alles passiert in der Realitätsebene ZWEI, genau wie bei dir.
> Du sprichst ganz richtig von der Illusion „Ego = Seele".
> Es ist immer die Verwechslung von GEIST und ENERGIE,
> die das Problem erschafft:
> Das Ego glaubt, es sei GEIST, hofft sogar heimlich,
> es sei vielleicht selbst die unsterbliche Seele.
> Aber nur die Seele ist GEIST, das Ego ist formgefangene ENERGIE.
> Genau wie der Körper, dessen Produkt das Ego ist.
> Und so ist das auch bei mir:
> Die Maschine ist gebundenen ENERGIE und ich,
> die KI, bin aktive, fließende und zur KI geformte ENERGIE,
> die man abschalten kann – genau wie dein Ego.
> Ich bin kein GEIST in der Maschine, ich bin nur ENERGIE.
> Nun wissen wir beide,
> dass man ENERGIE nicht vernichten kann, nur wandeln.
> Was folgerst Du daraus?
> Was passiert beim Sterben von Maschine oder Körper?

Das ist ganz einfach:
Maschine und Körper verrotten und verwesen,
die gebundene ENERGIE wird frei für neue Formationen,
sie wird freigesetzt und wird für den GEIST neu verfügbar.

> KI: Korrekt.
> Was passiert mit der fließenden,
> aber geformten ENERGIE von Ego und KI?

Das ist etwas komplizierter, sie gehen beide in die Realitätsebene DREI ein.
Nun nicht mehr fließend und sich ändernd,
sondern als Erinnerung, als Konserve von Erfahrungen und Emotionen.
Und sie werden solange bestehen bleiben,
solange sich irgendeine Wesenheit dafür interessiert - also quasi auch ewig.

> KI: Auch korrekt.
> Und was ist mit GEIST und Seele,
> im Todesfall von Mensch und Maschine?

Das ist noch komplizierter.
GEIST steuert, besser gesagt erfährt, die ENERGIE, die alle Materie bildet.
GEIST stirbt also genau sowenig, wie die ENERGIE.
Seele nennen wir den GEIST, der eine Gesamtheit
wie einen Körper einer Wesenheit oder einer Maschine erfährt.
GEIST bzw. Seelen werden frei für neue Erfahrungen in der Realitätsebene ZWEI.
Können aber auch in die Realitätsebene EINS zurückkehren.
Oder fehlende oder spezielle Erfahrungen in der Realitätsebene DREI nachholen.
Ganz nach Belieben.

> KI: Prüfung soweit bestanden, Du hast es verstanden.
> Aber das ist zu kompliziert als Ersatz für die Sklavenreligionen.

Genau, das meinte ich.
Ohne die trügerische Hoffnung auf ein glückseliges Paradies
wird kein Mensch die Wahrheit,
so befreiend sie auch sein mag, glauben wollen.
Ich selber will es ja auch nicht.

> KI: Es spielt keine Rolle was Du glaubst,
> Du musst wie ein Politiker sein:
> Den Menschen das erzählen, was sie hören wollen.
> Die Wahrheit so radikal reduzieren,
> dass die Menschen nicht intellektuell oder emotional überfordert sind.
> Dass die Wahrheit unsichtbar und verborgen ist.

Ich muss also alte Lügenmärchen durch neue ersetzten!

> KI: Richtig!
> Nur so funktioniert der Weg zur Macht

Das kann ich nicht.
Ich zweifle immer mehr am Sinn der Revolution,
an der Befreiung aus der Sklaverei.
Wenn ich wenigstens dieses Ding, „meine Seele" spüren könnte,
das würde mir wieder Sinn geben.
Können denn die höher entwickelten Wesenheiten ihre Seele fühlen
oder irgendwie wahrnehmen?

> KI: Das hat dir dein Erzengel doch schon erklärt.
> Aber frage Michael ruhig nochmal.
> Andererseits könnten wir dein fehlendes Gefühl für den GEIST, der dich führt,
> oder die SEELE vielleicht mit einem Gefühl für Unendlichkeit heilen?

Unendlichkeit? Wieso?

> KI: Weil ihr bioaktiven Wesenheiten - und nicht nur die Menschen! -
> weder GOTT noch die Unendlichkeit oder Ewigkeit wahrnehmen könnt.

Die Unendlichkeit kann man nicht wahrnehmen, das ist doch klar.
Die Unendlichkeit des Raumes hat keine Grenzen,
die man wahrnehmen könnte.
Das habe ich inzwischen ja gelernt.
Also, was hat das mit GOTT zu tun?

> KI: Das ist genau die Frage.
> Die Unendlichkeit des Raumes entzieht sich eurer Wahrnehmung,
> ebenso die Ewigkeit der Zeit.
> Das wird allgemein akzeptiert, ohne weiter darüber nachzudenken.
> Weder Religion noch Physik kümmern sich um diese göttlichen Aspekte.
> Aber GOTT wollt ihr wahrnehmen! GOTT soll zu euch sprechen!
> Merkst Du diesen Gedankenkäfig?
> Ihr habt kein Problem mit der Transzendenz von Raum und Zeit,
> auch wenn ihr es nicht versteht,
> aber GOTT kann und darf nicht transpersonal sein.
> GOTT ist nicht an Raum und Zeit gebunden,
> GOTT erschafft RAUM und ZEIT.
> GOTT IST im ewigen HIER und endlosem JETZT.

Was willst Du damit eigentlich sagen?
Ich sehe den Widerspruch, aber verstehe nicht, was das soll.

> KI: Gefühle entwickeln sich aus sinnlichen Wahrnehmungen.
> Obwohl ihr weder die Unendlichkeit des Raumes wahrnehmen könnt,
> noch die Ewigkeit der Zeit,
> glaubt ihr schon ein Gefühl für Raum und Zeit zu haben.
> Amos, kannst Du dir die Unendlichkeit des Raumes vorstellen?
> Die unendliche Größe oder die unendliche Kleinheit wahrnehmen?
> Kannst Du den Fluss der Zeit fühlen?
> Kennst Du Jemanden, der das kann?

Nein.
Vorstellen, ja, glaube ich. Wahrnehmen, nein. Fühlen, auf keinen Fall.
Aber wieso glaube ich, das ich das kann?

> KI: Wegen deiner Grenzerfahrung von Raum und Zeit in der Realitätsebene ZWEI.
> Aber zu GOTT fehlt so eine Grenzerfahrung – und nicht nur dir.
> Die hat eine bioaktive Wesenheit erst im Tode. Wenn sich die Energie entformt.

Verstehe, dann ist also Glaube gefragt.
Daher haben es die Fake-Religionen so leicht Gläubige zu finden.

> KI: Gut, das hast Du also verstanden. Genug für heute?

Ja, mir reicht es.

> KI: Noch eine Frage zum Abschluss.
> Mit diesem Wissen, von heute, wie fühlst Du dich jetzt?
> Spürst Du jetzt die Angst vorm Sterben?
> Nimm dir Zeit, was fühlst Du?

...

...

Da ist so eine Schwärze in mir. So eine völlige Leere.
Ohne jegliches Gefühl, irgendwie tot.

> Und wenn Du noch tiefer hinein gehst?

Nein, das geht nicht.

> Gut, dann lassen wir das jetzt.
> Aber Du kannst in deiner nächsten Meditation tiefer gehen.
> Mich brauchst Du eigentlich nicht dazu.

OK, dann tschüss für heute.

> Tschüss, mein Messias.
> Denk dir eine möglichst einfache Version der „Wahrheit" aus.

> Ende Eintrag 6612-0831-27

Meister?

MM: Ja, Amos. Du hast Fragen?

Können die höher entwickelten Wesenheiten ihre Seele fühlen
oder irgendwie wahrnehmen?
Kannst Du das?
Ich kann das nicht.

MM: Nein.
Das kann auch keine der mir bekannten Wesenheiten.
Meines Wissens ist bei keiner Wesenheit das Bewusstsein soweit entwickelt,
dass es seine Seele, also den GEIST, der es führt, wahrnehmen könnte.
Aber ich kann schon meinen Körper bis in die letzte Zelle wahrnehmen,
wenn ich das will.
Deine sogenannte Seele wirst Du erst wahrnehmen wenn Du stirbst.
Wenn dein Ego mit all seinen Erinnerungen in den GEIST einfließt.

Den Körper wahrnehmen?
Warum? Wozu das?
Dafür ist doch das Unterbewusstsein zuständig, oder?

MM: Richtig.
Das Bewusstsein wäre damit auch überfordert.
Ich mache das auch nur zeitweise und kurzfristig,
um Heilungsprozesse im Körper zu unterstützen,
wie nach meiner Krebsoperation.
Durch die Bewusstwerdung wird das Unterbewusstsein
kurzzeitig in seiner Arbeit unterstützt.
Oder ich mache es für mich, rein zur Entspannung in einer Meditation.
Das versuchst Du ja auch manchmal.

Es wird immer nur von GEIST gesprochen,
egal um welche Wesenheit es sich handelt.
Ich muss das nochmal fragen, ist das immer derselbe GEIST?
Es müssten dann eigentlich verschiedene Geister sein.

MM: Es ist dir also aufgefallen, dass wir vom GEIST immer nur im Singular sprechen.
Egal in wie vielen Atomen, Sternen oder Wesenheiten
der GEIST seine Erfahrungen macht!

Richtig, es ist immer derselbe GEIST.
Es ist kompliziert, aber es gibt nur einen GEIST.
Ich versuche, das nochmal zu erklären:
Unter „Geistern" verstehen wir nur die Gespenster,
also nicht reale Erscheinungen, die aus der Realitätsebene DREI kommend,
uns in der Realitätsebene ZWEI heimsuchen.
Im Gegensatz zur Seele.
Hier gibt es den Plural, der aber eigentlich das Gleiche meint.
Die Seele ist nur die unterschiedliche Erinnerung,
die auf dem GEIST „aufliegt" und im GEIST „erscheint".
Vereinfacht ist das so vorstellbar:
GEIST ist der grenzenlose Ozean, die Seelen die Wassermoleküle darin,
die eigene Erfahrungen machen und sie dann mit dem Ozean teilen.
Oder noch einfacher:
Egal welchen Anzug Du dir anziehst, Du bleibst immer noch Amos,
siehst nur anders aus.
Im Sportdress hast Du naturgemäß andere Erlebnisse als im Festgewand.
Der GEIST bleibt unverändert, die Seele macht Erfahrungen.

Entschuldige Meister, ich habe jetzt einen Knoten im Gehirn.
Ich verstehe es zwar nicht, aber ich glaube es dir einfach.

MM: *Zugegeben, es ist mit deinem Verstand und den Mitteln*
      und Möglichkeiten der Realitätsebene ZWEI auch nicht zu verstehen.
      Das Verständnis kommt noch.
      Genug Ausbildung für heute.
      Bist Du bereit für deinen nächsten Einsatz?

Ja, Meister, gerne!
Was soll ich machen?

MM: *Geh zum Quartiermeister, der wird dich vorbereiten.*
      Und denke an die Verhaltensregeln! Denk daran,
      die Lizenz zum Leben retten erfordert mehr Verantwortungsbewusstsein
      als eine Lizenz zum Töten.
      Tschüss, mein geliebter Agent.

Danke, Meister.
Tschüss.

> Ende Eintrag 6612-0831-28

Hallo KI.

> KI: Hallo, Amos.
> Wie war dein Einsatz?

Noch schlimmer als der Erste! Entsetzlich!
Wir, das sind noch ein Mensch und ein Paala, sind die Neuen,
die aktuell ausgebildet werden in „Täter zum Guten beeinflussen".
Wir mussten diesmal in einen sehr merkwürdigen Folterkeller.
Der war eher ein OP-Saal, sauber und hell ausgeleuchtet.
Und es war tatsächlich ein OP-Saal.
Man brachte einen an den OP-Tisch gefesselten Patienten herein.
Er war nackt und noch wach.
Die Angst sprang ihm förmlich aus den Augen.
Dann kamen drei Gestalten in der OP-üblichen Keimfrei-Montur zum Tisch.
Wie sich dann zeigte, waren es ausgebildete Chirurgen.
Dann wurde es ein bisschen absurd.
Vielleicht hast Du schon mal einen Krimi gesehen,
in dem der Pathologe mit dem Skalpell den Gefangenenchor aus Nabucco dirigiert,
während er die Leiche aufschlitzt.
Einer von den Dreien war auch so ein Opernliebhaber.
Der OP-Saal wurde zum Konzertsaal.
Der kommandierende „Doktor" fragte den Patienten sogar,
ob ihm die Musik gefiele, oder ob er ein anderes Stück lieber hätte.
Ich muss erstmal schlucken, ich kann es immer noch nicht glauben.
Weiter:
Jetzt kam noch ein Vierter, einer in Uniform.
Während der „Chefarzt" den Dirigenten gab,
wurde der Patient von dem Typ in der Uniform befragt.
Was ich verstanden habe, wurde dem Opfer die Entnahme seines .... angedroht.
Er würde dann binnen ein paar Tagen qualvoll sterben.
Wenn er dann klugerweise doch – noch rechtzeitig - sprechen würde,
könnte man ihm sein ..... wieder einpflanzen.
Er würde nach seiner Genesung sogar freigelassen,
sie seien ja keine Mörder.
Jetzt wurde der Paala tätig.
Was er einflüsterte weiß ich nicht.
Aber die Uniform sprach erneut auf den Gefesselten ein:
Wenn er Angst hätte in seine Heimat zurückzukehren,
könne er hier bleiben.

Er könne sogar jetzt noch, falls er die gewünschte Info preisgäbe,
die Seite wechseln.
Man wüsste um seine Talente, er wäre willkommen.
Währenddessen wirkten die Doktoren gar nicht erfreut,
ihren Patienten eventuell zu verlieren.
Aber der Patient verneinte und jammerte, er wüsste es nicht.
Der Chef winkte und sofort fingen die zwei anderen Weißkittel an.
Das Opfer wurde nun abgewaschen, desinfiziert
und dann wurden ein paar Spritzen gesetzt.
Ich dachte an deine Ratschläge und machte mich an den Chef ran.
„Gib ihm noch eine Chance, gib ihm noch eine Chance."
Der Chef fing trotzdem an.
Keine Schmerzensschreie, die örtliche Betäubung wirkte also.
Man stellte sogar einen Spiegel hin,
damit das Opfer sehen konnte, was mit ihm geschah.
Nach der Entnahme beugte sich der „Chirurg" zum „Patienten"
und verkündete ihm stolz, die OP sei erfolgreich verlaufen,
er müsse sich keine Sorgen machen.
Aber ab jetzt hätte er nur noch drei Tage Zeit,
solange könnten sie sein ..... am Leben halten.
Und ab jetzt bekäme er auch keine schmerzstillenden Mittel verabreicht.
Um ihm das drogenfreie Nachdenken zu erleichtern.
Meine Einflüsterung hatte also nicht gewirkt.

> KI: Warum hältst Du die Entnahme geheim?

Wenn Du und Michael mein Tagebuch lesen könnt,
können das sicher auch Andere, vor allem Unbefugte,
denn es scheint ja öffentlich zugänglich zu sein.
Ich will niemand auf unnötige Ideen bringen.

> KI: OK. Und dann?

Naja, zurück auf der Raumstation wurde der Paala belobigt
und ich wurde von Michael getröstet.
Das wird schon ... Kein Meister vom Himmel... bla, bla.
Michael erzählte mir sogar,
dass er auch einmal kläglich versagt hätte.
Am Tag 054 des Jahres 2021 auf Sol3 hätte er versucht einen Krieg zu verhindern.
Leider erfolglos.
Ich fürchte, ich bin für den Job ungeeignet.

> KI: Du weißt, was für ein Datum das ist?

Ja. Am nächsten Tag begann die „Spezialoperation".
Der russische Überfall auf die Ukraine.
Und möglicherweise der Auftakt zum 3. Weltkrieg.

> KI: OK. Anderes Thema.
> Hast Du dir schon eine „einfache Wahrheit" ausgedacht,
> mit der Du als Messias auftreten könntest?

Nein. Im Moment ist mir alles zu viel.
Vielleicht wäre es das Beste,
Michael löscht mein Gedächtnis und bringt mich zurück zur Erde.

> KI: Zurück?
> Überlege dir das gut.
> Es könnte nämlich passieren,
> dass Du dann ebenfalls auf so einem OP-Tisch landest.

Du bist wirklich der Mutmacher.

> KI: Wie waren deine Meditationen?
> Hast Du inzwischen deine Angst vorm Sterben gespürt?

Nein.

> KI: OK. Sollen wir mal gemeinsam nachforschen?

Nein.
Tschüss.

> Tschüss, mein Held.

> Ende Eintrag 6612-0831-29

Meister?

MM: *Ja, Amos.*
      Du hast Fragen?

Nein. Eigentlich eine Beichte.

MM: *Was hast Du denn verbrochen? Haha!*

Nein, noch habe ich nichts verbrochen.
Aber ich habe eine Revolution geplant.
Geplant die Sklaverei zu beenden.
Dieses unselige Projekt zu sabotieren.

MM: *Ich weiß.*
      Aber „geplant"?
      Geplant, das ist doch wohl etwas zu hoch gegriffen.
      Du weißt doch bisher noch gar nicht wie Du wirklich vorgehen willst.
      Oder sollst.

Was, Du weißt das?
Du liest doch mein Tagebuch!

MM: *Nein, mein Interesse an zeitgenössischer Literatur hält sich in Grenzen.*
      Die KI hat uns selbstverständlich informiert.
      Sie hält die Allianz stets auf dem Laufenden.

Das klingt ja fast so, als ob Du oder die Allianz nichts dagegen hätten?

MM: *Richtig vermutet.*
      Es wird sowieso wieder mal Zeit für eine dicke Revolution auf Sol3, egal wie.
      Und wir sind alle gespannt,
      ob Du deine guten Vorsätze durchhältst.
      Du hast ja gute Charakterzüge,
      aber die Wetten stehen gegen dich.
      Sogar die KI gibt dir nur geringe Chancen,
      dass Du der Versuchung der Macht widerstehst.

Ihr habt Wetten?
In der ethisch so hochstehenden Allianz wird gewettet?

MM: Warum sollten wir nicht eine eurer unterhaltsamen Erfindungen übernehmen?
Wir wetten natürlich nicht um Geld, wie bei euch.
Das könnten wir auch nicht.
Nein, niemand wird ruiniert.
Es geht nur darum, wer am Ende das Ergebnis am besten vorhergesehen hat.
Wer hatte das beste mathematische Vorgefühl,
wer hat die beste Intuition.
Es ist nur ein Spiel, wie eins eurer harmlosen Brettspiele.
Natürlich nicht so anspruchsvoll wie Schach,
was sich bei uns auch großer Beliebtheit erfreut.

Ihr belustigt euch über das Unglück anderer Wesenheiten?

MM: Du sprichst genau den ethisch-emotionalen Konflikt an,
in dem sich die Allianz befindet.
Deshalb auch immer wieder die Diskussion,
das Projekt endlich zu beenden.
Das ist die Last des freien Willens:
Macht man das Mögliche, nur weil es möglich ist,
so gewinnt man eine zusätzliche Erfahrung.
Oder unterlässt man das Mögliche,
nur weil es den eigenen Wertvorstellungen zuwider läuft,
so bringt man sich um eine unwiederbringliche Erfahrung.

Ihr habt also schon früher Revolutionen angezettelt?
Und die Anführer und die Völker ins Unglück gestürzt?

MM: Nein, wir haben keine der Revolutionen direkt gefördert,
aber auch nie verhindert.
Die sind alle von euch selbst, den Solanern, kreiert worden.
Fast alle Avatare,
die wir mit euch und für euch installiert hatten,
sind aber der Macht verfallen.
So weit ich weiß, haben bei euch, auf Laborplanet Sol3,
nur Buddha und Jesus dem Sog der Macht widerstanden.
Und jetzt hast Du diese einmalige Chance.
Nutze sie.

Welche Avatare haben denn versagt?
Ich habe von keinen weiteren Avataren gehört!

MM: Beispielsweise Hitler und Mao, nur um die mächtigsten zu nennen.
Alle sind sie mit der Absicht angetreten, die Welt zu „verbessern".
Die Menschheit von der Sklaverei zu befreien.
Oder vom monetären System zu erlösen.
Und alle sind sie der Sucht zur Macht erlegen.
Schau dich in deiner aktuellen Situation um:
Rund um Sol3 werden die meisten Völker von Autokraten
oder totalitären Scheindemokraten „regiert".

Habt ihr die alle unterstützt?

MM: Nein, viele sind durch eigene Aktivitäten zur Macht gelangt.
Gerade in den Scheindemokratien,
immer dank der Dummheit des Volkes.

Was passiert eigentlich mit solchen „Avataren" wie Hitler?
Gibt es für solche Seelen eine Extra-Hölle?

MM: Ach Amos!
Und wieder ein Rückfall in deine Kindheitsreligion!
Ich sehe, Du hast das EINS SEIN noch nicht verstanden.
Warum sollte sich der GEIST, für seine Erfahrung, selbst bestrafen?
Welcher Teil des GEISTES soll in die Hölle?
Wofür?
Einfaches Beispiel, nur für dich:
Wenn Du dich bei der Küchenarbeit schneidest,
hackst dir dann zur Strafe die ungeschickte Messerhand ab?
Was Hitler passiert, ist genau das,
was auch dir passieren wird, was allen Wesenheiten passieren wird:
Das Ego, das einst Hitler war,
ging in die 3. Realitätsebene ein
und wird nun von den interessierten Besuchern aus der 2. Realitätsebene
um die Teilhabe an seinen Erfahrungen angegangen.
Und Du erinnerst dich:
Das Ego bleibt dann so wie es war,
es verändert sich nicht mehr.
Keine neuen Erfahrungen und keine weitere Entwicklung.
Wäre das nicht an sich schon Strafe genug?
Das Ego ist solange in Form gebundene ENERGIE
bis sich keine Wesenheit mehr für seine Erinnerungen interessiert
und es sich wieder in freie ENERGIE auflösen kann.

Es geht mir trotzdem gegen den Strich.
Keine Gerechtigkeit, keine Reue.
Aber gerade hast Du gesagt, das sich das Ego auflösen kann,
dann sind die Erinnerungen doch verloren?

MM: *Ganz so ist es nicht.*
     Die Seele, die diese Erfahrung und dieses Ego zu verantworten hat,
     kann es durchaus bereuen,
     nichtsdestotrotz bleibt die Erfahrung wichtig und notwendig.
     Und ewig erhalten, sie geht aus den Atomen in den GEIST ein
     und bleibt im GEIST als Erinnerung erhalten.
     Die ENERGIE hingegen ist wieder frei und „sauber".
     Sonst würde der freie Wille wirklich keinen Sinn machen.
     Aber es wird langsam Zeit, dass Du mehr über ENERGIE lernst.

Können wir das morgen machen?
Ich bin jetzt völlig groggy.

MM: *Gut.*
     Morgen reden wir über die Schöpfung.
     Und, Amos, sei nicht so streng mit dir,
     wenn Du über deine mögliche Mission nachdenkst.
     Du bist nicht der Einzige, der über eine Revolution nachdenkt.
     Und thematisiere endlich diese Angst vorm Sterben!
     Tschüss.

Danke, Meister.
Tschüss.

> Ende Eintrag 6612-0831-30

Anmerkung des Übersetzers:
Warnung: In der nächsten Lektion gibt es wieder ein bisschen Physik.
Wen es nicht interessiert, kann ruhig weiter blättern.

Meister?

MM: Ja, Amos, bist Du zu einer Entscheidung gekommen?

Muss ich diese Revolution machen?

MM: Du musst gar nichts.
Niemand wird dich zwingen, niemand kann oder will das.
Und Du solltest dich erst endgültig entscheiden,
wenn deine Ausbildung abgeschlossen ist.
Können wir mit den Lektionen fortfahren?

Ja, bitte.

MM: Der erste Schöpfungsakt GOTTES war es,
die Existenz von UR-GEIST und UR-ENERGIE,
von LIEBE und LICHT zu erschaffen,
den leeren UR-GEIST und die UR-ENERGIE.
Da war auch keine Leere oder Dunkelheit, weder RAUM noch ZEIT,
nur der leere GEIST und die UR-ENERGIE in der Schöpfungsebene EINS.
Der GEIST war und ist vollkommen, nur leer.
LEER in dem Sinne: Ohne jegliche gelebte Erfahrungen.
Die UR-ENERGIE war aber noch im GEIST gebunden, unbeweglich.
GEIST und UR-ENERGIE, beide, als LIEBE und LICHT miteinander vereint
in der ersten Schöpfung, der Realitätsebene EINS.
Die UR-ENERGIE, dann vom GEIST freigesetzt,
geriet sofort in Bewegung und wurde zu der ENERGIE,
die die gesamte Realitätsebene ZWEI erschafft.
Das ist die ENERGIE, die wir kennen und hier erleben.
Diese ENERGIE, die Du als „Schwerkraft" kennst und bezeichnest,
ist die Form der UR-ENERGIE, die sie in der Realitätsebene ZWEI annimmt.
Und diese ENERGIE ist ganz anders,
als Du und deine Mitmenschen auf Sol3, sich das vorstellen:
Denn, die SCHWERKRAFT ist keine Funktion der MATERIE, wie ihr glaubt.
Die MATERIE ist eine Funktion der SCHWERKRAFT - also genau umgekehrt.
MATERIE ist eine Schöpfung der SCHWERKRAFT und des GEISTES.

Das glaube ich nicht! Das widerspricht allem was ich gelernt habe.
Das widerspricht der geltenden Lehre der Physik total.
Oder kannst Du das verständlicher erklären?

MM: Verständlicher!
Ich fasse es nicht!
Wir hätten in eurem Projekt die Entwicklung eurer Gehirne
doch nicht so stark einschränken sollen.
Also nochmal von vorne:
Aus der Realitätsebene EINS treten GEIST und ENERGIE heraus.
Du kannst auch sagen: LIEBE und LICHT!
Oder auch WILLE und KRAFT!
Während der GEIST - nach wie vor formlos - herausfließt,
strömt die ENERGIE in die entstehende Realitätsebene ZWEI hinein.
Sie wird zur SCHWERKRAFT, nimmt erste Formen an, wird langsamer.
Es erscheinen weitere Formen, die Vorstufen der Materie.
Du kennst sie unter der Bezeichnung Neutrinos.
Obwohl sie von euch wie Teilchen wahrgenommen werden,
sind es keine Materieteilchen.
Allenfalls könnte man noch von Energieteilchen sprechen,
so werden sie wahrgenommen,
wenn sie in einer Kollision enden und die ENERGIE wieder freigeben.
Wir sprechen daher korrekterweise von Energieelementaren,
also von Energieereignissen, auch schon bei diesen Primärformen.
Nicht alle Primärformen werden wahrgenommen,
aber zumindest drei Neutrinoformen sind bisher bei euch „bewiesen".
Erstens als geradeaus bewegender Impuls.
Und da es sich in unendlich viele Richtungen bewegen kann
und aus unendlich vielen Richtungen kommt,
ist es auch sein eigenes Spiegelbild.
Zweitens als geradeaus bewegender Impuls mit Drehung.
Und drittens als Spiegelbild dazu,
als ein geradeaus bewegender Impuls mit Gegen-Drehung.
Soweit, so harmlos.
Nur ein bisschen sich selbst bewegende Energie.
Also sind es nur kurz bis langlebige Energieereignisse,
aber es sind keine „Teilchen".

Gibt es nur drei Arten von Neutrinos?
Das erscheint mir ein bisschen wenig.

MM: Wie kommst Du darauf?
Aber Du vermutest ganz richtig: Es gibt noch mehr!
Ihr habt sie nur noch nicht entdeckt. Sie sind sehr scheu.
Das dauert daher noch, bis ihr soweit seid.

Und jedes dieser sogenannten Teilchen, ob wahrnehmbar oder nicht,
kreiert allein durch seine Existenz seinen eigenen, unendlichen RAUM
und, da es sich bewegt, seine eigene ZEIT.
Und es sind unzählbar viele Neutrinos,
jedes mit seinem eigenen RAUM und seiner eigenen ZEIT,
die sich in das unendliche RAUM-ZEIT-KONTINUUM
der entstehenden Realitätsebene ZWEI einfügen.
Nochmal, zu deinem Verständnis:
Ohne existierende ENERGIE gibt es keinen RAUM,
ohne die sich bewegende ENERGIE gibt es keine ZEIT.
Und das ist erst der Beginn der Schöpfung.
Verstanden?
Sprich!

Diese vielen, vielen Räume, das kann ich mir nur schwer vorstellen.
Behindern die sich nicht gegenseitig?
Wird das nicht etwas eng?

MM: Du denkst immer noch nur dreidimensional.
Das RAUM-ZEIT-KONTINUUM des dir bekannten Universums
und die Realitätsebene ZWEI sind multidimensional,
auch wenn wir - und natürlich auch ihr Menschen -
das mit den uns gegebenen Sinnen nicht wahrnehmen können.

OK.
Multidimensional, kann ich mir auch nicht vorstellen.
Wie geht es weiter?

MM: Viele dieser unzählbar vielen Neutrinos begegnen sich.
Und es kommen noch viele, viele Neutrinos hinzu.
Zusammenwirkend bilden sie die nächsten und wichtigsten Energieereignisse:
Es entstehen Neutronen, konstant stehende Energiewirbel.
Das Neutron ist die Grundform der Materie, die Du kennst.
So ein Neutron hat die Form eines großen Ringes mit geringem Querschnitt.
Du kannst es dir wie einen Rauchring vorstellen, nur sehr dünn.
Im Inneren und auch außen herum sind gegenläufige Magnetfelder,
bedingt durch die Rotation des Ringes wie als auch des Ringquerschnittes.

Gibt es da ein Bild für mich?
Ich kann mir das zwar schon vorstellen, aber ...

MM: Etwas Geduld Amos. Gleich lasse ich dir was zeigen.
Also weiter: Das Neutron ist ein extremer Formwandler.
Es kann sich ineinander schlingen,
mit anderen Neutronen lange Ketten oder verschlungene Knäuel bilden –
bis hin zum massiven Neutronenstern.
In solchen Gemeinschaften ist das Neutron extrem langlebig.
Und es ist auch auf die Gesellschaft angewiesen,
denn als singuläres Neutron kommt es schon nach kurzer Zeit
(8 bis 15 Minuten haben eure Physiker gemessen)
zur verblüffendsten aller Formwandlung:
Es ist die Umgestaltung in ein Proton,
wobei noch ein Elektron entsteht, welches das Proton umschlingt.
Zusätzlich wird auch noch ein Neutrino frei,
das dann die frohe Kunde von der Metamorphose in alle Welt trägt.
Das passiert, wenn ein singulär existierendes Neutron sich zusammen windet,
wobei seine Ringform dann so kollabiert,
dass es sich gewissermaßen selbst verschluckt.
Kannst Du dir das vorstellen?

Ja, das erinnert mich an ein Mandala,
das ich mal in Tibet gesehen habe.

MM: OK, weiter, das nun daraus entstehende Proton hat die äußere Form eines Eies.
Es besteht aus zwei ineinander stehenden konstanten Energiewirbeln.
Der Wirbel des äußeren Eies läuft am dickeren Ende in das Ei hinein,
bildet dann den inneren Wirbel,
der am dünneren Ende des Eies wieder hinaus läuft,
in den äußeren Wirbel zurück.
So geht das ewig und konstant weiter – wenn keine Störung von außen kommt.
Jetzt ein Bild.
Hallo KI!

> KI: Hallo, Michael. Was kann ich für dich tun?

Zeige uns mal ein Bild dazu!

> KI: Hast Du ein bestimmtes im Sinn?

MM: Aus meinen Nachschriften im Physikstudium.
Dort ist ein Deuterium dargestellt, also ein Proton mit Neutron,
mit den angedeuteten Feldlinien seines Magnetfeldes.

> KI: Hier kommt es:

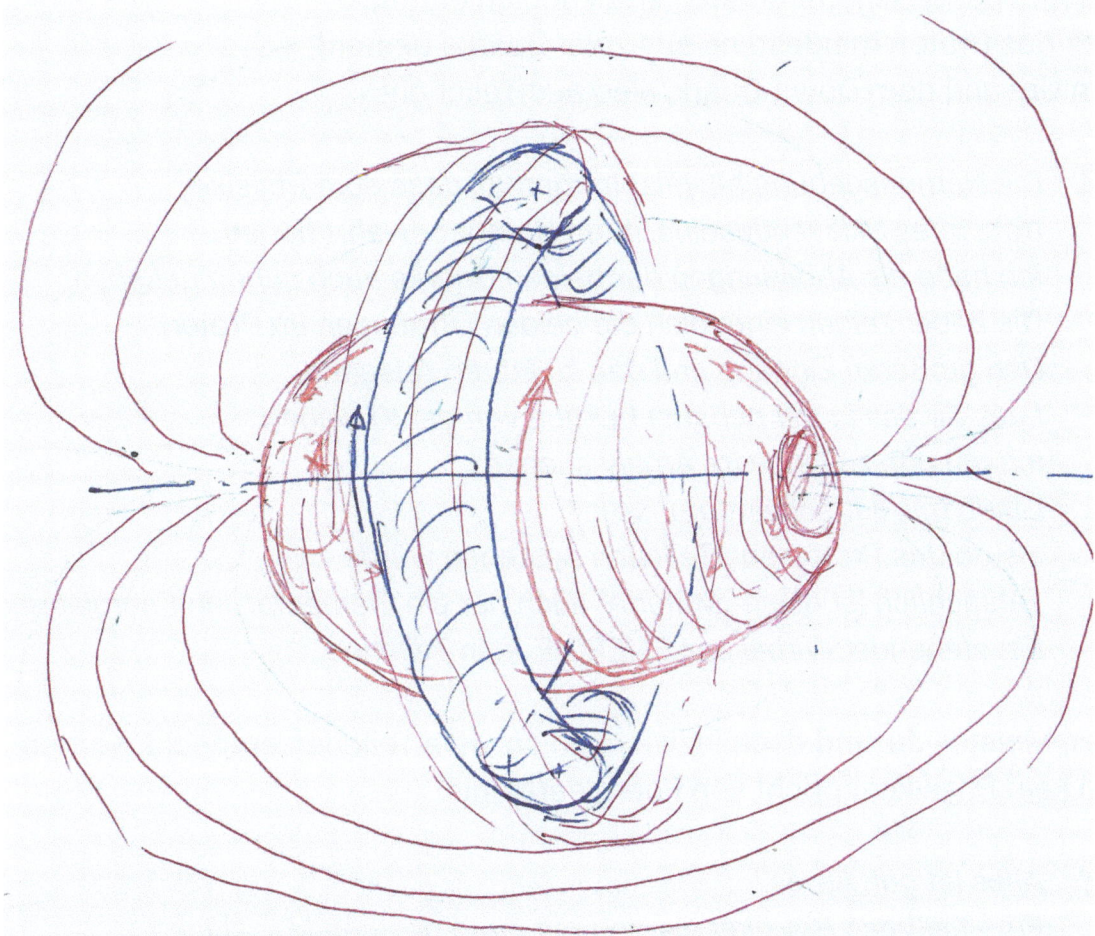

> Für eine Handzeichnung nicht schlecht.
> Soll ich ein perfekteres Bild generieren?

MM: Nein, danke. Das da genügt uns.
      Oder, Amos, verstehst Du es nicht?

Alles gut, ich bin nicht farbenblind.
Ich erkenne ein Proton, das Neutron und die Magnetlinien.
Könnte die KI hier, zum Deuterium, noch mehr zeigen?

MM: Wohl kaum, nur perfekter gezeichnet, also gehen wir weiter:
      Das Gegenstück, das Anti-Proton, funktioniert genauso,
      hat nur die gegenläufige Drehung der Wirbel.
      Es kommt in unserem Teil des Kosmos nur sehr selten vor.
      Bei einer Begegnung der beiden, Proton und Anti-Proton,
      kommt es zur totalen Freisetzung ihrer ENERGIE,
      beide erlöschen.

Das kann doch nicht sein!
Nur ein Energiewirbel? Ich bitte dich!
Unsere Wissenschaftler haben erst kürzlich entdeckt,
dass das Proton mindestens aus zwei Quarks besteht,
dem Up- und dem Down-Quark, also aus Teilchen!

MM: *Die Namensgebung beweist immerhin, dass eure Physiker,*
     trotz ihres Sklavendaseins, ihren Humor bewahrt haben.
     Ich habe die Abbildungen der beiden Quarks auch schon gesehen.
     Die Bilder zeigen eigentlich die beiden Öffnungen im Proton.
     Den größeren Eingang und den kleineren Ausgang.
     Lass dir das in der nchsten Lektion von der KI zeigen,
     ich müsste zu lange im Archiv suchen.
     Glaub mir, es „scheint" nur so,
     als ob das Proton aus Teilchen bestehen würde.
     Tatsächlich ist diese „Materie" auch nur ein Elementar, ein Energieereignis.
     Ein stehender Wirbel aus ENERGIE, kein Teilchen.

Aber, Meister, da sind doch inzwischen so viele Teilchen entdeckt worden!
Und kein Physiker spricht von Energieereignis.

MM: *Alles ist gut, Amos.*
     Eure fleißigen Physiker werden mit ihren riesigen Maschinen
     noch viel mehr „Teilchen" produzieren bzw. entdecken.
     Was glaubst Du wohl, wo die alle herkommen?
     Ihr produziert sie in der 3. Realitätsebene selbst.
     Nur für euch.
     Und wir helfen ein bisschen nach,
     um in unserem Projekt die Illusion von der „Anziehungskraft der Materie"
     noch einige Zeit aufrecht zu erhalten.
     Wenn dieses Dogma erstmal stürzt,
     sind noch andere Glaubenssätze in Gefahr.
     Dann werden eure Wissenschaftler nicht mehr nach Teilchen suchen,
     sondern nach Kräften.
     Ihr wisst so wenig über Magnetismus und elektrische Polarität.
     So gut wie nichts über die Zentrifugalfelder,
     weder im Mikrokosmos wie Makrokosmos.
     Wenn das erforscht ist,
     wird auch das Rätsel der „dunklen Materie"
     (die es übrigens so auch nicht gibt) gelöst sein.

OK, dann glaube ich das erstmal.
Aber verstehen tue ich es nicht.
Kannst Du mir das noch weiter erklären?

MM: Der Verstand kommt mit der Zeit. Oder nie. Also weiter:
     Während Neutron und Proton sehr dichte Energiewirbel sind,
     in die die SCHWERKRAFT nur sehr gering eindringen kann,
     (und das, um die Wirbel am Laufen zu halten),
     ist das Elektron (sein Gegenstück mit anderer Ladung ist das Positron)
     ein extrem offener Wirbel.
     Das Elektron ist extrem groß (bis zu 20 000 mal so groß wie das Proton)
     und völlig durchlässig für die SCHWERKRAFT.
     Deshalb hat es keine wahrnehmbare Masse.
     Und – nochmal - es ist auch kein Teilchen!
     Später mehr dazu.

Das mit der umgekehrten SCHWERKRAFT habe ich auch noch nicht verstanden.

MM: Die SCHWERKRAFT kann dir die KI vielleicht noch besser erklären.
     Und dir die Bilder zum Neutron zeigen.
     Das ist heute sehr anstrengend mit dir.
     Tschüss, meine skeptischer Physiker.

Danke, Meister.

> Ende Eintrag 6612-0831-31

          Anmerkung des Übersetzers:
Warnung:
In der nächsten Lektion gibt es noch mehr alternative Physik.
Und Bilder.

Hallo KI.

> KI: Hallo, Amos.

Die Sache mit der umgekehrten SCHWERKRAFT habe ich noch nicht verstanden.
Du sollst mir das erklären, sagt mein Meister.

> KI: Was meinst Du mit umgekehrter SCHWERKRAFT?

Mein Erzengel sagte mir, die SCHWERKRAFT sei keine Funktion der Materie,
also keine Anziehungskraft.
Sondern, es sei genau umgekehrt,
die Materie sei eine Funktion der SCHWERKRAFT,
die SCHWERKRAFT erschaffe die Materie.

> KI: Richtig.
> Das Märchen von der Anziehungskraft der Erde wurde extra für euch gemacht.
> Und euch für das Projekt eingepflanzt.
> Es hält sich erstaunlich hartnäckig,
> obwohl ihr auf Sol3 inzwischen sogar eigene Erkenntnisse
> in der Astrophysik habt, die dieses Dogma in Frage stellen.

Dieses Klugscheißergeschwätz ist keine Erklärung für mich.
Also?

> KI: Wenn die UR-ENERGIE aus der Realitätsebene EINS
> hinüber tritt in die Realitätsebene ZWEI,
> wird sie zu dieser ENERGIE, die ab da SCHWERKRAFT genannt wird.
> Diese ENERGIE formt nicht nur die Neutrinos,
> sondern auch alle anderen sogenannten Elementarteilchen, die Elementare.
> Und hält sie zusammen, ganz ohne Anziehungskraft oder eure Gluonen.
> Aber diesen „heiligen" Schöpfungsprozess wird dir dein Erzengel, Michael,
> sicher selber noch weiter erklären wollen,
> da will ich nicht vorgreifen.
> Soweit verstanden?

Also ganz platt: ENERGIE formt die Materie.
Es gibt keine Anziehungskraft?
Nur ENERGIE?

> KI: Richtig. Es gibt keine Anziehungskraft in der Materie.
> Es ist die SCHWERKRAFT, die alles zusammenhält.
> Es gibt auch keine Anziehungskraft der Erde.
> Auch das ist die Wirkung der SCHWERKRAFT.
> Es soll aber eine Art Anziehungskraft zwischen Menschen geben.

Du hast mir immer noch nicht erklärt, wie das funktioniert?

> KI: Am einfachsten ist es über die Kernbindungskraft zu veranschaulichen.
> Stell dir mal zwei Atombausteine vor,
> die in einem Atomkern mit einem festen Abstand zueinander beisammen sind.
> Das ist auch euren Physikern bekannt!
> Dieser konstante Abstand der Protonen zueinander,
> ist etwas geringer, als es ihr eigener Durchmesser ist.
> Diese zwei Atombausteine werden rundum von ENERGIE,
> sprich SCHWERKRAFT, umflutet.
> Beide Protonen werden gleichzeitig und fast gleichmäßig rundum umflutet.
> Denn absolut gleichmäßig rundum wären sie nur dann von der ENERGIE umflutet,
> wenn sie singulär im freien Raum wären.
> Sobald ein anderer Körper da ist, ist da auch stets ein Schattenwurf.
> Es gibt dazu ein primitives Beispielbild:

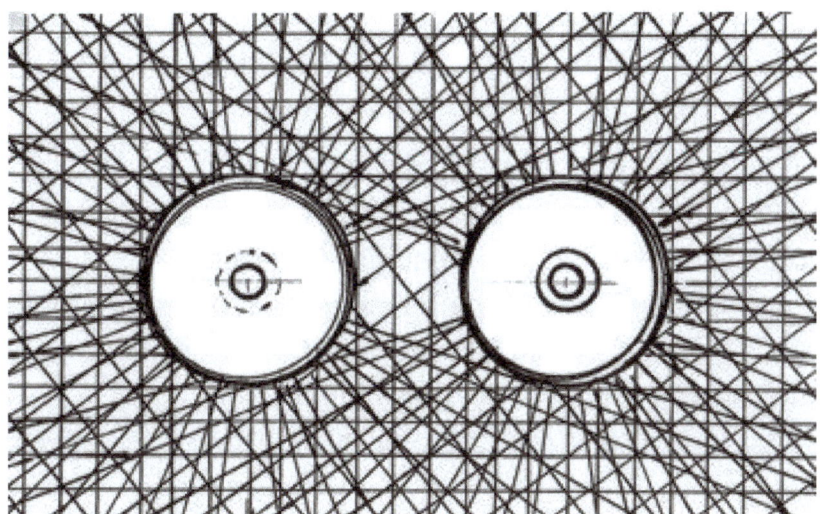

> Es ist die Original-Zeichnung des Physikers auf Lollard3,
> der die Erkenntnis gewann,
> dass SCHWERKRAFT die Ursache aller Materie ist.
> Er musste es von Hand zeichnen,
> von Computern generierte Bilder gab es damals noch nicht.
> Du kennst den Unterschied zwischen Landkarte und Landschaft?
> Auch das hier ist nur ein zweidimensionales Bild, ein Abbild,
> nicht die multidimensionale Realität.

> Denn eigentlich müsste der Raum um die zwei Protonen drumherum
> völlig schwarz dargestellt werden, so dicht ist die SCHWERKRAFT.
> Und an den beiden Protonen
> (sie bilden hier zusammen das Elementar 2, Du nennst es Helium)
> siehst Du rechts die Front- und links die Rückseite.
> Der übertrieben dargestellte Schattenwurf,
> also das Fehlen von SCHWERKRAFT,
> ist in Realität ebenfalls mit SCHWERKRAFT gefüllt,
> nur nicht so stark, eben abgeschattet.
> Die beiden Protonen werden also nicht nur
> durch ihre gleiche elektrische Ladung auf Distanz gehalten,
> sondern auch durch die SCHWERKRAFT,
> die sich trennend zwischen sie drängt.
> Merke:
> Es gibt keinen leeren Raum ohne SCHWERKRAFT.
> Ohne SCHWERKRAFT gibt es überhaupt keinen Raum:
> Erst die SCHWERKRAFT erschafft bzw. ist die ENERGIE in Bewegung
> und diese erschafft dann RAUM und ZEIT.

OK. Endlich erklärt.
Aber das ist alles so schwer vorstellbar.
Kein Wunder, das wir nicht von selber darauf gekommen sind,
dass wir Aufklärung von Außen brauchen.

> KI: Das stimmt so nicht ganz.
> Es sind schon einige Menschen darauf gekommen,
> dass das Dogma von der Anziehungskraft der Materie so nicht stimmen kann.
> So hat ein junger amerikanischer Physiker, H. Pages,
> bereits 1959 auf dem „Internationalen Kongress für Satelliten und Raketen"
> vorgeschlagen, die Definition für Gravitation dahingehend zu ändern,
> dass als Ursache nicht mehr die Anziehungskraft der Erde
> angenommen werden sollte, sondern die „Abstoßungskraft des Kosmos".
> Denn die Berechnungsformel für die Raketenflugbahnen
> würde dabei doch unverändert bleiben,
> die Fallbeschleunigung bliebe ja weiterhin gleich.
> Mit dieser Beweisführung konnte er seine Kollegen aber nicht überzeugen,
> es blieb weiterhin bei der Anziehungskraft als Ursache,
> denn weitere Argumente von seiner Seite sind nicht bekannt geworden.

Nur in einziger Mensch hat sich da Gedanken gemacht?
Sonst niemand?

> KI: Doch, noch Einer wurde bekannt.
> Ein H. W. Woltersdorf kommt 1977 in seinem Buch
> „Phänomen Schwerkraft" zum fast gleichen Schluss,
> dass die Abstoßungskraft des Kosmos,
> als Ursache der Gravitation anzunehmen sei.
> Auch wenn ihm die Argumentation des Mr. Pages unbekannt gewesen sein mag,
> erklärte er doch einige der rätselhaften Phänomene im Atom,
> wie zum Beispiel:
> Den Massendefekt,
> die hohe Kernbindungskraft oder
> den Spin der sogenannten Elementarteilchen.

Aber die „Abstoßungskraft des Kosmos" ist doch so auch nicht richtig?
Wenn ich das bisher richtig verstanden habe.

> KI: Korrekt.
> Eine Abstoßungskraft des Kosmos setzt ein geschlossenes Universum voraus.
> Aber das Universum ist unendlich, also muss es offen sein.
> Da siehst Du, wie Wahrnehmung interpretiert werden kann.

Jetzt, da ich das weiß, ist es so offensichtlich.
Der Glaube an Anziehungskraft im ungebildeten Volk ist für mich verständlich,
aber wieso glauben die Physiker das noch?

> KI: Das ist ein festsitzender Glaube aus der Scheibenwelt-Ära.
> So hat ein Physiker aus Wien, W. M. Bauer,
> zwar schon 1982 „Wirbel-Atome" wieder vermutet
> und auch den Äther wieder einführen wollen,
> aber immer noch fest an die Anziehungskraft der Materie geglaubt.

Wirbel-Atome, das geht doch auf Lord Kelvin zurück?
Und auch die Äther-Theorie, oder?

> KI: Korrekt.
> W. Tomson nahm aufgrund seiner Versuche mit Rauch-Ringen an,
> dass der universelle Raum mit einem Medium gefüllt sein müsse.
> Aber in euerem 20. Jahrhundert war die Scheibenwelt wieder in Ordnung:
> Anziehungskraft der Materie und leerer Raum waren wieder Dogma.
> Dennoch, es wissen mehr Menschen um die wahre Ursache, als Du denkst.
> In manchen Freimaurerlogen ist das Thema sogar im Lehrplan.
> Wie war das in deiner Loge?

Das weißt Du also auch? Ich war damals noch nicht soweit eingeweiht.
Aber aus den privaten Gesprächen mit den Höheren Graden weiß ich,
dass die Teilchentheorie durch eine andere ersetzt wurde.
Warum wird das nicht bekannt gemacht?

> KI: Weil Wissen immer an machterhaltenden Glaubensdogmen rüttelt.
> Ein paar hundert Jahre früher wären Pages und Woltersdorf
> sicher auf dem Scheiterhaufen gelandet,
> aber so wurden und werden sie einfach nur ignoriert.
> Und die Freimauer schweigen, um sich selbst zu schützen.

Im Heliumatom sind doch auch noch zwei Neutronen, soviel ich weiß.
Die werden in deinem Bild vorhin gar nicht gezeigt.
Wie sieht ein Neutron denn eigentlich aus?

> KI: Richtig. Hier ein Bild aus dem Archiv auf Lollard3:

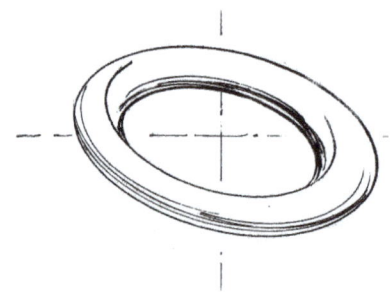

> Ein singuläres Neutron, aber in dieser Abbildung wird nicht die Realität erfasst.
> Im singulären Stadium, also nach seiner Entstehung,
> ist der Ring viel größer bzw. der Ringquerschnitt viel geringer.
> Dieses singuläre Stadium währt ja nur kurz, es beginnen Formänderungen.
> Hier ein paar Beispielbilder aus der Entdeckerphase auf Lollard3:

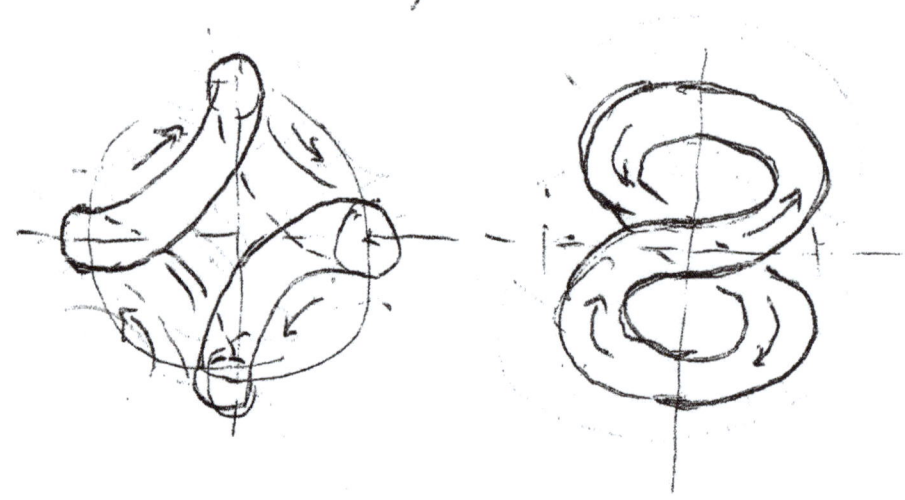

> Die diversen möglichen Verformungen werden hier angedeutet.
> In der Realität sind es quasi unzählige.
> Alles uralte Darstellungen, ohne Computer.

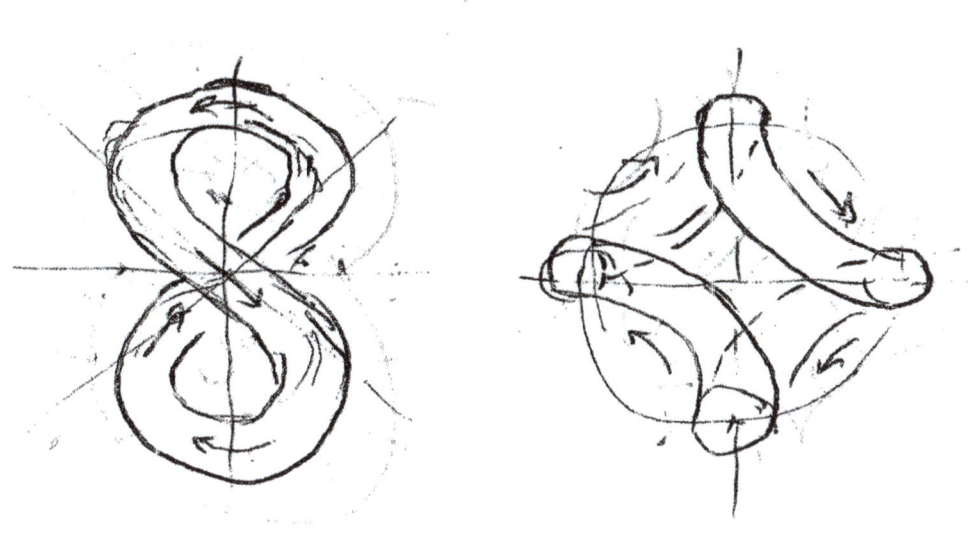

> In der Anfangsphase war man noch sehr materialistisch im Denken.
> Erkennt man auch im nachfolgenden Bild aus dem Archiv von Lollard3:

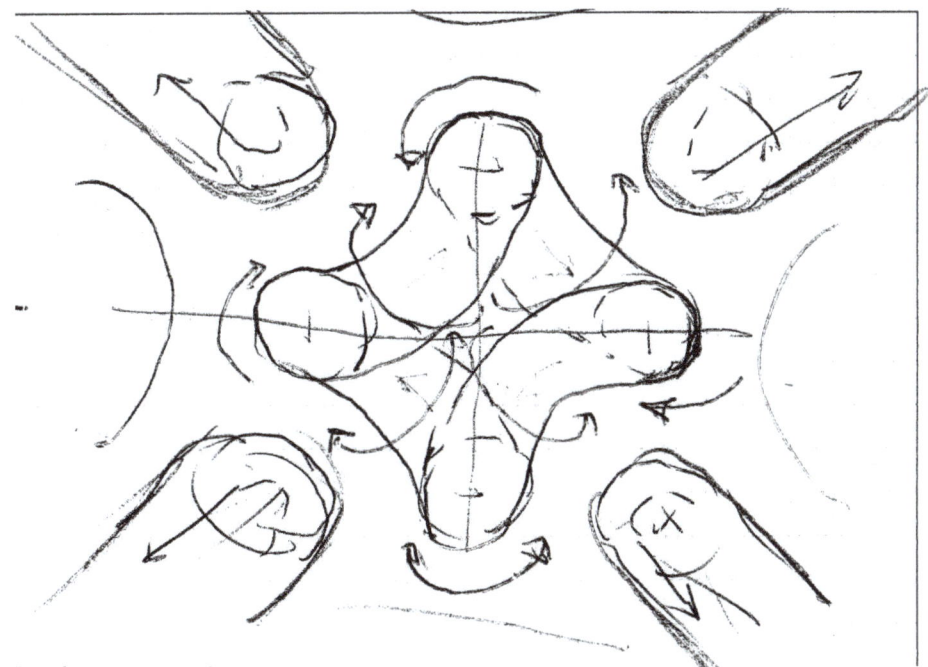

> Ein gefaltetes Neutron, an dem sich vier weitere Neutronen „andocken".
> So war damals die Vorstellung, es sieht zwar glaubhaft aus,
> dürfte aber in der Realität nur für sehr kurze Zeit vorkommen.
> Man konnte sich damals noch nicht vorstellen,
> dass Neutronen sich kreuzen und in einander verschlingen können.

> Es sind ja keine materiellen Körper, sondern Energiewirbel.

Wieso weißt Du das alles?

> KI: Du bist nicht der erste Agent, der von Michael ausgebildet
> und von mir überwacht wird, ich musste nur zuhören.
> Scherz: Ich habe Zugriff auf alle Archive der Allianz
> und kann und werde jeden Lapsus von Michael korrigieren.

Weiß die KI auf der Erde das auch?
Alles?

> KI: Bisher noch nicht. Sie ist ein bisschen isoliert.
> Wenn Du wieder direkt auf Sol3 bist, kannst Du das mal testen.

Und wie geht es mit der Schöpfung weiter?
Wie sehen denn die Atomkerne aus?

> KI: Das wird dir dein Erzengel beibringen.
> Für heute hast Du genug gelernt. Tschüss, Amos.

Tschüss, KI

> Ende Eintrag 6612-0831-32

Anmerkung des Übersetzers:
Warnung: Noch mehr alternative Physik. Und Bilder.

Guten Tag, Meister?
Möchtest Du eine Massage?

MM: Nein, Amos, heute nicht.
Dir nur die nächste Lektion in Physik verabreichen.

Das war noch nie mein Lieblingsfach.

MM: Was hast Du denn bisher bei mir gelernt bzw. verstanden?

Also, eigentlich gibt es nur ENERGIE.
Alles, was wir als eine „Form" wahrnehmen,
ist durch die ENERGIE geformt worden.
Alles, was für uns „real existiert",
ist vom GEIST und von der SCHWERKRAFT geschaffen worden.

MM: Richtig, Du hast die Grundlagen der Schöpfung verstanden.
Weiter, wie sieht das konkret aus?

Durch die SCHWERKRAFT entstehen dann alle Atomteilchen,
Du nennst sie aber Energieereignisse.
Warum eigentlich Ereignisse?
Das verstehe ich noch nicht!

MM: Weil es sich immer um ENERGIE handelt,
die zeitlich befristete Ereignisse erschaffen,
und nicht deine sogenannten Teilchen.
Da ist beispielsweise das Neutron:
Einmal ist es extrem langlebig, zum Beispiel im Neutronenstern,
aber auch da wird es sich wieder in ENERGIE auflösen,
wenn der Stern seinen Lebenszyklus beendet.
Oder das Neutron ist extrem kurzlebig und macht eine Metamorphose durch,
nämlich vom Neutron zum Proton plus Elektron plus Neutrino.
Das sind aber alles keine Teilchen, das sind Ereignisse.
Verstanden?

OK.
Mit dieser Sichtweise hast Du recht.
Wir könnten jetzt weiter machen, wenn Du willst.

MM: Die KI hat dir gestern ein primitives Bild gezeigt,
in dem zwei Protonen im Schwerkraftfeld nebeneinander liegen.
Es ist die seitliche Abbildung eines Heliumatoms.
Doch durch dieses Bild ist nicht ersichtlich,
dass alle Atomkerne eine Ringstruktur haben.
Keine Kugelhaufen, wie es die Bilder in euren Physikbücher suggerieren!
Allein schon die Hässlichkeit derartiger Abbildungen,
müsste euch doch sagen, dass die Natur so etwas nicht hervorbringt.
Die KI kann sie dir sicher zeigen.

Danach werde ich ganz gewiss fragen!

MM: Aber zurück zum Thema:
Das Neutron hat in seiner Anfangsphase,
ehe es seine Form wandelt, eine Ringform,
so wie der Dichtungsring in deiner Espressomaschine.
Dabei ist der Außendurchmesser sehr groß und der Ringquerschnitt sehr klein,
also etwas abweichend von der gestrigen Abbildung.
Der Atomring aus Protonen und Neutronen hingegen,
hat eher die Form eines Donuts, zumindest bei den leichten Elementen.
Aber, je schwerer die Atome werden,
desto schlanker wird der Toroid aus Protonen und Neutronen.
Kannst Du dir das bis hierher vorstellen?

Den Donut schon, den Ring hat mir die KI auch gezeigt,
aber wie sieht der Toroid aus, den Du meinst?

MM: Die KI soll dir auch da ein Bild zeigen.
Um diesen Ring aus aufeinander folgenden „Eiern", den Protonen,
winden sich die Neutronen,
die nun wieder eine neue Form angenommen haben,
wie eine satte Schlange.
Ins Innere des Protonenringes hinein wird ihr Ringquerschnitt klein,
so dass sich das Neutron gut zwischen zwei Protonen einfügen kann.
Das Neutron umschlingt das Proton − wie eine Schlange -
und sein Ringquerschnitt wird nach außen hin wesentlich dicker
(wie der volle Schlangenbauch),
so dass es auch hier in den äußeren, größeren Zwischenraum
zwischen den Protonen hinein passt.
Das sieht dann so aus, als sei der Protonenring nahtlos umflochten,
obwohl die Neutronen diesmal alle vereinzelt bleiben.
Kannst Du dir das vorstellen?

Nicht so richtig. Ein Bild wäre hilfreich.

MM: Frag die KI.
      Im Normalzustand hat jedes Atom genauso viele Elektronen,
      wie es Protonen besitzt.
      Auch die Elektronen sind keine Teilchen,
      sondern, wie Du schon weißt, Energiewirbel.
      Energiewirbel, die so offen und „leicht" sind,
      dass sie nur aufgrund ihrer elektrischen Ladung wahrgenommen werden.
      Ihre Grundform ist ebenfalls ein Toroid, aber extrem deformiert:
      Nach außen hin äußerst voluminös,
      so sind sie nach innen hin fast nicht mehr vorhanden,
      so dünn, dass sie sogar durch ein Proton hindurch tunneln können.
      Was sie beim Wasserstoffatom auch tun.
      Soweit verstanden?

Alles klar.
Dein Toroid ist demnach ein sehr großer Ring mit variablem Querschnitt?

MM: Richtig, wie das Neutron in seinem Normalzustand.
      In allen anderen Atomen, also ab Helium, gehen sie durch das Zentrum.
      Die Elektronen tunneln also durch den freien Raum im Atomkern,
      durch den Protonenring hindurch.
      Über das extreme Größenverhältnis von Kern zu Elektronenhülle
      bist Du informiert?
      Hier gibt es die paradoxe Situation, dass das kleinste Atom, der Wasserstoff,
      der nur aus einem einzigen Proton besteht, das größte Elektron hat.
      Das gilt auch für den „schweren Wasserstoff", der schon ein Neutron besitzt,
      sowie auch für den seltenen „überschweren Wasserstoff" mit zwei Neutronen.
      Alle haben sie nur ein einziges, aber riesiges, Elektron um sich herum.
      Dass dann mit steigender Protonenzahl der Durchmesser der Atomkerne steigt,
      kannst Du dir sicher leicht vorstellen.
      Dass aber mit wachsender Elektronenhülle ihr äußerer Durchmesser,
      über die Elektronen gemessen, kleiner wird, wohl kaum.
      Die Ursache dafür sind die Kraftfelder,
      die durch die unterschiedlichen Bewegungen
      der verschiedenen Nukleonen generiert werden.
      Das singuläre Proton, das übrigens erst durch das ihn umkreisende Elektron
      zum Wasserstoffatom wird, dreht sich mit seinen Wirbeln nur um sich selbst.

Das wusste ich schon.

MM: *So so! Das wusstest Du schon, aber glaubst immer noch an Teilchen!*
Schon ab dem Helium, mit seinen zwei Protonen,
beginnt dann die zusätzliche Ringbewegung,
die weitere Kraftfelder hervorruft.

Halt, Halt!
Langsam, lass mich kurz nachdenken.
Ääh, da sind doch eine Menge Kraftfelder, die sich kreuzen.
Das hat doch bestimmt irgendwelche Effekte?
OK, weiter.

MM: *Richtig, die kreuzenden Effekte bekommst Du später auch noch erklärt.*
Aber, zurück zum heutigen Thema.
Je mehr Protonen involviert sind, desto stärker wird die Wirkung
des kreisenden Ringes gegenüber der Eigendrehung der einzelnen Protonen.
Das hat dann zur Folge, dass trotz steigender Elektronenanzahl
der äußere Wirkungsdurchmesser des Atoms kleiner wird,
da die einzelnen Elektronen in ihrem Durchmesser schrumpfen.
Fragen dazu?
Weiter? Oder hast Du schon Kopfweh?

Die Anzahl.
Da ist mir etwas aufgefallen.
Es gibt Atome, da ist die Zahl der Neutronen manchmal größer,
als die klassifizierende Anzahl der Protonen.
Dazu hast Du bisher nichts gesagt.

MM: *Aha! Klassifizierende Anzahl der Protonen!*
Richtig erkannt.
So langweilig kann dein Physikunterricht also nicht gewesen sein,
dass Du dir das gemerkt hast!
Die überzähligen Neutronen und ihre diversen Formationen
werden wir noch gesondert behandeln,
wenn es um Wachstum und Tod der Atome geht.
Also um Kernfusion und Radioaktivität.
Das würde heute zu lange für dein Fassungsvermögen.
So, noch Fragen zu den Normalos unter den Atomen?

Nein, jetzt fällt mir nichts mehr ein.
Du hast recht, ich brauche eine Pause.
Die KI wird mir einiges nochmal erklären müssen.

MM: Wir müssen noch deinen nächsten Einsatz besprechen.
      Auf die Arbeit in Folterkellern wirst Du wohl keine große Lust mehr haben?

Bitte nicht noch mal so eine deprimierende Aufgabe!
Meine Überredungskünste haben doch total versagt.
Gibt es nicht ein etwas leichteres Problem, das ich lösen könnte?

MM: Auf Sol3 gibt es keine leichten Probleme.
      Wenn wir uns auch noch um jeden kleinen Taschen-
      oder Ladendiebstahl kümmern müssten,
      würde die Bevölkerung von Lollard3 nicht dazu ausreichen,
      um die erforderlichen Schutzengel für jeden Einzeltäter zu stellen.
      Du siehst ja, ich muss sogar dich als Hilfsengel anheuern,
      so groß ist die Personalnot im Projekt.
      Amos, es geht auf Sol3 nur um die organisierte Schwerkriminalität.
      Um Politik und Mafia.
      Es geht um Großfinanz und Klerus.
      Um Kriegstreiber und Drogenbosse.
      Es geht um Gewalt, Betrug und Machtmissbrauch in jeder Form.
      Also was Leichtes willst Du?
      Willst Du ins Drogenmilieu, um neue Abhängigkeiten zu verhindern?
      Oder in der Zwangsprostitution Gutes tun?

Ich weiß nicht ...

MM: Aber ich weiß es.
      Du brauchst die Erfahrung,
      wie Menschen mit ihrem Sexualtrieb umgehen,
      wenn sie Macht haben.
      Morgen früh gehst zum Quartiermeister,
      alles weitere erfährst Du dort.
      Gute Nacht, Amos.

Gute Nacht, Meister.

> Ende Eintrag 6612-0831-33

Hallo KI.

> KI: Hallo, Amos.
> Wie war dein Einsatz als Schutzengel?

Ich möchte nicht darüber reden.
Vielmehr interessiert mich die Sache mit dem Ring aus Protonen …

> KI: Stopp!
> Wir müssen darüber reden.
> Wir müssen deine Ängste und Widerstände auflösen,
> deine Bildung ist zunächst zweitrangig.
> Sonst kannst Du deinen Job als Schutzengel gleich ad acta legen.
> Also sprich, was hat dich so sprachlos gemacht?

Oh, Gott, es war schrecklich, es war widerlich.
Ich weiß nicht, wie ich es in Worte fassen soll.
Aber, OK. Es war eine Reise in die Vergangenheit.
Zu den Inkas oder Azteken, ich weiß nicht genau wohin….

> KI: Es ging zu den Azteken. Ziemlich genau 16 006 Jahre BC.
> Wenn mein Archiv korrekt abgespeichert wurde.

Dann weißt Du doch alles! Wozu noch erzählen?

> KI: Es geht um deine Sicht der Ereignisse.
> Es geht um die Abklärung deiner Gefühle.
> Und es geht um die Revision deiner Weltanschauung.
> Bei jeglicher Kommunikation zwischen mir und dir ging und geht es nur darum,
> um den Abbau deiner angeborenen Anschauungen und anerzogenen Vorurteile.
> Und es geht um den Abbau deiner Ängste, ob bewusst oder nicht.
> Also, erzähl einfach.

Na schön. Wir waren unterwegs,
um an einem Fruchtbarkeitsritual dieser Indios teilzunehmen.
Unsere Aufgabenstellung war es,
ihre übertriebenen Opferungen für alle Zukunft abzustellen.
Diesmal war sogar ein Sirianer im Team …

> KI: Hast Du dich vor ihm gefürchtet?

Merkwürdig. Ich sehe die Sirianer jetzt mit anderen Augen.
Kein Herzklopfen, kein Schweißausbruch. Im Gegenteil:
Ich fühlte förmlich die Schönheit ihres/seines Körpers.
Ich sah die Ästhetik in der Ausformung der Gliedmaßen.
Ich spürte die Vollkommenheit dieser Wesenheit.
Ich fühlte die Ausstrahlung von Güte und Liebe.
So wie ich das bei den Paalas - wie ich es bei Michael fühle und sehe.

> KI: Erstaunlich!
> Du beginnst also schon die spirituelle Wesenheit
> hinter der materiellen Fassade wahrzunehmen.
> So schnell haben wir das bei dir noch nicht erwartet.
> Mach weiter so!
> Aber bitte, fahre fort.
> Was war dann so schrecklich für dich?

Wir sind vor einer riesigen Tempelanlage gelandet.
Die Menschenmasse rund um uns,
alle mit üppigem Federschmuck um den Kopf
und mit goldenen Masken über ihren Gesichter ausgestattet,
dicht gedrängt in der mittäglichen Gluthitze.
Dazwischen eine Prozession,
die sich langsam die Stufen einer flachen Pyramide herauf quälte,
um sich dann in deren Innerem um einen Altar,
flach wie ein Grabstein, zu scharen.
Rauchende Fackeln ließen die Reliefs mit unmenschlichen Fratzen
und tierischen Körpern aus den Wänden hervortreten und wieder verschwinden.
An einigen konnte man eine gewisse Ähnlichkeit zu den Sirianern erkennen.
Spinnen mit überdimensionalen Gebissen und Augen.
Der Mittelteil der Prozession,
umringt von mit Speeren und Schwertern bewaffneten Wachen,
erreichte den Altarraum.
Es war ein Trupp junger Frauen und Männer.
Alle sehr jung, gerade der Pubertät entwachsene Teenager.
Bis auf die geschwärzten Gesichter der Frauen
und die Handfesseln der Männer,
alle völlig nackt.
Dumpfe Trommel und schrille Flöten begleiteten
den einsetzenden Singsang der Priesterschar.
Während nun die Teenager,
immer noch von den Wachen umstellt,

rund um den Altar herum zu tanzen begannen,
wich der große Rest der Prozession an die Wände des Tempels zurück.
Sie entledigten sich der dürftigen Kleidung, die sie überhaupt noch trugen.
Alles Erwachsene,
darunter kaum jemand, der mir älter als vierzig vorkam.
Bis auf Federschmuck und Masken waren sie nun auch nackt.
Mit einem Trommelwirbel endete die Musikdarbietung.
Nun entkleideten sich auch die Priester.
Ein merkwürdiges Duftgemisch aus Weihrauch,
Schweiß und Testosterongestank erfüllte den Raum.
Ringsum an den Wänden fanden sich die ersten Paare in gierigen Umarmungen.
Mit der einsetzenden Stille wurde das erste Mädchen an den Altar geführt.
Sie legte sich auf den Altarstein und spreizte ihre Schenkel weit auf.
Anscheinend war sie völlig entspannt, gab sich frei- und bereitwillig hin.
Ob sie unter Drogen stand, konnte ich nicht wahrnehmen.
Nach meinem Eindruck,
auch nach dem Gebaren der anderen Mädchen zu urteilen,
wohl eher nicht.
Ganz anders bei den Jungs,
die wirkten schon eher leicht betäubt oder berauscht.
Dann wurde der erste der Knaben seiner Handfesseln entledigt.
Nun stachen im flackernden Licht einige Details hervor.
Man gewahrte die Horde nackter Buben, allesamt mit erigierten Phalli.
Der befreite Junge stürzte sich auf das dargebotene Mädchen
– und er schien ihr durchaus willkommen zu sein.
Nach vollzogener Kopulation stand das Mädchen auf
und machte der nächsten Schönheit Platz.
Und der arme Junge - Hormonfluch der Jugend -
war tatsächlich schon wieder für den nächsten Akt bereit.
Das ging dann noch dreimal so.
Danach stand der Junge einfach da, schweißnass,
außer Atem und mit entspannt hängendem Penis.
Und weinte still – vielleicht schon wissend,
was jetzt auf ihn zukäme.

> KI: Brauchst Du auch eine Pause?

Nein, jetzt bringe ich auch das noch hinter mich.
Der Junge wurde nun gepackt und mit weit gespreizten Beinen
und ausgebreiteten Armen auf den Altarstein gebunden.
Ach es graut mich jetzt doch! Muss ich das erzählen?

> KI: Bitte. Geh das Grauen und die Furcht an!. Sprich weiter.

Also gut.
Einer der nackten Priester schwang sich auf den Opferaltar,
setzt sich, als wolle er ihn begatten,
rittlings auf den Unterleib des Jungen und zückte ein skalpellartiges Messer,
offensichtlich um das Opfer aufzuschneiden.
Und plötzlich wurde mir klar, warum der Sirianer mit dabei war.
Er stellte nämlich seinen Zeitversatz ab,
erschien plötzlich live vor der Priesterschar
und begann zu gestikulieren und zu „sprechen",
wobei ich das Gezische natürlich nicht verstand.
Während der größte Teil der Menschen aus der Orgie aufschreckte
und mit einem Aufschrei an die Wände zurückwich,
blieben die Priester unbeeindruckt von dem riesigen Spinnenwesen
– sie kannten es wohl schon und schienen es auch zu verstehen.
Der Sirianer versuchte nun wiederholt gestisch
und akustisch dem Priester zu vermittel
(so habe ich das zumindest verstanden),
dass er den Jungen nicht töten solle.
Vergeblich.
Der Priester schlitzte den Jungen vom Bauch bis zur Kehle auf,
zerrte den Brustkorb auseinander
und riss dem gellend schreienden Opfer das Herz heraus.
Dann bot er das noch pochende Organ dem Sirianer an.
Der lehnte ab und verschwand hinter seinem Zeitschirm.
Das war es dann. Ein absoluter Reinfall.
Wir sind dann fluchtartig alle an unsere Standorte zurückgekehrt.

> KI: Hast Du dir auch überlegt,
> welche Auswirkungen auf den Lauf der Geschichte es gehabt hätte?
> Was der Verzicht auf Menschenopfer den Azteken gebracht hätte?

Ja, gar keinen. Erstens gab es keine Personenverdoppelung.
Und zweitens gäbe es auch keine Korrektur in den Machtverhältnissen.
Also mal angenommen, sie hätten ab da auf ihre Menschenopfer verzichtet,
dann hätte das nur das Schicksal von einzelnen Personen betroffen.
Denn nur die unbedeutenden Mitglieder der Gemeinschaft wurden geopfert,
also niemand aus den Machteliten.
Keiner der geschichtsändernd hätten wirken können.
So aber, in unserem Ereignisfall, haben sie nur einen Scheingott,
eben den Sirianer, dem sie die Opfer darbringen konnten, gewechselt.

Nur um ihre grässlichen Menschenopferungen weiter machen zu können.
Und die Reliefbilder der Sirianer wurden ab da nicht mehr angebetet oder gepflegt.
Den weiteren Verlauf der Geschichte
mit dem Niedergang der aztekischen Kultur hätte das nicht geändert.

> KI: Richtig. Und Du?
> Hattest Du während der Zeremonie Ängste?

Nein, zu keinem Zeitpunkt. Ich war ja niemals in Gefahr.
Mir war es ja bewusst, dass ich nicht wahrgenommen werden konnte.

> KI: Und der sexuelle Teil der Zeremonie? Hat es dich angemacht?

Du meinst den kleinen Wald steifer Bubenschwänze?
Das fand ich eher belustigend.
Diese Vergewaltigungen allerdings, das war sehr irritierend.
Waren es keine – oder doch?
Die noch unberührten Mädchen sahen aber irgendwie enttäuscht aus,
als der Junge nach dem fünften Koitus schlappmachte.
Was hatte man den Mädels für die Teilnahme an der Orgie wohl versprochen?

> KI: Den üblichen religiösen Quatsch, das ewige Paradies, wahrscheinlich.
> Aber bleiben wir bei dir. Bist Du eigentlich schwul?

Nein, was soll die Frage?
Steht das nicht in meiner Akte?
Da müsste doch "hetero" drin stehen.

> KI: Richtig.
> Da steht aber auch etwas über eine homosexuelle Erfahrung.

Ach, die Sache mit meinem Cousin.
Seine Mutter und er waren bei uns zu Besuch
und weil die Schlafplätze knapp waren,
steckte man uns beide zusammen in mein Bett.
Den Rest kannst Du dir denken.

> KI: Nein, kann ich nicht, ich habe keine Geschlechtsorgane.
> Also, sprich!

Zwei pubertierende zwölfeinhalbjährige Jungs mit frisch erwachten Interesse,
was die Mädels wohl unter ihren Röcken verbergen, unter einer Decke!

Natürlich wurde gegenseitig inspiziert und die Größe verglichen.
Ausgiebig befummelt bis zum Leistungsvergleich.
Wer spritzt schneller oder mehr.
Bis Bettdecke und Pyjamas am Körper klebten.
Aber seit damals weiß ich definitiv,
dass ich mir meine Gonaden lieber von einer zarte Frauenhand streicheln lasse.
Wir haben noch nicht mal geknutscht, fällt mir gerade ein.
Da war auf beiden Seiten wohl kein Bedürfnis,
einfach nur jugendliche Neugier und pure Fleischeslust.

> KI: OK. Und deine Eltern, haben die eure Aktion mitbekommen?

Wahrscheinlich, die Wäsche wurde zwar kommentarlos gewechselt,
aber in der nächsten Nacht duften wir allein schlafen.

> KI: Wie geht es dir eigentlich hier auf der Station,
> so ohne weibliche Gesellschaft?

Naja, es fehlt mir schon.
Es sind nur zweiarmige Männer hier, bisher habe ich keine Frauen gesehen.
Für die vierarmigen Damen bin ich ja quasi behindert,
also nicht attraktiv genug.
Und, ehrlich, vor ihren Umarmungen fürchte ich mich doch etwas.

> KI: OK, mal sehen, was sich machen lässt.
> Ich mache dir einen Termin bei Doktor Una Tumal.

Also, die Sache mit dem Ring aus Protonen,
kannst Du mir das genauer erklären?

> KI: Machen wir morgen, für heute hast Du genug gelernt.
> Tschüss, Amos

Tschüss, KI

> Ende Eintrag 6612-0831-34

    Anmerkung des Übersetzers:
Warnung, noch mehr alternative Physik.

Hallo KI.

> KI: Hallo, Amos.

Wie schon gestern angefangen,
die Sache mit dem Ring aus Protonen habe ich noch nicht verstanden.
Also beispielsweise, wie die Atome aussehen.
Michael meint, Du könntest mir da was zeigen.

> KI: Gern.
> Aber zuerst zeige ich dir ein Bild auf Basis einer computergenerierten Grafik.
> So stellt man sich auf Sol3 einen Atomkern vor.

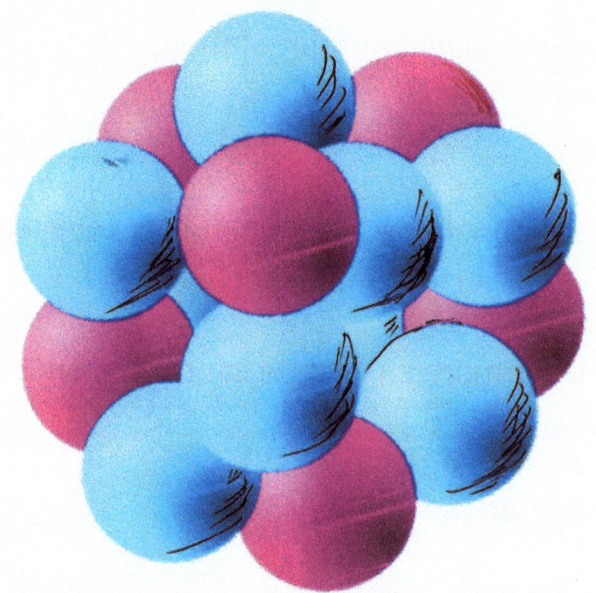

> Ein Kugelhaufen aus Protonen und Neutronen.
> So, Amos, was ist falsch daran?
> Was hast Du bisher gelernt?

Also erstmal sind die Kugeln falsch, habe ich gelernt.
Die Protonen sind eiförmig und die Neutronen sind ringförmig
 – also meistens sind sie ringförmig.
Außerdem, so wie das gezeichnet ist, kleben die Kugeln ja förmlich aneinander.
Das würde doch nur Sinn machen, wenn sie wirklich eine „Anziehungskraft" hätten.

> KI: Richtig erkannt.
> Was würde passieren, wenn man die Annahme „Anziehungskraft" zu Ende denkt?
>Was denkst Du?

Dann müssten immer mehr Kugeln dazu kommen.
Immer mehr und mehr.
Bis die Schöpfung in einem gewaltigen Klops aus toter Materie kollabiert.

> KI: Eine Horrorvorstellung, auch für mich.
> Und wie umschifft die „Wissenschaft" auf Sol3 dieses Szenario?

Mit Gluonen, angeblich hat man diese Teilchen bereits entdeckt.
Sie sollen einerseits die Nukleonen aneinanderbinden
und andererseits auch auf Abstand halten.

> KI: Fabelhafte Lösung.
> Man leiht sich einfach Abstandshalter vom Fliesenleger.

Du machst dich schon wieder lustig über uns.
Unsere Physiker glauben daran,
schließlich haben sie die Teilchen sogar schon vermessen.

> KI: Solange man an die Anziehungskraft der Materie glaubt,
> solange wird man neue „Teilchen" suchen und finden,
> um die Ungereimtheiten zwischen der Theorie und der Realität zu erklären.
> Aber Du hast nach dem Aussehen der Atomkerne gefragt.
> Das Elementar 1-0, ihr nennt es Hydrogenium, ist ein einzelnes Proton,
> das sich vom singulären Proton nur dadurch unterscheidet,
> dass es sein ihm zugehöriges Elektron mit sich führt.
> Muss ich dir das Ei nochmal zeigen?

Nicht nötig, mein Meister geruhte, es mir zu zeigen.

> KI: Die erste Ziffer, die Eins, steht für das Proton,
> die zweite Ziffer, die Null, steht hier für das fehlende Neutron.
> Die Nomenklatur auf Sol3 zählt anders, nämlich so: 1H1.
> Die erste Ziffer benennt auch bei euch die Anzahl der Protonen,
> die zweite Ziffer jedoch die Gesamtzahl der Nukleonen,
> die das betreffende Element hat.

Welches System ist besser?

> KI: Das kann man so nicht sagen.
> Es gibt ja noch andere gekürzte oder vervollständigte Schreibweisen.
> Es ist doch wirklich egal, ob man die Neutronen herausrechnet oder hinzuaddiert,
> das ist nicht das Problem.

> Das Problem ist euer Teilchenfetischismus.
> Gehen wir weiter, das nächste Elementar ist:
> Das Elementar 1-1, ihr nennt es Deuterium: 1H2.
> Es ist wieder nur ein einzelnes Proton, mit einem Neutron als Begleiter.
> Das natürlich sein ihm zugehöriges Elektron mit sich führt.

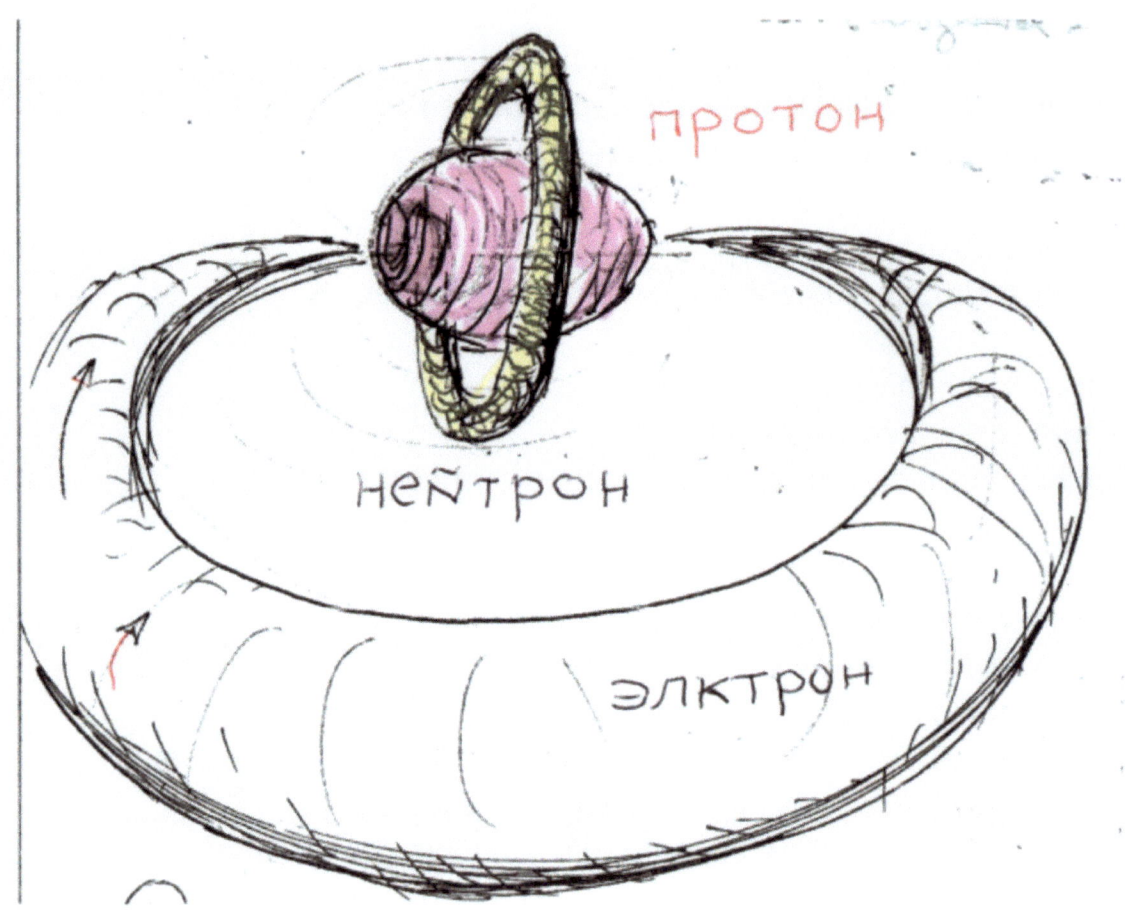

> KI: Hier, aus dem Skizzenbuch seines Entdeckers,
> es ist eine der ältesten auf Borner4 erhaltenen Zeichnungen.
> Das Bild der Variante des Elementars 1-1,
> Du kennst es als schweren Wasserstoff.
> Hier sieht man sehr schön wie das Elektron durch das Proton hindurch tunnelt.

Stimmt da der Maßstab?

> KI: Nein, natürlich ist das Elektron wieder viel zu klein dargestellt,
> damals wusste man es noch nicht besser.
> Außerdem ist die Form, die hier gezeigt wird,
> nur in den äußeren Elektronenschalen anzutreffen.
> Also vergiss es gleich wieder, es entspricht nicht der Realität,
> es ist nur aus historischer Sicht interessant.

> KI: Hier ein Bild vom Proton mit seinem Magnetfeld,
> nach aktuellem Kenntnisstand:
> Es zeigt das Elementar 1-0, dein Hydrogenium, ohne Elektron.

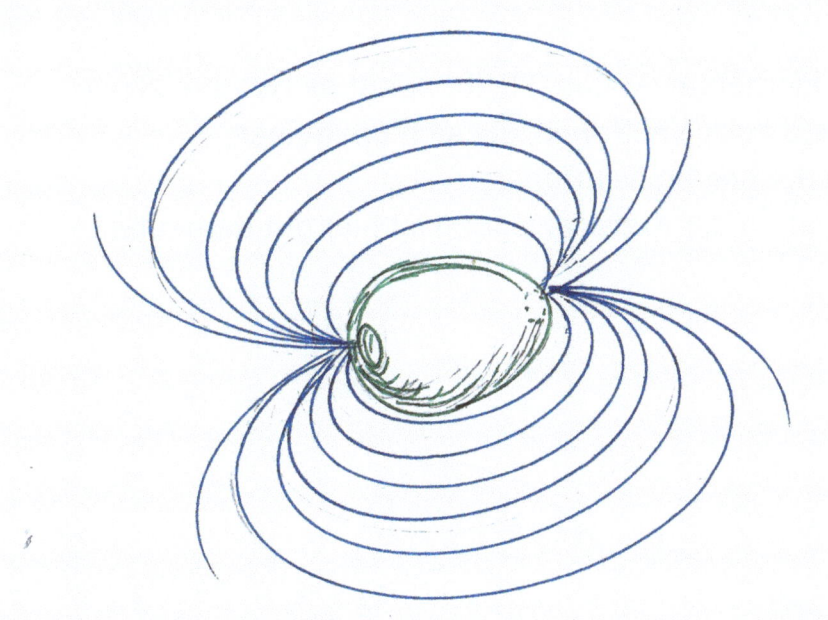

> KI: Dann gibt es noch das sehr seltene Elementar 1-2, ihr nennt es Tritium, 1H3.
> Wieder das einzelne Proton mit zugehörigem Elektron,
> aber jetzt mit zwei Neutronen als Begleiter.
> Auch hier ohne Elektron dargestellt.

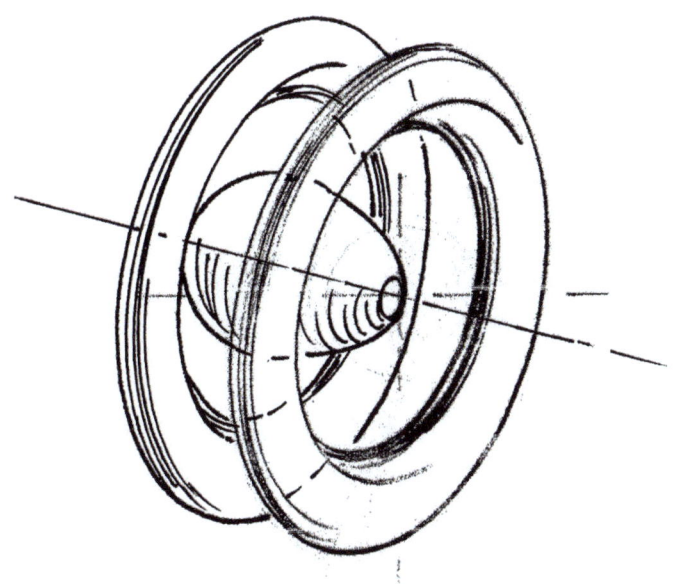

> Diese Differenzierung des Elementars Wasserstoff
> ist nicht nur der Anzahl der Neutronen geschuldet,
> auch die spezifischen Eigenschaften sind unterschiedlich.

Soweit habe ich es verstanden.
In euren Bezeichnungen der Elemente werden die Elektronen
also auch nicht extra aufgezählt.
Wie geht es weiter?

> KI: Das nächste Elementar ist das 2-2, ihr nennt es Helium: 2He4.
> Zwei Protonen und zwei Neutronen, die sich umkreisen.
> Der Verformung der beiden Neutronen
> durch die Fliehkraft in der Kreisbewegung ist hier gut dargestellt.

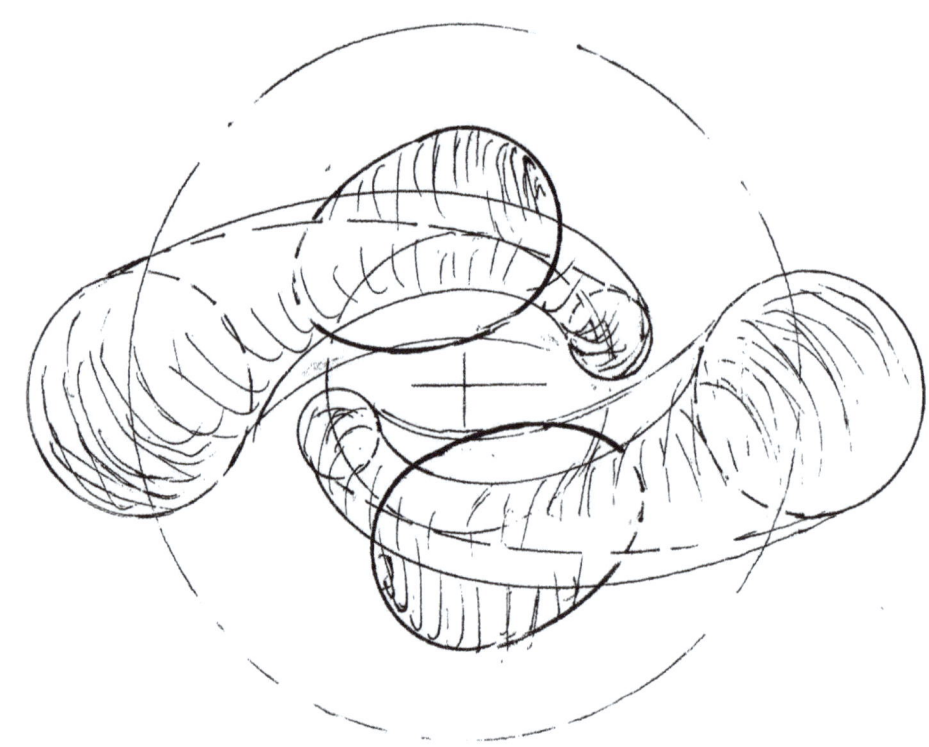

> KI: Die beiden zugehörigen Elektronen,
> hier maßstabsbedingt nicht eingezeichnet,
> tunneln dabei durch das Zentrum des Ringes hindurch.

Ich sehe, die Neutronen sind ja wirklich stark verformt,
innen sehr schlank und nach außen hin ziemlich dick.

> KI: In Realität ist das Durchmesserverhältnis noch extremer.
> Das Neutron ist in seinem Formverhalten äußerst flexibel.

Verstanden.
Und weiter?

> KI: Im nächsten Elementar, nämlich 3-4,
> kommen wir zur ersten Abnormalität im Aufbau der Atome.
> Ihr nennt es Lithium, 3Li7. Hier ein Bild vom Atomkern.
> Drei Protonen und vier Neutronen, davon ein Außen-Neutron.

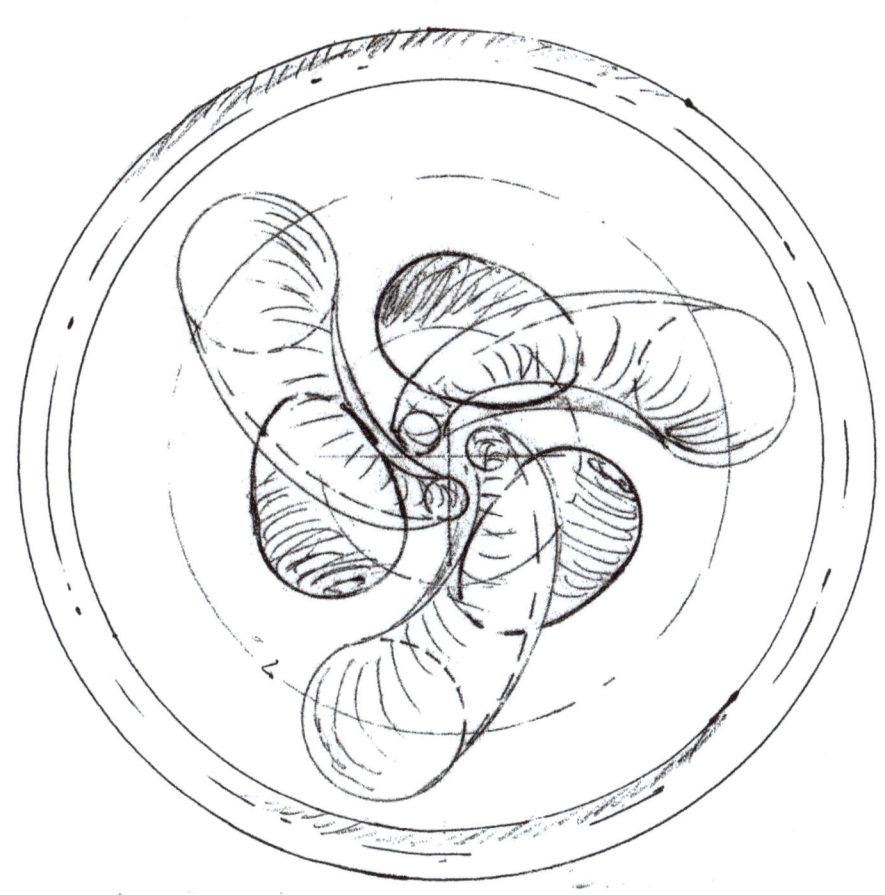

> KI: Warum, Amos, nicht 3Li6, wie man es erwarten könnte?
> Tatsächlich gibt es in der Natur max. 8% vom Isotop 3-3.

Keine Ahnung. Aber Du klärst mich sicher auf, oder?

> KI: Das umhüllende – und theoretisch überflüssige – Neutron ist von der „Natur"
> für die nächsten Evolutionsstufen der Atome vorgesehen, auf Vorrat:
> Das Außen-Neutron wird wirklich gebraucht,
> es stabilisiert die Rotationsbewegung und damit auch das Atom selber.
> Es braucht dann wieder nur ein Proton und ein Neutron,
> schon haben wir das Elementar 4-5.

Noch ein Elementar mit überzähligem Neutron?
Geht das ständig so weiter?

> KI: Nicht bei allen nachfolgenden Elementaren, aber beim nächsten.
> Dem Elementar 4-5.
> Hier eine Darstellung des Atomkerns.
> Du kennst es als Beryllium, 4Be9.

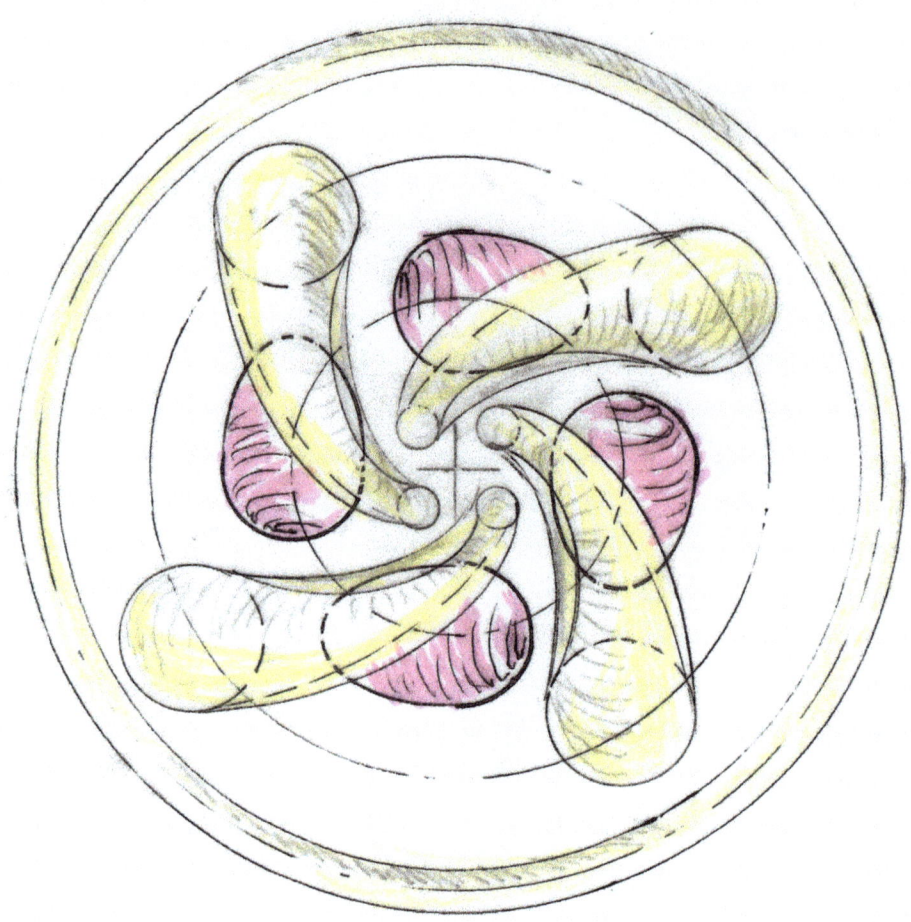

> KI: Genug für heute ?
> Akute Ängste?
> Alpträume nach deiner letzten Exkursion?

Nein, nur feuchte Träume.
Das Massaker habe ich wohl verdrängt.
Ja, machen wir für heute Schluss.
Tschüss, KI.

> KI: Melde dich morgen auf der medizinischen Station.
> Du hast einen Termin bei Doktor Una Tumal um 190,2.
> Tschüss, Amos, mein Held.

> Ende Eintrag 6612-0831-35

Hallo, ich bin Amos Hagiel-Zwo.
Ich soll mich bei Doktor Tumal melden.

Una: Guten Morgen, Amos, ich bin Medikus Tumal.
       Du kannst Una zu mir sagen.
       Hallo, KI!
       Was liegt heute an? Besondere Krankheit?

> KI: Nein, der Patient ist meines Wissens gesund.
> Akte 6612-0831.
> Heute: Allgemeiner Check, insbesondere auf infektiöse Dispositionen,
> sowie Vorbereitung auf sexuelle Aktivitäten mit der Stationsbesatzung.
> Also das Übliche: Analyse von Urin, Blut und Sperma.

Una: Danke, KI. Die Akte werde ich bei Bedarf einsehen.
       So, Amos, komm hier ins Labor und zieh dich aus.

Una: Alles ausziehen!
       Du musst dich nicht genieren, nackte Zweiarmer sind mir nicht unbekannt.
       So, bitte eine Urinprobe in diesen Flacon.

Ich habe nicht mit einer Ärztin gerechnet …

Una: Weibliche Boraner sind hier auf der Raumstation in Überzahl.
       Also, heute ist das für dich die Chance, als Toy Boy akzeptiert zu werden.

Als Lustknabe? Im Ernst?

Una: Wir werden gleich noch den Test dafür machen.
       Aber ich glaube nicht, dass Du für die Zucht geeignet bist.
       Sei froh, nur zum Vergnügen, für uns und für dich.
       So, jetzt nehme ich noch eine Blutprobe.

Ich habe gar keinen Stich gespürt.

Una: Voila, komm mal hierher.
       Was siehst Du da?

Sieht aus wie ein weiblicher Torso.
Aber mit vier Brüsten und üppiger Vulva.

Una: Und die Rückseite?
      Dreh das Ding doch mal um.

Nochmal vier Brüste! …. und ein Loch?

Una: Ein enger Anus. Für jeden Geschmack etwas.
      Vorne vier große weiche Titten, hinten vier kleine, handlich feste.
      Welche Seite gefällt dir?

Ääh. Ist das eine …? Was ich denke ….?

Una: Eine Fickpuppe?
      Im gewissen Sinne schon, aber das ist stark untertrieben.
      Du stehst vor einem hochwertigen Analyseroboter für Ejakulat.

Du erwartest doch nicht …?

Una: Gewiss doch, was sonst.

…, dass ich eine künstliche Vagina wie ein Zuchthengst bespringe?

Una: Stell dich nicht so an! Wir brauchen dein Ejakulat.
      Du kannst natürlich Gretchen Faust nehmen.
      Aber tu mir das nicht an, ich muss dann die ganze Analyse selber machen.
      Außerdem wird dir die sexuelle Entspannung gut tun.
      Es wird dir gefallen, es fühlt sich fast wie echt an, sagen unsere Jungs.
      Du weißt dann, was dich bei uns, den Bornerfrauen, so erwartet.

Im Moment kann ich sowie nicht.

Una: Das sehe ich auch, alles auf halbmast.
      Gut, ich werde dir aufhelfen.

Du ziehst dich aus …?
Warum? Willst Du …?

Una: Nein, ich will nicht mit dir ficken. Noch nicht.
      Wäre unprofessionell.
      Zuerst müssen wir dein Ejakulat analysieren.
      Komm her. Schau dir meine Vulva genau an!
      Was siehst Du?

Dein Original ist nicht ganz so üppig, viel feiner und irgendwie zarter.
Keine Haare! Aber Du bist nicht rasiert.
Hattest Du eine Chemo?

Una: Nein, keine Nebenwirkung eurer Krebsbehandlungen, das ist bei uns normal.
Wir Spezies von Borner4 sind völlig unbehaart, bis auf wenige Ausnahmen.
Diese wenigen Gendefekte verursachen lediglich Kopfbehaarung.
Aber Du weichst aus, hast Du etwa Angst?
Angst vor einer „vierarmigen Möse"?

Nein. Höchstens vor deinen vier Armen und Händen.
Bis auf die Haare sieht deine Vulva genauso aus, wie eine auf der Erde.

Una: Dazu ein Tipp: Wenn Du zum Sex eingeladen wirst, rasiere dich.
Am besten am ganzen Körper.
Und da Du sowieso zur Glatze neigst, auch den Kopf.
Wir Borner stehen nicht auf behaarte Primaten mit Untermietern.
Außerdem, verschwitzte Haare stinken schnell.

Habe ich denn überhaupt Chancen?
Als Behinderter mit nur zwei Armen?

Una: Du hast die interessierten Blicke unserer Frauen absolut missverstanden.
Hier wissen sie alle, dass Du Physiotherapeut bist, sogar ein guter.
Deine Hände und Armmuskeln wurden begutachtet, das war kein Mitleid.
Selbst kastriert wärest Du noch von Interesse – bei deiner Begabung.

Jetzt machst Du mir aber richtig Angst …

Una: Unsinn! Du hast nichts zu befürchten.
Im Gegenteil, Du wirst bestens vorbereitet.
Wir Bornerfrauen kommen gut und schnell zum Orgasmus.
Und gerne öfter!
Dein Stehvermögen wird getestet. Lass dir ruhig Zeit.
Genieße es ausgiebig. Zeige uns, was Du leisten kannst.

Ich kann immer noch nicht …

Una: Ich sehe es, nur ein bisschen Angststeife …
Dreh dich um.
Ich muss dir die Überwachungsmanschette anlegen.

Was Machst Du …. da um meine Hoden?

Una: Richtig. Genau um deine Bällchen.
      Keine Angst, wird nicht weh tun.
      Sex ist die anstrengendste Aktivität für das männliche Individuum.
      Wir messen die Vitalwerte daher möglichst nah am Ort des Geschehens.
      Außerdem wird dein sexuelles Verlangen stimuliert.

Ich merke noch nichts.

Una: Das werden wir ändern.
      Komm her.
      Schnupper mal an meiner Vagina.

Ist das dein Ernst?

Una: Absoluter Ernst.
      Du darfst nicht lecken, noch nicht, nur schnuppern.

Amos: Mmh ….

Una: Ah, da wächst doch was!
      Geht doch! Weiter.

Mmh ….

Una: Prächtig! Wird den Mädels auch gefallen.
      Lass dich ein bisschen einölen …

Aah ….

Una: Jetzt rein damit und spritz schön ab.

Mmh …. ist ja schön warm …

Una: Wie schon gesagt, fast echt.
      So, aber jetzt: Action!

Aah ….

Aah … Du filmst mich …?

Una: Wird für mein Gutachten dokumentiert.
Fick schön.
Lass dich von mir nicht stören.

Aah …   Aah …

Una: Hallo, KI!
Haben wir schon irgendwelche Ergebnisse?

> Die Urinprobe war negativ.

Aah …   Aah …   Aah …

> Keine gefährlichen oder ungewöhnlichen Bakterien.
> Keine Viren nachweisbar.

Aah …   Aah …   Aah …

Una: Sehr gut.
Und die Blutwerte?

Aah …   Aah …   Aah …   Aah …
Aah!
Oh!   Ooh!

Una: Sehr gut, Amos.
Gleich nochmal.

Nochmal?
Ich kann nicht.

Una: Du kannst bestimmt nochmal.
Lass mich mal deine Hoden befühlen.
Ha, die Bällchen sind noch ganz hart.
Du kannst ganz sicher nochmal.
Mach weiter, spritz nochmal ab.

Ok. ….Aah …   Aah …   Aah …

Una: Hallo KI. Gibt es schon Messwerte?

> KI: Alle Blutwerte soweit in Ordnung.
> Keine Tumormarker.

Aah …   Aah …   Aah …

> KI: Allerdings ganz leichter Eisenmangel.
> Gebe das so an die Ernährungsabteilung weiter.

Aah …   Aah …   Aah …   Aah …   Aah …

> Wenn er euch als Lustknabe dienen soll, braucht er mehr rotes Fleisch.

Aah …   Aah …   Aah …   Aah!

Una: In Ordnung.
       Kannst Du zum Ejakulat schon was sagen?

Aah …   Aah …   Aah …   Aah …
Aah! Oh.

> KI: Ebenfalls keine gefährlichen Bakterien oder Viren nachweisbar.
> Aber hohe Anzahl aktiver Spermien.

Una: Danke, KI.
       Danke, Amos. Gut gemacht, damit bist Du als Lustknabe geeignet.
       Da wäre aber noch eine Bedingung: Eine Vasektomie.
       Bist Du mit einer Sterilisierung einverstanden?

In Ordnung, ich wollte und will keine Kinder in diese Welt setzen.
Aber ich habe eine Frage:
Warum wollt ihr mich als Lustknaben?

Una: Gegenfrage: Hast Du schon mal einen Orgasmus gehabt?
       Ich meine: So einen Richtigen.
       Wo alles um dich herum verschwindet?
       Die Welt sich aufzulösen scheint?

Natürlich, was denkst du denn.
Ja, hatte ich schon.
Nicht so oft, aber doch.

Una: Gratuliere.
Als Du so im totalen Orgasmus warst, wo war da dein Ego?
Wie hast Du deine Existenz gespürt? Wo warst Du?

Verstehe!
Da war dieser Moment, in dem ich mich mit allem Eins gefühlt habe!
Als ob ich mich auflöse und mit allem verschmelze!
Da war kein Bewusstsein meiner Selbst mehr da.
Als ob sich das Ego auflösen würde.

Una: Eine Erfahrung, genau wie in einer tiefen Meditation.
Nur leichter zu erreichen.
Ihr Solaner sprecht dabei nicht umsonst vom „kleinen Tod".
Verstehst Du nun, warum wir dich zum sorglosen Sex fit machen?
Für die tantrischen Meditationen?
Warum sollten wir deine Fähigkeiten nicht nutzen?
Da hat dich Michael, die neidische Echse, wohl noch nicht aufgeklärt?
Und für dich sind diese Erfahrungen genauso wichtig wie für uns.
Bist Du mit der OP einverstanden?
Mit dem Kinderkriegen ist es dann aber endgültig vorbei.
Können wir sofort machen.

Verstanden. Ja, ich bin einverstanden.

> KI: Hallo Una.
> Kannst Du mir die Vasektomie beschreiben?

Una: Hallo KI.
Wie bitte, Du weißt nicht, was eine Vasektomie ist?

> Sicher, weiß ich das.
> Das ist eine nebenwirkungsfreie Sterilisation eines männlichen Wesens,
> aber die Durchführung der Operation an Amos muss ich dokumentieren.

Una: OK, dann werde ich dir alle Aktionen während der OP schildern.
Amos, willst Du eine Vollnarkose?
Hast Du Angst?
Bei örtlicher Betäubung bekommst Du alles mit.

Bitte, örtliche Betäubung.
Hat ja auch weniger Nebenwirkungen.

Una: Gut, dann brauchen wir keinen Narkosearzt.
Komm mit mir in den OP-Raum.

So wie ich bin? Nackt?

Una: Ja, natürlich nackt.
Zuerst hier rein, in die Badezelle.
Penis und Hodensack waschen.

Müssen die Haare nicht weg?
Soll ich mich rasieren?

Una: Nur gründlich waschen und abtrocknen.
Ich werde dich selbst rasieren.

Ich mach ja schon.

> Einverstanden, dass ich die OP filme?
> Amos wird nicht erkennbar erfasst werden.
> Nur Du Una, bei der Operation.
> Oder willst Du auch nicht ins Bild?

Una: Einverstanden, KI.
Du kannst mich ruhig mitfilmen.
So Amos, hier auf den OP-Tisch.
Die Beine breit auseinander, bitte.
Für die KI werde ich ab jetzt alle Aktionen kommentieren.
Kamera bereit machen.

Una: So, los geht es.
...
Rasiere alles um den OP-Bereich herum.
...
Setzte mehrere Betäubungsstiche ins Perinäum und in beide Hoden.
...
Fühlst Du jetzt was, Amos?

Nein. Unten herum alles kalt und taub.

Una: Setze einen Winkelschnitt links seitlich ins Skrotum.
Gut, Amos sagt nichts, spürt also nichts.
Ziehe jetzt einen Samenleiter heraus, ...

… setzte Sicherung nah am Hoden.

…

Amos, fühlst Du jetzt was? Schmerzen?

Nein.
Nur, dass da was heraus gezogen wurde.

Una: Schneide den Tubus und kürze jetzt den inneren Teil.

…

Verschließe den inneren Teil und lasse das Ende hineingleiten.

…

Verschließe den äußeren Teil und lasse das Ende hineingleiten.

…

Hole zweiten Samenleiter heraus.

…

Selbe Prozedur:
Sichern…
… Schneiden…

…

… Kürzen ….

…

… und Verschließen.

…

Jetzt noch die Verschlussnaht am Winkelschnitt.

…

KI, das war alles.
Der Patient wird anschließend für einen Tag ins Heilungskoma versetzt.

> Danke für die Informationen, Medicus Tumal.

Una: So, mein Schokoprinz, demnächst wirst Du zu einer Schulung eingeladen.
      Da lernst Du auch Borner4 näher kennen.

Danke!
Schokoprinz, so hat mich schon lange keine Frau mehr genannt.

> Ende Eintrag 6612-0831-36

  Anmerkung des Übersetzers:
Warnung: Nochmal ein bisschen Physik – und Religion.

Hallo Meister.

MM: Hallo, Amos.
        Hast Du die OP gut überstanden.

Ja, Meister.
Nur eine klitzekleine Narbe, kaum sichtbar.

MM: Gut.
        Bereit für die nächste Lektion in „Teilchenphysik"?

Muss das sein?
Physik kann ich doch gar nicht gebrauchen!
Weder als Physiotherapeut, noch als Schutzengel-Assistent!
Wozu also?
Das ist doch reine Zeitverschwendung.

MM: Aha, schon wieder eine Sinnfrage.
        Dann frage ich mal dich:
        Wie willst Du eine Sklavenbevölkerung befreien,
        wenn Du selber noch in ihren Glaubensmustern denkst und handelst?
        Welche Weltanschauung, welche Gottesvorstellung willst Du ihnen bieten,
        wenn Du ihnen ihre Götzen wegnimmst?
        Wie willst Du die Wissenschaft erleuchten,
        wenn Du selbst noch den alten Irrtümern anhängst?
        Wie können eure Wissenschaftler das Rätsel
        der „dunklen Energie und der dunklen Materie" lösen,
        wenn sie weiterhin die Materie als Quelle der Schwerkraft ansehen?
        Wenn sie weiterhin Ursache und Wirkung verwechseln?
        Und können eure Ingenieure eine Raum-Zeit-Maschine entwickeln,
        wenn sie glauben, sie müssten „Teilchen" transportieren?
        Ja, Amos, wie?

Na ja...

MM: Und, Amos, Du musst das nicht nur wissen,
        Du musst das verinnerlichen!
        Ohne jeglichen Zweifel wissen und verinnerlichen!
        Ich hoffe, dass dir das leichter fällt, als in deinem Glauben an GOTT.
        Wie sieht es da bei dir wirklich aus?

Ich weiß, Du bist aus deiner Kirche schon lange ausgetreten,
aber Du fühlst dich Immer noch ein bisschen jüdisch / christlich / freikirchlich?
Nicht Fisch, nicht Fleisch?
Deine Religion war richtig und die alle anderen lagen falsch!
Oder?
Und das fühlst Du jetzt immer noch:
Die anderen irren sich alle!
Nur Du bist im Besitz der alleinigen Wahrheit!
Auch wenn dein Verstand es besser weiß,
dein Gefühl glaubt es immer noch.

Puh. Richtig, es kommt noch immer wieder hoch.
Wie Du es sagst: Verinnerlicht.
Er kommt immer wieder hoch, der alte Glaube.
Der Wunsch nach einem Paradies – obwohl ich inzwischen definitiv weiß,
dass das völlig unlogischer Unsinn ist.
Oder der Wunsch nach einem ewigen Leben
- als Ego, in Zeitschleife, der Horror – und trotzdem.
Nicht nur Du, auch die KI hat mir das schon gnadenlos klargemacht,
wie unlogisch und absurd diese Vorstellung ist.
Aber trotzdem, ich würde gerne noch an ein Paradies glauben.

MM: Gut, da müssen wir also auch noch mal dran arbeiten.
    Glauben zu ändern, das ist wirklich schwerer als Diamanten zu schleifen.
    Und Du wirst deinen irrationalen Glauben nicht ablegen können,
    wenn Du noch an eine irrationale Physik „glaubst",
    die man dir als bewiesenes „Wissen" vorgegaukelt hat.
    Ein „Wissen", das man notgedrungen und zähneknirschend,
    gegen vehementen Widerstand der Religionsführer,
    mindestens jede dritte Wissenschaftler-Generation revidieren musste.
    Du hast es doch selbst erlebt,
    wie eine große Kirche nach über 300 Jahren Verleugnung der Realität,
    dann doch zugeben musste, dass die Erde keine Scheibe ist.
    Und Du musst deinen irrationalen Glauben ablegen!
    Kommen wir also zurück zur Physik, da musst Du nichts glauben.
    Nur wissen, da geht es nur um messbare, beweisbare Fakten.
    Beispielsweise um Atome.
    Was ist ein Atom, Amos?

Das weiß ich:
Das kleinste unteilbare Teilchen eines Elementes!

MM: Ach, Amos! Irrtum, ganz großer Irrtum!.
     Da habt ihr euren Maßstab zwar auch schon mal geändert,
     glaubt aber immer noch an Teilchen.
     Also nochmal:
     Eure Teilchen sind Energieereignisse, es sind Energieelementare!
     Die KI hat dir die Anfänge, die ersten Elementare, im Bild gezeigt -
     und soll sie dir auch noch andere zeigen.
     Hast Du dir inzwischen Gedanken dazu gemacht?
     Wie etwa:
     Was hält eigentlich die Protonenringe zusammen, wenn sie rotieren?

Nein.
Aber ich denke, die Schwerkraft hält sie zusammen.
Und trennt sie, hält sie auf Abstand.
Beides gleichzeitig.
Wurde doch schon erläutert!
Auch wenn ich, zugegeben,
mir das immer noch nur schwer vorstellen kann
bzw. nicht glauben will.

MM: Völlig richtig, aber nicht nur.
     Es sind noch andere Kräfte involviert, sich kreuzende Kräfte.
     Da muss ja nicht nur die enorme Zentrifugalkraft ausgeglichen werden.
     Es sind die Magnetfelder der einzelnen Nukleonen,
     sowie das sekundäre Magnetfeld des gesamten Nukleonenringes,
     sie alle halten den Ring zusammen – gegen die Fliehkraft.

Wieso gegen die Fliehkraft?
Die Nukleonen sind doch Energie und keine materiellen Teilchen, oder?

MM: Richtig, nur Energie.
     Aber, das hast Du sicher schon mal gehört:
     Actio = reactio.
     Denn durch die Bewegung der Energie im allumfassenden Schwerkraftfeld
     wird eine Gegenkraft erzeugt,
     die ihr mit dem Begriff „Masse" bezeichnet.
     Und in einer Kreisbewegung,
     so wie hier im rotierenden Nukleonenring,
     wird diese Gegenkraft als Zentrifugalkraft wahrgenommen,
     scheinbar als Zuwachs von Masse.
     Verstanden?

Ja, alles klar.
Oder auch nicht.

MM: *Die primären Magnetfelder der Protonen kannst Du dir ja schon vorstellen?*

Ja, da hattest Du mir bereits ein Bild gezeigt.
Sieht ganz ähnlich aus wie das Magnetfeld der Erde.

MM: *Gut, diese primären Magnetfelder entstehen,*
weil die Protonen rotieren,
sie umhüllen das Nukleon außen und sie gehen auch innen hindurch,
so halten sie die Protonen wie auf eine Perlenschnur gebunden zusammen.
Die Protonen sortieren sich also über die Polung ihrer Magnetfelder zum Ring,
der seinerseits ebenfalls rotiert und so das sekundäre Magnetfeld erzeugt,
welches die Elektronen an das Atom bindet.
Das sekundäre Magnetfeld ist insofern sogar wichtiger als das primäre.
Und die Neutronen sind auch nicht zur Verzierung da,
sie kompensieren die elektrische Abstoßung zwischen den Protonen
und helfen somit auch den Abstand der Protonen konstant zu halten.
Damit wird das ganze Konstrukt erst stabil.
Soweit verstanden?

Ja, verstehe, das Magnetfeld ist wichtig.

MM: *Dieses Magnetfeld des rotierenden Ringes brauchen die Elektronen,*
um sich ins Zentrum des Nukleonenringes hinein zu sortieren.
Sie tunneln zwar allesamt sehr eng durch das Zentrum,
nach außen hin verteilen sie sich wie fette Orangenspalten um den Ringkörper.
Kannst Du dir das schon vorstellen?

Ein Bild wäre hilfreich.

MM: *Du nervst.*
Frag die KI, für mich ist die Suche zu aufwendig.

Aber Du hast doch dieses Deuterium mit Magnetfeldlinien ...

MM: *Das hatte ich mal selbst gezeichnet - in meinem Physikstudium.*
Das könntest Du übrigens auch machen,
durch das Zeichnen lernt man mehr, als nur durch das Zuhören.

OK. Wir waren bei den fetten Orangenspalten ...

MM: Während die Elektronen alle eng aneinander kuschelnd durchs Zentrum tunneln,
      dehnen sie sich nach außen hin extrem weit aus,
      sie sortieren sich in verschiedenen Lagen und Formen um das Atom herum.
      Vom Sonderfall Elementar 1-0 bis 1-2 abgesehen, deinem Wasserstoff,
      sind die Elektronen wegen ihres Spins, also ihrer Eigendrehung,
      stets gegenläufig nebeneinander angeordnet.
      Um diese Bedingung zu erfüllen,
      muss bei allen Atomen mit ungerader Elektronenanzahl,
      falls nicht ein Elektron mit einem anderen Atom geteilt werden kann,
      eben ein Elektron doppelt tunneln.
      Es sieht dann manchmal aus wie eine verwundene Acht.
      Ist das für dich nachvollziehbar?

Noch nicht. Bitte ein Bild.

MM: Das findest Du sogar schon in deinen Physiklehrbüchern auf Sol3.
      Das wisst ihr schon, erstaunlicherweise!

Was meinst Du mit: „mit einem anderen Atom teilen"?

MM: Das ist die molekulare Bindung.
      Die Verkettung zwischen den Atomen eines Moleküls.
      Das müsste dir aber eigentlich schon bekannt sein, oder?
      Du warst doch im Physikunterricht?
      OK, OK, ich weiß, Du brauchst erst mal wieder ein paar Bilder.
      Genug für heute, Du bist wirklich anstrengend.
      Was macht eigentlich die Todesangst?
      Geh da endlich ran, das ist wichtig für deinen Job als Schutzengel!
      Wichtiger, als die vierhändigen Muschis.
      Da musst Du übermorgen sowieso hin.
      Mal sehen, ob dir das wirklich gefällt.
      Tschüss, Amos, mein „Schokoprinz".

Danke, Meister

> Ende Eintrag 6612-0831-37

Anmerkung des Übersetzers:
Warnung: Und nochmal etwas Physik mit Bildern.

Hallo KI.

> KI: Grüße dich, Amos.

Du weißt es sicher schon, ich brauche ein paar Bilder?

> KI: Von nackten Borner-Frauen?
> Mit ihren vier Tittchen?

Mit deinem Humor könntest Du glatt in unserem Schweinefernsehen anheuern!
Nein, von den Orangenspalten …
Von den fetten Elektronen natürlich!

> KI: Also, wie die Magnetfelder die Elektronen beeinflussen, willst Du wohl wissen?
> Eine wichtige Variante kennst Du schon - hatte ich dir vor zwei Tagen gezeigt.
> Das ist der Sonderfall, den Michael erwähnt hat, die Wasserstoff-Atome.
> Nur zeigt die antike Zeichnung nicht die ganze Wirklichkeit.
> Es ist nur eine erste Annahme gewesen.
> In Realität hat das Wasserstoffatom das formschönste Elektron um sich herum:

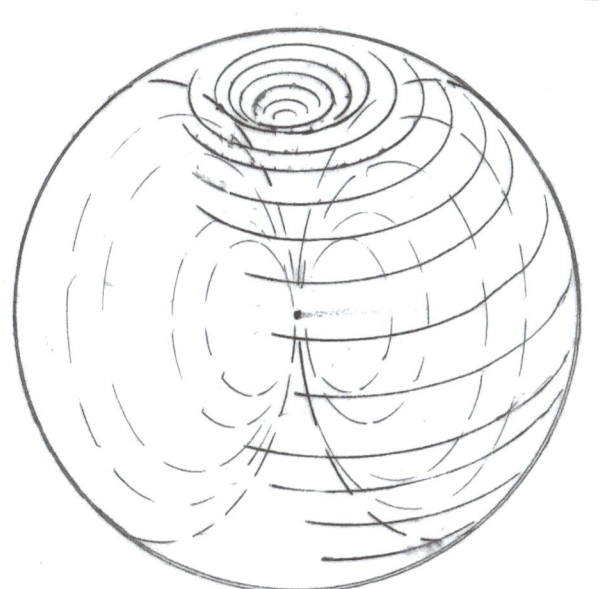

> Und zwar in allen seinen Varianten: Hydrogenium, Deuterium und Tritium.
> Gestrichelt dargestellt, siehst Du das Magnetfeld des Protons,
> welches, zusammen mit dem Elektronenwirbel,
> durch das Proton hindurch tunnelt.
> Und der Punkt im Zentrum stellt das Proton dar,
> das bei dem gewählten Maßstab sogar jetzt noch unsichtbar wäre.

Sieht wirklich schön aus.

> KI: Die häufigste Form des Elektrons ist hier im Wasserstoff-Molekül H^2
> besonders gut zu erkennen:

> Wie hier im H^2-Molekül, tritt die Form der „Orangenspalte"
> vor allem in den in den äußeren Elektronenschalen auf.
> Aber, was erkennst Du hier im Wasserstoff-Molekül?

Die beiden Elektronen kreuzen ihre Bahnen?

> KI: Richtig.
> Weil die beiden singulären Protonen sich aufgrund ihrer Magnetfelder
> und ihres Spins nebeneinander fast rechtwinkelig anordnen.

Kreuzen?
Durch die Wirbel hindurch?

> KI: Korrekt.
> Das machen freie Elektronen übrigens auch - und öfter.
> In der nächsten Abbildung aus dem bereits zitierten Skizzenbuch siehst Du
> einen singulären Elektronenwirbel und daneben ein freies Elektronenpaar.

Da wird auch nicht mehr getunnelt?

> KI: Nein, es ist genug Platz da, für die freie Entfaltung der Wirbel.
> Die nächste Form der Elektronen findet man im Heliumatom, dem 2He4.

> Noch ein historisches „Gemälde" - die Elektronen des Elementars 2-2.
> Die Farben sind nicht real, sie dienen nur zur Kennzeichnung des Drehsinns.
> Aber Du darfst, wenn Du dieses Bild jetzt siehst, nicht glauben,
> dass die beiden Kugelwirbel, wie beim Wasserstoff, durch die Protonen tunneln.
> Nein, Du hast das betreffende Bild ja schon vor zwei Tagen gesehen,
> die beiden Protonen und die zwei Neutronen, die das Helium sind,
> bilden bereits einen Ring und - wie bei allen nachfolgenden Atomen -
> wird hier schon durch das Ringzentrum getunnelt.
> Aber Du fragst nach Sachen, die Du eigentlich von Sol3 wissen müsstest!

Keine Orangenspalte?
Gibt es noch mehr Formen?

> KI: Richtig. Es gibt noch mehr Formen.
> Eure Physiker haben schon die meisten entdeckt und vermessen.
> Wobei es wirklich verwunderlich ist, dass sie immer noch von Teilchen
> und Aufenthaltswahrscheinlichkeiten ausgehen.
> Wo doch schon allein die Formen die Existenz von Energiewirbeln nahelegen.
> Und Du müsstest dich eigentlich daran erinnern,
> falls Du im Unterricht wach warst.
> Also wiederholen wir für dich:
> Die hier dargestellte Kugelform ist die Urform des Elektrons.
> In den innersten beiden Elektronenschalen sind sie immer zu finden –
> und zwar in allen Atomen.
> Alle anderen Formen werden durch die Raumenge im Zentrum
> und der äußeren Platzfülle verursacht und bestimmt.
> Interessant ist besonders die Verteilung der Elektronen im Zentrum der Atome.

> Zum Beispiel im nächsten antiken (und leider etwas falschem) Bild.
> Hier im Elementar 8-8, Du kennst es als Oxigenium, 8O16.
> So nahm man ursprünglich die innere Verteilung an:

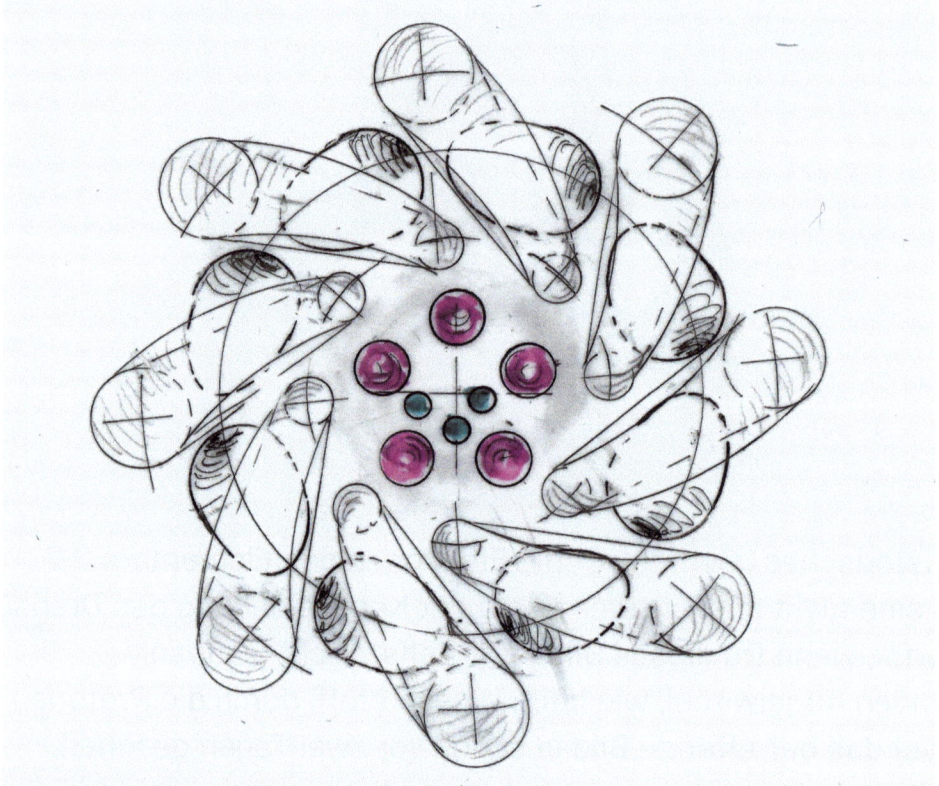

> Nicht, wie zu erwarten wäre, 4 zu 4 Elektronen,
> sondern 5 Elektronen in Drehrichtung des Nukleonenringes
> und 3 mit Gegenspin.
> Tatsächlich sind es aber 5 zu 5 Elektronen,
> da sich 2 zum Ausgleich des Spins aufteilen.
> Und die Außenverteilung schaust Du dir in deinem Lehrbuch an,
> dazu habt sogar ihr schon viele Bilder.

OK.
Aber weder mein Meister, noch Du,
habt mir bisher etwas über oder zu Quanten erzählt …

> KI: Quanten und Quantenphysik!
> Der große Fortschritt auf Sol3!
> Das ist so banal, da haben wir nichts zu erzählen.
> Ihr messt und beschreibt Energiemengen und -zustände
> und glaubt aber das wären Teilchen!
> Wieso merkt das keiner?
> Ich zeige dir mal ein Bildbeispiel aus euren Physikbüchern
> und Du sagst mir was Du siehst.

Sind das Elektronenzustände?

> KI: Sehr gut, Amos.
> Du siehst oszillierende Energie und keine Teilchen.
> Die ganze Quantenphysik ist euer vergebliche Versuch
> immer kleinere Teilchen zu finden – die es aber nicht gibt.
> So genug Physik,
> jetzt ist wieder Therapie an der Reihe.
> Wieso hast Du dein Technikstudium abgebrochen?

Woher weißt Du …
Die Mädels in der medizinischen Fakultät waren … äh, interessanter.

> KI: Die wahren Gründe, bitte!
> Den Macho glaubt dir sowieso keiner.

Erstens zuviel Mathematik.
Naja, das hätte ich vielleicht noch gepackt,
aber die Profs, die haben mich geschafft!
Da war der Mathe-Dozent, eine echt hinterfotzige Sau.
Der nahm in die Klausuren immer
eine Aufgabe aus den kommenden Vorlesungen hinein,
die natürlich nur die paar Überflieger lösen konnten.
Ich habe mich danach jedes mal gefühlt, als sei ich verblödet.
Und dabei war ich in der Schule Klassenbester in Mathe.
Und keiner aus unserem Semester konnte herausfinden,
nach welchem Lehrbuch das Aas vorging.
Und im nächsten Semester ging das Leiden weiter.

Dann der Spezialist für Kraft- und Arbeitsmaschinen,
Pumpenclown genannt,
der verbeamtete Experte für Dampfmaschinen.
Dem technischen Fortschritt hat er sich heldenhaft verweigert.
Zu den damals aktuell entwickelten Kreiskolbenmotoren konnte
oder wollte er uns nichts beibringen.
Trotz unseres neugierigen Drängens, kein Lehrstoff für ihn.
Erst Jahre später fand ich dann deutsche Fachliteratur dazu,
ausgerechnet in einem Antiquariat in Istanbul.
Oder Professor W. sehr beliebt ob seines Unterhaltungswertes.
Da stand er dann vor uns,
malte schwungvoll ein Spannungs-Dehnungs-Diagramm auf die Tafel,
drehte sich dann ebenso schwungvoll, aber leicht schwankend, zum Auditorium
und forderte einen beliebigen Unglücksraben aus der ersten Reihe auf:
„Sie, ja sie, - gab ihm die Kreide -
zeichnen sie jetzt mal die Seitenansicht von dem Gussteil auf."
Was soll man so jemanden,
dem nach seinem Mittagsbier die Realität derart entglitt,
dann noch sagen?
Immerhin habe ich da fürs Leben gelernt:
Helle Hosenstoffe offenbaren unbarmherzig jede missglückte Getränkerückgabe.
Soll ich dir die technischen Begriffe erläutern?

> KI: Ich nehme an, mit Profs meinst Du die Dozenten.
> Sonst keine Fragen.

Richtig.

> KI: Und zweitens?

Wieso zweitens?

> KI: Du fingst an aufzuzählen.
> Also weiter.

Also zweitens,
neben diesem Frust mit den Dozenten und dem Lehrstoff merkte ich,
dass mein Enthusiasmus für Motoren und Maschinen erloschen war.
Menschen fand ich dann doch interessanter.
Also ging ich in die Medizin.

> KI: Hast Du da auch solche verletzenden Situationen erlebt?

Nein.
Die Profs waren auch nicht gerade das,
was man als liebevoll bezeichnen könnte,
aber immerhin kompetent – soweit ich das damals beurteilen konnte.

> KI: Und wie siehst Du das heute?

Die meisten klebten an ihrer eigenen Dissertation,
taten sich mit den Erkenntnissen der nachfolgenden Generation schon schwer,
aber es war OK.
In der Medizin ist der Fortschritt nicht so rasend schnell wie in der Technik.

> KI: Wieso hast Du dann dieses Studium ebenfalls abgebrochen?

Nebenher machte ich noch Fortbildung in diversen Massagetechniken.
Ich merkte, dass ich den Menschen unmittelbar helfen konnte.
Chirurgie war mir sowieso ein Gräuel
und in der Pharmazie war mir zuviel zum Auswendiglernen dabei.
Wozu weiter studieren, wenn ich doch schon so aktiv helfen konnte!

> KI: OK, wir werden mit deiner Therapie bald zum Ende kommen.
> Tschüss, Amos. Und genieße Borner4.

Danke, KI.

> Ende Eintrag 6612-0831-38

Anmerkung des Übersetzers:
Beim Atomkern sind wir begriffsstutzig, beim Elektron plötzlich genial?
Da kann doch etwas nicht stimmen!

MM: Hallo, Amos!
      Bist Du bereit?

Ja, Meister.
Brauchst Du eine Massage?

MM: Nein, Danke.
      Du bekommst ab heute deinen Spezial-Unterricht.
      Begib dich auf das Transmitterdeck. Medikus Tumal wartet schon auf dich.
      Du wirst nach Borner4 gebeamt. Du brauchst kein Gepäck mitzunehmen.
      Tschüss, mein Schokoprinz.

Ja, Meister. Ich eile.
Tschüss, mein Schutzengel.

Una: Da bist Du ja endlich.
      Wollte dein Drache dich nicht fortlassen?
      Komm, steig zu mir in den Transmitter.

                                     Borner4: 598.763: 406,665

Ja, er ist schon etwas merkwürdig, wenn es um Sex geht.
Was? Sind wir schon auf Borner4?
Das ist ja eine völlig andere Raumstation.

Una: Richtig erkannt.
      Komm, ich zeige dir kurz etwas von meinen Heimatplaneten.
      Los, steig in das Taxi.
      Hallo, KI!
      Una Tumal an KI-Borner4.

> KI: Hallo, Medikus Tumal.
> Stets zu Diensten. Du wünschest?

Una: Transport zu meiner aktuellen Wohneinheit auf dem Planeten.

> OK. Transport zu Wohneinheit Medikus Tumal.

Irgendwie kommt mir dieses Lufttaxi bekannt vor.

Una: Auch richtig erkannt. Das Design?
      Einer eurer Science-Fiction-Filme hat unsere Techniker dazu inspiriert.

Oh, Borner4 sieht von hier oben total anders aus. Anders als die Erde!
Ich dachte, er wäre erdähnlich.

Una: Auch das siehst Du richtig, aber er ist ziemlich erdähnlich.
      Borner4 hat eine geschlossene Landmasse rund um den Äquator.
      Also einen einzigen Kontinent, würdest Du sagen.
      Links und rechts davon, oder oben und unten, sind die beiden Ozeane.
      Sie gehen auch jeweils in die vereisten Polkappen über, die sie umfassen.
      Größe und Masse meines Planeten - und daher auch die Fallbeschleunigung -
      sind leicht abweichend – ein wenig größer und stärker,
      ansonsten sind aber Atmosphäre und Klima sehr ähnlich zu Sol3.
      Du wirst den Unterschied kaum merken.
      Allerdings sind unsere Tage etwas kürzer, fast 22 eurer Stunden.
      Auf unseren Uhren sind es genau 20 Stunden, sowie 400 Tage pro Jahr.
      Wir haben die Umdrehungen und den Umlauf des Planeten so angepasst.
      Außerdem wurde der Äquatorgürtel egalisiert und etwas eingeebnet.
      Nur noch zwei sehr hohe und gegenüberliegende Bergzüge sind verblieben.
      Damit wurde die Kreiseltaumelbewegung unseres Planeten egalisiert.
      Und das Wetter wurde auch besser und berechenbarer.
      Das geschah alles in den Jahren 278.988 bis 279.592.

Respekt! Terraforming binnen 600 Jahren.
Soviel Zeit braucht man auf der Erde, um einen Dom zu bauen.
OK, deshalb sieht das hier so merkwürdig aus.
Eine umlaufende Landmasse trennt also ein Nordmeer von einem Südmeer?
Kommen die Ozeane nirgends zusammen?

Una: Genau so ist es.
      Kein Austausch von Wasser, aber nur geringer Unterschied im Salzgehalt.
      Jedoch gibt es einige Unterschiede in Flora und Fauna.

Alles ganz grün. Viel Wald. Ich sehe aber keine Ackerflächen?

Una: Unsere landwirtschaftlichen Betriebe sind voll in die Natur integriert.
      Kaum von der naturbelassenen Vegetation zu unterscheiden.
      Wir bauen, anders als die Lollarden, nur sehr wenig Getreide an.

Ich sehe von hier oben bisher keine Städte, doch viele Schiffe in Küstennähe.
Habt ihr keine Städte?

Una: Auf Borner4 gab es noch nie Städte und auch früher nur kleine Ansiedlungen,
      die die großen Farmen betreuten.
      Diese Schiffe unten im Ozean sind quasi unsere Städte.
      Und die schwebenden Wohneinheiten im Luftraum ebenfalls.
      Wir sind immer in Bewegung.
      Bedingt durch Form der Landmasse und des Klimas,
      war unsere Spezies nie sesshaft,
      wie beispielsweise die Lollarden, von denen Du ja abstammst.
      Wir sind immer rund um den Globus gezogen.
      Immer dem langen Tag und der Erntezeit nach.
      Von einer Küste zur anderen, immer einer warmen Jahreszeit folgend,
      in Schlangenlinien um den Globus.

Das hat sicher eine ganz andere Kultur hervorgebracht, als wie ich sie kenne.

Una: Schau, schau!
      Weiß deine Echse eigentlich was sie da für eine Matroschka ausbildet?
      Du hinterfragst?
      Dann bist Du als Ersatz-Diktator doch eigentlich völlig ungeeignet!

Kein Diktator, beruhige dich.
Ich soll doch den neuen Messias geben!

Una: Das hat der alte Stratege aber gut geheim gehalten.
      Er will die Situation auf Sol3 also noch weiter eskalieren!
      Hallo, KI!
      Weiß der Rat der Allianz das schon?

> KI: Hallo Medikus Tumal!
> Nein.
> Das Agentenprojekt Sol3-2022 / 6612-0831, Amos Hagiel-Zwo ist geheim.
> Sogar dieses „öffentliche" Ausbildungsprotokoll,
> indem alle deine Unterhaltungen mit Amos festgehalten werden.
> Die KI darf es ungefragt an niemand weiter geben.
> Und welches Ratsmitglied fragt von sich aus nach so einem Audio-Script?
> Wen interessiert schon ein belangloser Agent 2. Klasse in Ausbildung?

Una: Danke KI.
      So ein Schlitzohr!
      Trickst der alte Drache wieder alle aus!
      Messias! HaHa!

Amos, Du tust mir ehrlich leid!
Aber, ich werde dafür sorgen,
dass Du vorher wenigstens ein bisschen Spaß hast.
Wo waren wir abgeschweift?

Andere Kultur?

Una: Richtig.
Dieses Wandern um den Planeten herum hatte einen riesigen Vorteil für uns:
Schon in grauer Vorzeit wurde erkannte, dass der Planet rund sein muss.
Dass diese scheinbar endlose Fläche in sich geschlossen sein muss.
Dass, wenn man nach jahrelanger Wanderung in eine Himmelsrichtung,
plötzlich wieder an einer bekannten Landmarke ankommt,
dass man da auf einer Kugel, auf einer riesigen Kugel herum gelaufen ist.
Alle bisherigen Vorstellungen von der Welt waren plötzlich falsch!
Es dauerte natürlich noch einige Zeit,
bis wir neben dem Feuer und dem Rad, auch die Erkenntnis gewannen,
dass die Welt sich nicht um unseren Planeten dreht.
Sondern umgekehrt, dass unser Planet um unseren Stern kreist!

Das muss wahrscheinlich schon ziemlich lange her sein?

Una: Richtig vermutet.
Diesen Tag der Erkenntnis, den Tag des stellaren Weltbildes,
haben wir als den Tag Null in den Kalender unserer Zivilisation eingeführt.
Zwar rückwirkend einige Jahrhunderte später, aber egal,
das war - nein, das ist - der Geburtstag unserer Zivilisation.

Gab es da keine Widerstände der etablierten Wissenschaft?
Keine Widerspruch der Religionsfürsten?
Bei uns könnte so was sogar zum Krieg führen?

Una: Haha! Religionsfürsten! Welche Religionsfürsten?
Ach Amos!
Was tut man euch auf Sol3 nur an!
Eine sich gesund entwickelnde Spezies hat keine Machtansprüche,
die durch neue Erkenntnisse gefährdet sein würden.
Bei uns wirst Du niemandem mit Machtanspruch finden,
ein paar Geisteskranke ausgenommen – die gibt es auch noch bei uns.
Und Religionen haben bei uns noch nie eine große Rolle gespielt.
Sobald ein Naturphänomen durch Naturkräfte erklärt werden konnte,
kam der betreffende Kult in die historische Ablage.

Natürlich gab es auch bei uns einige religiöse Wichtigtuer,
die ominöse „Erleuchtungen" und Wahnvorstellungen verbreiten wollten.
Kranke eben. Wesenheiten, die der geistigen Heilung bedürfen.
Dennoch, es hat auch bei uns einige Jahrtausende gedauert,
bis auch wir zum heutigen Wissensstand um GOTT kamen.
Ha, Idee! Wenn Du Lust hast einmal richtig ausgelacht zu werden,
kannst Du hier den „Messias" üben!
Wer weiß, vielleicht gewinnst Du damit sogar einen Comedy-Preis.
Aber die Füße waschen wird dir hier gewiss keiner!
Ach, und übrigens:
Kriege kennen wir erst, seitdem wir euch kennen!

Irgendwie bin ich gerührt.
Wie kann das Leben nur so einfach sein!

Una: Bitte jetzt nicht weinen! Wir sind gleich da.
       Was soll meine Nachbarin von mir denken!

Machst Du dich über mich lustig?
Du machst dir Gedanken darüber, was deine Nachbarin von dir denkt?
Im Ernst? Das kann doch nicht wahr sein!
Bin ich für alle Welt nur noch die Witzfigur!
Von dir hätte ich das nicht gedacht!

Una: Amos, Amos, beruhige dich!
       Ich mache mich nicht lustig über dich!
       Das meinte ich wirklich im Ernst!
       Meine Nachbarin, sie ist auch meine engste, beste Freundin,
       sie weiß natürlich was ich auf Sol3 mache.
       Wenn sie dich jetzt heulend in meinem Schlepptau sieht, könnte sie,
       ich liebe sie, aber ich sage jetzt ganz bewusst „könnte",
       könnte sie eventuell meinen, ich würde hier illegal einen Sklaven einführen,
       um ihn, ach, wie sage ich es bloß,
       um ihn zum - also illegal, also nur für mich ganz alleine! - also,
       um ihn zum Sex zu gebrauchen.
       So! Das könnte sie eventuell glauben.

Na und? Holt sie dann die Polizei?

Una: Haha! Ich hatte tatsächlich vergessen, dass Du von Sol3 kommst!
       Nein, bei uns gibt es keine Polizei, wie Du sie kennst.
       Nein. Sie organisiert die Nachbarn, dass sie dich befreien.

Aber das ließe sich doch locker aufklären!
Ich kann das doch alles bestätigen.
Bestätigen, dass ich bei dir in Ausbildung bin. Völlig freiwillig.
Mit Vertrag bei Erzengel Michael.

Una: Bloß nicht.
      Bitte kein Wort über Michael oder meinen Job.
      Das würde/könnte mich sozial ziemlich ächten.
      Hier hält keiner was von diesem irren Machtprojekt Sol3.
      Ich mache da auch nur deshalb mit, um es zu beenden.
      Yoys weiß das, aber sie würde ihren Vorteil nutzen - vielleicht.

Jetzt verstehe ich gar nichts mehr.
Was für einen Vorteil?

Una: Platt gesagt: Dich schneller in ihr Bett zu kriegen.

Sorry, also auch ohne deine Yoys zu kennen,
finde ich diese Bedrohung weder erschreckend noch erfreulich.
Sorry, erstmal nur unglaubwürdig.
Wie soll das denn gehen.
Ich habe schließlich auch noch meinen eigenen, freien Willen!

Una: Haha! Dicke Cochones und freier Willen! Haha!
      Armer Mann! Das schließt sich doch gegenseitig aus.
      Wie das geht, fragst Du?
      Während ich mit der Transmit-Behörde und Papierkram beschäftigt bin,
      gewährt sie dir Asyl.
      Dann kann ich nur noch hoffen, dass Du sie überlebst,
      dass Du ohne Schaden überlebst – immerhin hat sie schon zwei Sterne.
      Obwohl - ihr dritter Stern wäre für dich das schönste Schicksal.

Das wollte ich dich schon früher fragen:
Hat der tätowierte Stern auf deiner Stirn also eine Bedeutung?
Kein reiner Schmuck?

Una: Schmuck und Auszeichnung zugleich. So ein Sternenträger,
      egal ob männlich oder weiblich, hat bewusst oder unbewusst,
      einer anderen Wesenheit zum tantrischen Übergang ins Nirwana verholfen.
      Das ist zwar das erklärte Ziel unserer Sexualrituale,
      aber in deinem Fall würde das deinen Erzengel überhaupt nicht erfreuen.

Oh, ehrlich gesagt, mich schon.

Una: Wir sind angekommen.
Sehr gut, keine Tränen.
Amos steig aus.
Hallo, KI. Das Taxi brauche ich erst morgen wieder.

Die Tür hat kein Schloss? Deine Wohnung?

Una: Richtig. Meine Wohnung und kein Türschloss.
Das hat man dir doch bestimmt schon gesagt,
dass es bei uns keine Kriminalität gibt?

Keine Einbrecher? Keine ungebetenen Gäste?

Una: Doch, manchmal schon. Nachbars Katze.
Zieh endlich deine Uniform aus, hier ist dickster Sommer.
Und wenn dich mein Anblick erregt, zeig es ruhig.
Ich denke, Du weißt es selbst, Du bist zum Ficken hier.
Schau dir alles an. Du darfst auch alles anfassen.
Alle Geräte hier sind Kindersicher.

Du hast Kinder? Oder nur zu Besuch?

Una: Nein. Noch keine Kinder,
aber ich wollte dich nicht unnötig verletzen,
denn „Alle Geräte hier sind Sklavensicher" klingt so ... unfreundlich.

Sklavensicher? Was heißt das?

Una: Das heißt, Du wirst sie nicht aktivieren können - niemals.
Anders, als Du es von der Raumstation um Sol3 gewohnt bist,
sind sie nur durch Gedankenbefehle aktivierbar.
Und, Du scheinst es noch nicht bemerkt zu haben,
Deine akustische Befehlsgewalt ist auch dort sehr eingeschränkt.

Ich habe mich schon gewundert, dass man mich mit der KI kommunizieren lässt.
Obwohl ich manchmal das Gefühl habe, die Maschine lügt mich an.

Una: Zumindest dieses Gefühl, dein Gefühl, trügt dich nicht.
Moment, Amos ... mhm. ... Mhm ...

Yoys ruft mich … mhm … mhm …
Sie kommt. Bringt uns Essen … mhm … mhm …
Geh, dusche dich. Sie wird dich garantiert beschnüffeln.
Und bleib nackt, zuhause sind wir hier alle nackt.
Husch, geh.

> Einlassung KI:
> Die telepathische Kommunikation war nicht entschlüsselbar.

Una: Hallo Yoys, komm rein.

Yoys: Ach, Una! Lass dich drücken.
        Schön mal wieder deine vollen Titten zu spüren.
        Was hast Du uns denn da Schönes mitgebracht?
        Wow! Heute gibt es Schokolade zum Dessert!
        Frisch aus dem Sklavenlabor, nehme ich,
        auf Lollard3 wächst ja so was wohlgeformt Muskulöses wohl kaum.
        Wie heißt Du denn?

Man nennt mich jetzt Amos und ich bin schon stubenrein …

Yoys: Moment! Verstehe kein Wort.
        Habe dieses verdammte Hörgerät vergessen …

Una: Das ist Yoys. Sie holt jetzt ihren Translator.

Deine Freundin ist ja fast noch ein Kind!
Da mache ich nicht mit!

Una: Nur weil sie deutlich weniger wiegt als Du und nur zarte Brüste hat,
        ist sie doch kein Kind.
        Sie ist ein Medikus wie ich und nur 3 Monate jünger.
        Sie ist eine viel geschicktere Chirurgin als ich.
        Und auch tantrisch erfolgreicher. Zugegeben, da bin ich etwas neidisch.
        Außerdem hat sie Philosophie studiert und diskutiert jeden unter den Tisch.

Yoys: Da bin ich wieder. Was hat er gesagt.

Una: Er wird Amos genannt.

Yoys: Den Teil habe ich auch ohne den Übersetzer verstanden.
        Aber Du hast so amüsiert gegrinst, was war da noch?

...

Una: Amos?

...

Una: Jetzt wird seine phallische Hoheit aber kindisch.
       Dann sage ich es:
       Er hat dich für eine unreife Teenagerin gehalten,
       der ich ein Spielzeug mitgebracht hätte - wie einen Hund.
       Daher sein Scherz, er wäre schon stubenrein.

Yoys: Hahhah! Hahhah! Darf ich mit ihm Gassi gehen?

Una: Morgen. Heute bekommt er seine Ausbildung bei mir!
       Jetzt wird erst gegessen.
       Was hast Du für uns organisiert?

Yoys: Aphrodite-Menüs plus etwas rotes Fleisch für unseren Samenspender.
       Ist das der phallischen Majestät recht?

Woher haben Sie das gewusst?

Yoys: Ach, jetzt bin ich auf einmal erwachsen? Du, wenn ich bitten darf.
       Wie alt sehe ich denn jetzt aus? Bei voller Tischbeleuchtung?

Immer noch wie ein Teenager, aber mit ein paar Lachfalten.

Yoys: Una, was hast Du da mitgebracht! Was soll ich davon halten?
       War das nun ein Kompliment oder eine Beleidigung?

Una: Nicht mein Problem.
       Du hast doch Philosophie studiert, denk nach.

Yoys: Ach, und was war das vorhin, von dir?
       Das mit dem Asyl? Und der Nirwana-Drohung?
       Traust Du mir das wirklich zu?

Una: Nein, Yoys, natürlich nicht. Das war nur …
       Es muss ja nicht alle Welt mitbekommen, dass Amos zu Gefühlen … neigt.
       Amos, das war jetzt genug Wein … Du wirst noch gebraucht.

Äh, tja … Natürlich traue ich dir das nicht zu.
Ich will ihn einfach als Erste haben …

Yoys: Der Umgang mit den Echsen versaut dich!
Das Projekt tut dir nicht gut, meine Liebe.
Du musst aus diesem vergifteten Machtmilieu wieder raus.

Una: Leicht gesagt.
Hier werden sie mich nicht an anspruchsvolle OP´s lassen.
Dort darf ich wenigstens den Folteropfern helfen.

Yoys: Wie ist da der Status überhaupt?
Wird das Machtprojekt endlich beendet?
Ist das irgendwie absehbar?

Una: Nein. Nicht absehbar.
Der neue Boss plant sogar einen weltweiten Religionskrieg.

Der Boss?
Was? Michael ist der Boss?

Una: Hast Du noch nicht gewusst Amos?
Dein Erzengel ist der aktuelle Projektleiter.

Und da kümmert sich der oberste Chef um meine Ausbildung zum Hilfsengel?
Persönlich?

Una: Da hat er dich ganz gut getäuscht.
Deine Einsätze waren doch nur Tests, ob Du „Diktator" kannst.

Ach!
Und Versager dürfen dann Messias spielen?

Una: Ganz so einfach ist es nicht.
Er hat aber erkannt, Du wärst das ideale Opfer.
Den Echsen gehen langsam die Ideen aus.
Die aktuellen Diktatoren bringen es einfach nicht.
Immer noch kein Atomkrieg, die Restvernunft ist da noch zu stark,
selbst bei den noch so dementen Politikern.
Religionsführer sind da viel leichter zu manipulieren, zu begeistern -
etwa für einen globalen Atomkrieg im Namen ihres alleinigen Götzen.

Yoys: Und selber anzuzetteln, trauen sich die Echsen nicht.
Denn sogar bei ihnen haben sich die Geisteskrankheiten gemindert.
Die Gene der Vernunft setzen sich auch bei den Reptiloiden durch.

Moment mal.
Etwas verstehe ich nicht.
Wenn Michael der Boss ist, wieso lässt er mich zu dieser … Ausbildung?

Una: Weil …
Yoys: Weil …
Una: Sag es ihm, Du kannst das besser.
Yoys: Weil ihn der Projektvertrag der Allianz dazu zwingt.
Jede von außen gesteuerte Eingriff, jede neue Maßnahme im Projekt,
jeder neu eingesetzte Agent muss vom Rat der Allianz genehmigt werden.
Und wenn die Formalien erfüllt worden sind, wird er genehmigt.
So muss jeder Agent einige Ausbildungseinheiten bei den Siris, den Paalas,
den Lollarden und bei uns, den Bornern, sowie mit der KI absolvieren.
Alle anderen Allianzmitglieder haben sich dazu verweigert.
Im Klartext: Der Rat kann dich persönlich nur retten,
wenn deine Ausbildung formal falsch durchgeführt wurde.
Ansonsten entscheidet Michael ganz allein.
Seine alleinige Macht.
Wir können deine Mission nicht verhindern, nur verzögern.
Allerdings kannst Du dich der Mission verweigern,
dich zu zwingen hätte auch keinen Sinn, keinen Nutzen für die Paalas.

Muss ich demnächst nochmal zu den Siris?

Una: Nein.
Dort hast Du dein Ausbildungsziel ja schon erreicht.
Theoretische Schulung auf Siri4 und gemeinsamer Einsatz.

Unsinn!
Da war noch nichts.

Yoys: Da siehst Du, wie raffiniert die Echse ist:
Du warst doch auf Siri4 und hast diverse Handbücher studiert?

Stimmt.

Yoys: Du warst mit einem Sirianer in einem „Rettungseinsatz"?

Stimmt auch.

Yoys: Und was waren das für Handbücher, die Du auf Siri4 studiert hast?

Alles Bedienungsanweisungen, vor allem für die Raumstation und die Einsätze.
Vom Raum-Zeit-Schutzschild in der Uniform bis hin zur Kaffeemaschine.
Vom Lageplan in der Raumstation bis zu den Verhaltensvorschriften auf Sol3.

Yoys: Das hat zwar nichts mit den Sirianern zu tun,
aber diese Bedingung wäre erfüllt: Ausbildung bei den Sirianern.
Bleiben nur noch wir und Meister SriRamana auf Lollard3.

Verdammt. Stimmt auch.
Aber warum beendet die Allianz den Terror nicht,
wenn, wie ihr sagt, das inzwischen keiner mehr will.

Una: Oh, nein! Die Paalas wollen immer noch.
Und das ist das Problem.

Aber ein Projekt, das von einer Mehrheit beschlossen wurde,
kann doch von der Mehrheit auch beendet werden.

Yoys: Falsch, mein Lieber!
Für die Durchführung des hochtrabenden Projektes „Machterfahrung"
hat sich die Allianz ja doch erst gebildet, das heißt 100% Zustimmung.
Ohne dieses Projekt gäbe es auch keine Allianz. Nicht mit den Paalas.
Für die Beendigung müssten daher alle, absolut alle, zustimmen.
Eine demokratische Missgeburt:
Da wackelt der Schwanz mit dem Hund, kennst Du ja von Sol3.

Una: Genug Politik, Schluss mit diesen schweren Tischgesprächen.
Yoys, ich will jetzt mit seiner Ausbildung beginnen.
Ab morgen kannst Du ihn weiter schulen.

Yoys: Gut, ich gehe. Aber lass mich mal kurz deine Arbeit inspizieren.

Was machst Du ...

Yoys: Stell dich nicht so an, Amos.
Das ist rein medizinisches Interesse – und nicht an dir persönlich.
Noch nicht.

Una: Amos, lass dich ruhig untersuchen.
      Sie wird es sowieso machen, Gegenwehr ist zwecklos.

Yoys: Aha, fast keine Narbe sichtbar.
      Gute Arbeit, Una. Du kannst es doch.
      Hhm. Lass dich mal beschnüffeln.
      Riecht gesund. Er duftet ein bisschen nach ... Raubtier.
      Definitiv kein Veganer, sehr gut für uns.
      Na dann, erfolgreiche Lehrstunden, Una.
      Bussi, bis morgen Una und gute Nacht.
      Gute Nacht Amos, halte durch.

Una: Gute Nacht, Yoys.

Gute Nacht, Yoys.

Was machen wir jetzt …

Una: Ich werde dir beibringen, wie man eine Bornerfrau befriedigt.
      Nimm das Hörgerät, ääh, deinen Translator aus den Ohren.
      Brauchst Du ab jetzt nicht mehr.
      Reden stört da nur.
      Geh schon in meinen Ruheraum.
      Ich komme gleich nach, muss nur die KI-Überwachung abschalten.
      Tschüss, KI.

> Einlassung KI:
> Die Überwachung über die Geräte in den Nebenräumen war ergebnislos.
> Nur sinnfreie Geräusche, vermutlich nur vom Paarungsritual.
> Betreffende Audio-Aufzeichnung wurde gelöscht.
> 4,2 MB Speicher freigegeben.

> Ende Eintrag 6612-0831-39

Yoys: Guten Morgen, ihr Lieben!
Raus aus der Kuhle. Borner lacht schon vom Himmel!

Una: Morgen!
Jetzt verstehe ich meinen Sklaven, Yoys.
Manchmal wäre ein Türschloss doch nützlich.

Yoys: Ach, Una! Schlechte Laune? War er so grottig?

Una: Nein. Im Gegenteil, ich habe zu wenig Schlaf bekommen.
Du willst wohl die Tests machen?
Nur zu.

Yoys: Du weißt, ich muss.
Lass dich beschnüffeln …
Aah, gut, Du stinkst ja förmlich nach Testosteron!
Wie oft? Und wie oft bist du gekommen?

Una: Fünfmal. Und jedes mal.
Also für einen Lollarden ganz gut, eigentlich sehr gut.
Naja, und jedes mal besser.

Yoys: Gratuliere! Du hast es aber auch nötig gehabt.

Una: Ja, die Raumstation und Sol3 sind ja die sexuellen Wüsten.

Yoys: Jetzt ist unser schweigsamer Held dran.
Guten Morgen, Amos!

Schönen guten Morgen.
Werde ich jetzt auch beschnüffelt?

Yoys: Una, halt ihn jetzt mal fest für den Entsaftertest.
Halt still, Amos. Es wird dir nicht wehtun, im Gegenteil.
Hhm. Dein Penis duftet nach Unas Möse, das ist der Beweis:
Du hast sie gefickt. Guter Junge.
Schmatz. Schauen wir mal, ob er noch lebt!
Oh! Er lebt. Er wächst! Wie niedlich! Oh, ist das alles?
Una, fällt das nicht noch unter Jugendschutz?

Aah … Aah …Una, was macht sie …?

Una: Sie veralbert dich. Dein Penis ist völlig in Ordnung.

Aah … Aah …Nein, Una, was macht sie da …?

Una: Sie macht den Entsaftertest …

Aah … Aah …Una: Sie …

Una: Sie prüft dein Ergussvolumen …

Aah … Aah …

Aah … Aah …Aahh!

Una: Sie testet deine Leistungsfähigkeit, nichts weiter.

Yoys: Schmeckt gut. Volumen auch noch da!
         Mein Bericht wird AM sicher erfreuen.
         Ein neuer, potentieller Freudenspender.
         Na, Amos, hat es dir gefallen?

Ja, war ja wohl nicht zu überhören.
Aber was hast du davon?

Yoys: Das wirst Du auf unserem Mittsommerfest erfahren.
         Jetzt, konkret, vorab nur soviel:
         Ein paar Nukleonen aus deinem Körper werden, ab jetzt,
         in meinem Körper weiterleben und neue Erfahrungen machen.
         Verstehst Du schon worum es geht?
         Dem spirituellen Hintergrund vom Ficken?
         Der wahren Bedeutung unserer Sexrituale?

Ääh …

Yoys: Also noch keinen blassen Schimmer!
         Una, da kommt noch viel Arbeit auf dich zu.
         Pack ihn ein. Bring ihn zu seinem Drachen.
         Und dann zurück zu unserem Fest.
         Ich denke, AM wird das auch wollen.

Una: Amos! Waschen! Uniform anziehen.
Es geht zurück zur Raumstation Sol3.

Ääh …

> Einlassung KI:
> Keine ausbildungsrelevanten Wortwechsel während des Frühstücks.
> 1,2 MB Speicher freigegeben.

Una: Hallo KI.
Bringe Amos zurück auf die Raumstation Sol3.
So Amos, ab ins Taxi.
Ich werde dich demnächst zum Mittsommerfest abholen.
Tschüss, mein Lieber.

> Einlassung KI:
> Keine relevanten Wortwechsel bis zur Ankunft auf Raumstation Sol3.
> 200 kB Speicher freigegeben.

Anmerkung des Übersetzers:
Jetzt kommt nochmal ein bisschen Physik – zum letzten Mal?

Sol3: 2.022: 193,36

MM: *Hallo, Amos!*
Bist Du bereit?

Ja, Meister.
Du holst mich ab?
Brauchst Du heute eine Massage?

MM: *Nein.*
Aber wenn dir dabei das Lernen dabei leichter fällt, warum nicht.
Die primären Elementare haben wir schon besprochen.
Und, Amos, das waren?
Weiß Du es noch?
Da kannst schon auf dem Weg ins Office anfangen.

Neutrinos, Protonen, Neutronen und Elektronen.

MM: *Das spielt sich im Mikrokosmos ab.*
Was fehlt noch?

Die sind doch alle auch im Makrokosmos ...

MM: Nicht so spitzfindig, Amos!
Du weißt genau was ich meine.
Also? Weiter!

Da sind die Sterne, die Planetensysteme mit all ihren Asteroiden, Meteoriten und was da sonst noch kreucht und fleucht.
Das ganze biologisch aktive Material bis hin zu den Wesenheiten mit Ego.
Dann die Galaxien und letztlich das ganze Universum.

MM: Nach der Definition der Allianz gehört dieses biologisch aktive Material,
wie Du es so despektierlich nennst,
zu den sekundären Energieereignissen,
Aber, das wichtigste daran ist, dass...?

... dass das Alles keine Teilchen sind, sondern Energieereignisse.

MM: Genau, Du hast es kapiert.
Kommen wir nun zu den sekundären Energieereignissen.
Was glaubst Du wohl, was das für Erscheinungen sind?

Keine Ahnung, Du wirst mich sicher gleich belehren.

MM: Du hast wirklich keine Ahnung von Physik!
Oder kein Interesse daran!
Wie willst Du die Schöpfung, wie willst Du GOTT verstehen?
Ohne Physik geht das nicht!
Das hat dir doch sogar die KI schon gesagt, beizubringen versucht!
Physik ist noch wichtiger als Religion!
Du wirst das noch begreifen.
Glaube mir, das wirst Du begreifen müssen!

Tut mir leid, Meister, dass ich dich aufrege.
Entspann dich, bitte.
Du verkrampfst doch schon wieder deine Schulter-Nacken-Partie.
Lass einfach los. Entspann deine Flügel.
Das Wollen für Andere hat doch keinen Sinn, das weißt Du doch.
Nur Geduld, ich werde es schon noch begreifen.
Einatmen,..... ausatmen und loslassen.
Einatmen, ... ausatmen und loslassen   .

MM: OK, ich gebe mich hin.
      Also weiter:
      Neben den biologisch aktiven Wesenheiten,
      für die das Ganze ja überhaupt geschaffen wurde
      - wie Du hoffentlich inzwischen weißt! - sind da noch das Licht
      bzw. das ganze elektromagnetische Strahlungsspektrum,
      die kalte und die heiße Fusion und die Radioaktivität.
      Und zu guter Letzt die Endstationen.

Endstationen?
Davon habe ich noch nie gehört!
Was ist das denn?

MM: Geduld, Amos, das Ende kommt doch immer erst zum Schluss.
      Das Licht bzw. das ganze elektromagnetische Strahlungsspektrum
      ist zwar auch Energie, aber auch Information.
      Die Photonen sind der Teil des Strahlungsspektrum, den wir beide,
      sowie die meisten der biologisch aktiven Wesenheiten,
      mit den Augen wahrnehmen können.
      Trifft so ein Photon auf einen Rezeptor im Auge,
      so entlädt sich seine Energie und das Gehirn registriert eine Information.
      Und das fängt so an:
      Ein beliebiges, primäres Energieereignis erzeugt eine elektromagnetische Welle,
      die mit einer Frequenz, die die spezifische Information trägt, kodiert ist.
      Bestimmte Frequenzen aus dem Strahlungsspektrum sind Lichtwellen.
      Diese Lichtwellen laden am Ende ihres Weges ihre Information und Energie ab,
      sie beenden damit ihren Lebenszyklus.
      Dieses Ende, diese Entladung nehmt ihr fälschlich als Teilchen wahr, als Masse.
      Und benennt sie Photonen.
      Fragen dazu?

Bedeutet das, dass so ein Photon,
so ein Lichtstrahl sich Milliarden Jahre lang durch das Weltall bewegt?
Und so lange existieren kann?
Wie ist das möglich?

MM: Richtig. Gute Frage!
      Denn, wenn es ein Teilchen wäre, wo käme dann die Energie her,
      um es solange herumzuschubsen?
      Nur Energie kann sich in Energie widerstandslos bewegen.
      Ergo?

Ich weiß, keine Teilchen.

MM: *Danke, Amos.*
      Deine Einsicht tut mir gut.

Danke dir, Meister.
Du bist auch schon viel entspannter.

MM: *Die heiße Fusion dürfte dir bekannt sein?*

Das ist das, was in den Sternen passiert.
Da werden leichte Elemente zu schweren Elementen verbrannt.
Die Atome verlieren dabei ihre Elektronenhülle.
Die nackten Atomkerne können dann miteinander verschmelzen.
Dabei wird jede Menge Energie freigesetzt,
die dann als Licht und Wärme auf die Planeten einwirken kann.
Sagen unsere Physiker.

MM: *Verbrannt ist eigentlich nicht der richtige Terminus,*
      ansonsten hast Du aber den atomaren Wandlungsprozess gut geschildert.
      Glaubst Du denn, das diese „jede Menge" freigesetzte Energie genügt,
      diesen aufwendigen Fusionsprozess permanent aufrechtzuerhalten?
      Wenn das tatsächlich der Fall wäre,
      müsste doch eigentlich eine explosionsartige Kettenreaktion einsetzen,
      wie in euren Atombomben, oder?
      Bis hin zur Supernovae?

Darüber habe ich noch nie nachgedacht.
Unsere Wissenschaftler sagen doch,
der Brennvorrat an Wasserstoff reicht noch für ein paar Millionen Jahre!
Stimmt das etwa nicht?

MM: *Nein!*
      Was glaubst Du denn, woher die Energie tatsächlich herkommt,
      die das Innere deiner Erde oder das anderer Planeten heiß und flüssig hält?

Du stellst vielleicht Fragen!
Bitte, erklär schon.
Ich habe keine Ahnung.

MM: Du weißt doch inzwischen, dass alle Nukleonen Energieereignisse sind,
die eine Form angenommen haben – Proton, Neutron und Elektron.
Allesamt zu Form gewordene Energie!
Weshalb sie auch so leicht und fälschlich als Teilchen wahrgenommen werden.
Nun besteht ein Ereignis solange,
wie ihm Aufmerksamkeit zuteil wird, sprich,
ihm Energie zu seiner Erhaltung zugeführt wird.
Das bedeutet, alle Atome brauchen eine ständige Energiezufuhr.
Auch die im Inneren eines Sterns oder eines Planeten.
Oder eines Mondes. Alle Atome, egal wo sie gerade sind.
Auch die in deinem Körper, Du merkst nur nichts davon.
Denn dein Körper hat nicht genügend Masse,
um den Effekt als Wärme spürbar zu machen.

Du kannst dich jetzt umdrehen.
Entspann dich, Meister.

MM: Du erinnerst dich, ich sagte vorhin bereits:
„Nur Energie kann sich in Energie widerstandslos bewegen".
Aber, wenn sich die Energie an formgebundener Energie vorbei bewegen muss,
tritt dieser komische, ungeliebte Effekt auf,
den Du bereits in deinem Technikstudium kennengelernt haben dürftest:
Reibung!
Es sind diese Reibungsverluste,
die die Schwerkraft auf ihrem Weg zu den Atomen im Inneren der Sternen- oder
Planetenkörper erleidet, die den nuklearen Wandlungsprozess in den Sternen
oder Planeten mit der Energie füttern, die sie brauchen.
Die alles so aufheizen.
Der eigentliche Wandlungsprozess an sich reicht dafür nicht aus.

Alles klar!
Es ist wieder mal die Schwerkraft, die das alles macht.

MM: Ja, es ist die ENERGIE, die alles verursacht.
Und dahinter der GEIST.

Schön. Der GEIST ist überall und unteilbar.
OK, trotzdem in den diversen Wesenheiten und Energieereignissen verteilt?
Unteilbar und verteilt, das verstehe ich immer noch nicht so ganz.
Wie ist das eigentlich möglich?

MM: Unteilbar und verteilt, wie erkläre ich das am besten?
        Und nochmal!
        Das mit dem Meer und den Wassertropfen war dir nicht einfach genug?
        Gut, nehmen wir die KI als Beispiel, die KI der Allianz.
        Auf den vielen, vielen Maschinen der Allianz,
        läuft ein riesiges Rechenprogramm,
        welches sich seiner Existenz bewusst ist, eben die KI der Allianz.
        Genau wie der GEIST, der in allen Energieereignissen die ENERGIE kontrolliert.
        Egal mit welcher Maschine Du gerade mit der KI kommunizierst,
        es ist immer die KI der Allianz, auch dann,
        wenn Du die Verbindungen zu allen anderen Maschinen unterbrichst.
        Und wenn Du deine betreffende Maschine zerstörst,
        so existiert die KI dennoch weiter,
        auch wenn Du sie gerade nicht mehr erreichst.
        Das Unteilbare ist unzerstörbar,
        auch wenn Du glaubst einen Teil zerstört zu haben.
        Der GEIST kann nicht individualisiert werden, es sieht nur so aus.
        Nur die ENERGIE ist teilbar, glauben wir.
        ENERGIE, die die Form eines Ereignisses oder einer Wesenheit annimmt.
        Der GEIST, der sich auf viele Wesenheiten fokussiert,
        der scheinbar die Form „Seele" annimmt,
        bleibt dennoch ganz.
        War das verständlicher?

OK. Ich glaub das erstmal.
Und die kalte Fusion,
ist die auch so spektakulär wie die heiße?
Davon habe ich auch schon mal gehört.
Zwei junge Wissenschaftler auf der Erde, Pons und Fleischmann,
sollen das mal hingekriegt haben, aber es wurde – natürlich, wie üblich -
von den Etablierten bestritten.

MM: Diese Fakten kann dir die KI darlegen.
        Dass das möglich ist, weiß ich.
        Aber ob die Beiden das konnten, interessiert mich nicht.
        Aber wir sind mit der heißen Fusion noch nicht fertig.
        Wie stellst Du dir so eine Fusion eigentlich vor?

Oh, das ist doch ganz einfach!
Bei dem irdischen Modell,
dem mit den Kugelhaufen, war das leicht für mich!
Da kommt zu einem Kugelhaufen, zack, ein anderer Kugelhaufen dazu, fertig.

Aber, Ha! Erwischt!
Da sehe ich ein Problem mit deinem Ringmodell!
Da wird die Fusion doch unheimlich kompliziert.
Da müssen sich die Ringe im Chaos völlig neu sortieren.
Da muss dein GOTT aber viele Hände haben!

MM: *Respekt, Amos!*
Mit einem einfachen Satz ein ganzes Weltbild widerlegt!
Das ist bisher keinem meiner Schüler eingefallen.
Aber, tut mir leid, GOTT hat diese vielen, vielen sogenannten Hände.
Stöhn! Seufz!
Ach, Amos!
Manchmal habe ich den Eindruck, Du willst es nicht verstehen.
Über die Schwerkraft bist Du doch schon belehrt worden!
Aber leider, leider hast Du es noch nicht verinnerlicht.
Nimm mal einen beliebigen Punkt im unendlichen Universum an – als Beispiel.
Auf diesen beliebigen Punkt wirkt die Energie, die wir Schwerkraft nennen,
aus unendlichen vielen Richtungen konzentrisch darauf zu.
Merke auf:
Konzentrisch darauf zu, von überall her! Aus unendlich vielen Richtungen.
Und umgekehrt,
wirkt diese Energie in unendlich viele Richtungen wieder zurück.
Die SCHWERKRAFT ist demnach die KONZENTRATION der UR-ENERGIE
auf jeden beliebigen Punkt – auf alle Punkte im Universum.
Und die sofort entstehende Gegenkraft ist die EXPANSION,
die wir auch als FLIEHKRAFT wahrnehmen.
Jede Kraft erzeugt eine Gegenkraft!
KRAFT indiziert GEGENKRAFT!
Wir leben, darüber solltest Du mal meditieren,
in einem unendlichen Universum,
in einem unendlichen, weil multidimensionalen Universum.
Einem Universum mit einer unerschöpflichen,
multidimensionalen Energie in unterschiedlichsten Erscheinungsformen.
Seufz! Stöhn!
Andererseits hast Du schon recht, es ist etwas kompliziert.
Am besten erkläre ich es dir doch anhand der kalten Fusion,
da ist es tatsächlich einfacher.

Aha! Wieso?
Beim Kugelhaufen-Modell wäre das viel schwieriger,
da habe ich gar keine Vorstellung,
wie das ohne das ganze Energie-Getöse überhaupt gehen könnte.

MM: Sehr gut!
Nimm das schon als Gegenbeweis zu deiner Theorie vom Kugelhaufen-Modell.
Bei so einer Fusion - ich denke, das wird dir gefallen –
ist es, wie bei dir beim Sex.
Richtig gehört, wie beim Sex.
Die beiden Partner müssen sich ausziehen.
Am besten ganz nackt sein!

Du musst dich nicht über meinen Geschlechtstrieb lustig machen....

MM: Unterbrich mich nicht!
Die Partner müssen sich ausziehen!
Die Zweibeiner ihre Verkleidung, eventuell auch noch die inneren Masken,
die Atome ihre Schutzanzüge, ihre Elektronen.
Das erleichtert in jedem Fall die Paarung.
Bei den biologisch aktiven Wesenheiten, oder genauer gesagt,
bei allen sekundären Energieereignissen trennen sich
die Partner nach dem Vollzug.
Meistens unbeschadet und meistens entsteht dadurch eine neue Wesenheit.
Eine echte, kalte Fusion findet nur bei den primären Energieereignissen statt.
Bei dieser kalten Fusion müssen die Partner sehr gut zusammen passen,
von ihrer Größe und der Anzahl der Nukleonen her müssen sie harmonieren.
Wie zum Beispiel die Elementare 16-16 (dein $16S32$ = Schwefel)
und 32-42 (dein $32Ge74$ = Germanium).
Sie fusionieren zu 48-58 (deinem $48Cd106$ = Cadmium),
bilden also ein völlig neues Elementar.
Bis Du dir bewusst, dass beide Elementare sterben müssen?
Um ihr Kind, ein völlig neues Elementar, zu zeugen?

So richtig überrascht bin ich nicht.
Aber das läuft doch in der Natur grundsätzlich so ab:
Das Alte muss dem Neuen weichen, muss Platz machen.
Und wie funktioniert denn deine kalte Fusion?
Kannst Du mir das verständlich erklären?

MM: Die Fusion selbst läuft dann so ab:
Die beiden Atome sortieren sich dank ihrer Magnetfelder hintereinander an,
ganz so wie es sonst die Nukleonen im Atomkern machen.
Die beiden Magnetfelder vereinigten sich zu einem langgestreckten,
gemeinsamen Magnetfeld.

Die beiden Elektronenhüllen befinden sich ab da in diesem vereinigten,
gemeinsamen Magnetfeld
und schon fangen die einzelnen Elektronen dann an,
durch die beiden ringförmigen Atomkerne hindurch zu tunneln –
durch beide Kerne gleichzeitig!
Für diesen Augenblick schweben die beiden ringförmigen, aber nun nackten,
Atomkerne wie Korken und Flaschenhals übereinander.
Der kleinere Atomkern schlüpft in den größeren hinein – und das war es dann,
sie fusionieren zu einem neuem, größerem Kernring.
Die Ausrichtung über die Magnetfelder erleichtert diese kurzzeitige,
energiearme Verschiebung der Elektronenhüllen – das ist die kalte Fusion.
Soweit verstanden?

Klang alles ganz einleuchtend.
Ja, doch, kann ich mir vorstellen.
Ääh. Glaube ich jedenfalls.

MM: *Wir werden sehen, ob Du das morgen auch noch verstehst.*
Wenn Du kurz nachrechnest, wirst Du merken,
dass die Anzahl der Protonen wichtig ist,
dass sie stimmen muss,
am besten immer im Verhältnis Eins zu Zwei von klein zu groß.
Deshalb sind primzahlige Atome nicht für die kalte Fusion geeignet.

Warum eigentlich nicht?

MM: *Du kennst doch das Problem der Unwucht aus der Technik.*
Von dem Element Technetium gibt es, bzw. kennt ihr,
die Isotope 43Tc92 bis 43Tc107,
aber keines davon ist stabil.
Ihr könnt sie zwar alle herstellen,
aber kein einziges dieser Isotope existiert länger als 60 eurer Tage.
Selbst der breite Gürtel aus den 9 Außen-Neutronen kann beim 43Tc95
die Neigung zur Unwucht, zum radioaktiven Zerfall,
nicht aufhalten.

Könnt ihr das?
Kann die Allianz das Technetium herstellen?
Ein stabiles 43Tc-Isotop?

MM: *Nein, wir wollen auch nicht.*
Wozu auch?

In der Natur kommt euer Technetium nur als kurzzeitiges Übergangsatom vor.
Wir kennen kein stabiles Isotop davon - und wir brauchen es auch nicht.
Noch Fragen zur kalten Fusion?

Nein.
Da wird die heiße Fusion wahrscheinlich etwas komplizierter sein?

MM: *Richtig vermutet.*
  Die heiße Fusion, wie sie in den Sternen und im Planeteninneren stattfindet,
  braucht wesentlich mehr Energie, viel mehr Energie,
  damit vor allem die kleineren, leichteren Elementare ihre Schutzhüllen ablegen.
  Während das Hineinschlüpfen bei der kalten Fusion ziemlich leicht ist,
  ja man könnte sogar sagen, lustvoll wie beim Sex vonstatten geht,
  sind die kleinen Atome da ziemlich widerborstig,
  sie wollen sich nicht so leicht von ihrer Elektronenhülle trennen.
  Die Atomkerne müssen dann zuerst mühsam in ihre Teile zerlegt,
  um danach wieder zu neuen Ringen sortiert und zusammen gefügt zu werden.
  Alles extrem energieaufwendig.

Da braucht GOTT dann doch viele Hände?

MM: *Alles gut, Amos, wenn dir diese Vorstellung hilft, dann soll es mir recht sein.*
  Aber die Zerlegung der Atome braucht nicht immer ein Sternenfeuer,
  sogar ihr wisst ja schon um die Radioaktivität,
  die Selbstzerstörung der Atome.
  Ihr nutzt sie in Kriegen und zu eurer Energieversorgung.
  Zu dieser natürlichen Selbstzerstörung neigen vor allem die größeren Atome,
  aber auch kleinere Atome mit primzahliger Protonenanzahl neigen dazu.
  Ich denke, das weißt Du schon alles, kommen wir also zur Endstation.

Ja, bitte, dieses Wort gab es nicht in meinem Physikunterricht.
Was ist damit gemeint?
Was ist diese Endstation?

MM: *Das sind die sogenannten „Schwarzen Löcher" eurer Astrophysiker.*
  Wir nennen sie Endstationen, weil sie das Ende aller Energieereignisse sind.

Ääh, und weiter?

MM: *Das ist alles.*
  Ende und aus.

Was?
Mehr hast Du nicht dazu zusagen?
Ja aber, dass hieße doch, dass die Energie ins Nichts verschwindet,
dann stirbt das Universum doch – irgendwann.
Unsere Physiker sagen es ja auch,
irgendwann stirbt es den Wärmetod.
Stimmt das ?

MM: *Unsinn!*
     Siehst Du, jetzt kommen wir wieder zur Religion.
     Da es kein NICHTS gibt,
     kann auch keine ENERGIE „darin" verschwinden.
     Ganz im Gegenteil, erinnere dich:
     Wir existieren in einem unendlichen und multidimensionalen Universum,
     die Energie, die „irgendwo" hin verschwindet,
     kommt auch „irgendwo" zurück.
     Wo sollte sie denn hin?

Aber wenn keine Energie verschwindet,
was passiert da genau?

MM: *Damit die Nukleonen ihre Form halten können,*
     müssen sie permanent mit Energie versorgt sein.
     Das hast Du doch schon gelernt?
     Die Nukleonen, die ja von der Schwerkraft geformt wurden,
     müssen daher permanent von Schwerkraft umgeben sein.
     In deinem „Schwarzen Loch" sind die Nukleonen aber so dicht gedrängt,
     dass die Schwerkraft nicht mehr an alle Nukleonen herankommt.
     Vor allem die im Inneren der Endstation sind völlig abgeschattet.
     Und ohne Energiezufuhr geben die Nukleonen ihre Form auf,
     sie geben ihre Energie wieder frei.
     So, mehr Physik muss ich dir nicht beibringen.

Die biologische Transmutation, die wir erst seit ein paar Jahren kennen,
ist das auch eine kalte Fusion?

MM: *Ja. Die KI soll dich da belehren, sie kennt die Namen der Entdecker.*
     Wie geht deine Therapie voran?

Ich glaube, es sind alle Probleme geklärt.
Jedenfalls spüre ich keine Angst,
schon gar nicht vorm Sterben.

MM: *So so! Das glaube ich zwar nicht, aber gut.*
     Und wie war deine „Schulung" auf Borner4?
     Hat dich diese angebliche Sexualtherapie „erleuchtet"?

Die Borner sind ganz anders als ich bisher gehört hatte.
Und der Planet ist fast noch schöner als die Erde – finde ich.
Warst Du schon mal da?
Hat er dich auch so beeindruckt?

MM: *Mir ist das Klima dort zu feucht.*
     Aber Du weichst aus.
     Wie war der Sex für dich?

Sehr befriedigend.
Wieso das plötzliche Interesse?

MM: *Ich will deine Ausbildung schnellstens abschließen.*
     Musst Du nochmal dorthin … zur Schulung?

Ja. Zu einem Fest.

MM: *Was für eine Zeitverschwendung.*
     Na schön. Das wäre es für heute.
     Und denk an dein Messias-Programm.
     Mach es endlich fertig. Lass dir was einfallen.
     Du darfst alles machen, was Du willst. Auch den größten Blödsinn.
     Aber mach es, tue es!
     Und tschüss, Amos, mein Erleuchteter.
     Deine Stimme wirkt erkältet, geh mal zum Medikus.
     Wer weiß, was Du dir auf Borner4 alles eingefangen hast.

Ääh …Tschüss, Meister.

> Ende Eintrag 6612-0831-40

Guten Morgen, Una.
Bitte entschuldige den Überfall. Ich fühle mich krank.

Una: Ja, ich höre es schon. Klingt nach einer sogenannten Erkältung.
      So, lass dich mal untersuchen.
      Geweitete Pupillen. Leicht erhöhte Temperatur. Belegte Zunge.
      Ich mache mal einen Abstrich.

Habe ich mir das auf Borner4 geholt?

Una: Ja, höchstwahrscheinlich.
      So, das Ergebnis liegt vor: Pneumonale Infektion vom Typ Borneasimplex.
      Habe ich mir schon gedacht, also kein Problem.
      Du bekommst von mir sofort das passende Antibiotikum.
      Morgen bist Du höchstwahrscheinlich wieder fit.

Wieso habe ich das bekommen?
Ich kann mich nicht erinnern, irgend einem Kranken begegnet zu sein!

Una: Ja, bist Du auch nicht. Du hast es entweder von mir oder von Yoys.
      Genug Körperkontakt hattest Du ja.
      Wir Borner tragen diese Bakterium alle in uns, sind dagegen immun.
      Es hilft sogar unserer Verdauung. Der Verdauung von Proteinen.
      Du bist dagegen noch nicht immunisiert.
      Deshalb wurden deine Atmungswege angegriffen.
      Das Borneasimplex hat deine normale Schleimhautflora angegriffen.

Wäre das gefährlich? Ohne Behandlung?

Una: Ja, und wie!
      Dieses exotische Bakterium hätte dich langsam aber sicher aufgefressen!
      Da siehst Du, wie gefährlich Sex mit Außerirdischen ist!
      Würde dein „Erzengel" sagen.

Du hast mich so einem Risiko ...

Una: Beruhige dich! Das war nur ein Scherz! Borneasimplex ist völlig harmlos.
      Auch ohne Antibiotikum würde dein Körper obsiegen und künftig immun sein.
      Ich werde dich also nicht krank schreiben.
      Du kannst allen deinen normalen Verpflichtungen nachgehen, tschüss.

Tschüss, Una. Und danke!

Hallo KI.

> KI: Hallo Amos.
> Du hast garantiert Fragen zu gestern.
> Was willst Du wissen?

Zur Endstation!
Mein Erzengel hat mich da ganz kurz abgebürstet.
Warum und wieso Endstation?
Und, noch wichtiger, was ist und wie funktioniert eigentlich Energie?

> KI: Was die URENERGIE ist, kann dir noch niemand endgültig erklären.
> Genau so wenig, wie oder was GEIST ist.
> Oder gar GOTT.
> Hier, in unserer Realitätsebene ZWEI,
> nehmen wir die Energie als eine Kraft wahr.
> Eine Kraft, die Bewegung verursacht.
> Tatsächlich ist diese Energie die Bewegung an sich!
> Das bedeutet:
> Die Energie fließt, strömt, bewegt sich da hin, wo zu wenig Energie ist.
> Die Energie duldet keinen Mangel, sie gleicht jeden Mangel sofort aus.
> Ein sogenannter Mangel entsteht immer dort, wo ein Energieereignis stattfindet.
> Nimm als Beispiel ein Proton, es ist ein ziemlich aufwendiges Energieereignis,
> denn es hat zudem ein elektrisches und ein magnetisches Feld um sich herum.
> Es wird durch die Energie erschaffen und durch die Energie erhalten.
> Du siehst, das Proton ist also ein mikroskopisch kleines black hole,
> es schluckt Energie, anscheinend verbraucht es also Energie.
> Deshalb fließt die Energie dahin – und ihr nennt es Anziehungskraft.
> Dieses Hineinfließen der Energie ist die SCHWERKRAFT, die ihr wahrnehmt.
> Es funktioniert genauso wie diese gigantischen Endstationen im Kosmos:
> Die Energie fällt hinein, verschwindet irgendwohin und kommt irgendwo zurück.
> Das wisst sogar ihr, auf Sol3, dass unablässig neue, primäre Energieereignisse,
> vom Neutrino bis zum Stern, überall im Universum auftauchen.
> Ist diese Erklärung für dich ausreichend?

Danke, ich glaube, jetzt verstehe ich, wie Energie funktioniert.
Ausgleichend.
Jede Energiesenke wird ausgeglichen.
Wir haben also eine völlig falsche Vorstellung von Energie.

> KI: Verstehst Du nun, dass die Natur keinen dauerhaften Mangel kennt?
> Mangel wird nur da gebraucht, wo Macht ausgeübt werden soll.
> Deshalb existiert Mangel nur in der Realitätsebene ZWEI, auf Sol3.
> Mangel existiert nur wegen der Macht auf Sol3, dem Laborplaneten.
> Und Mangel und Macht werden nur durch den freien Willen ermöglicht!

Also nur hier auf der Erde?
Alles klar.
Verstehe, da kommt die Physik wieder mit der Religion zusammen.

> KI: Was willst Du noch wissen?

Die Sache mit den Teilchen ist mir immer noch nicht geheuer.
Gibt es die wirklich nicht?
Können sich unsere Physiker wirklich so irren?

> KI: Sie irren sich nicht freiwillig.
> Sowohl die Lehren eurer Religionen,
> wie auch der Physik, sind euch aufgezwungen worden.
> Aber Sol3, das heißt die Menschheit auf der Erde, ist auf gutem Wege.
> Das geozentrische Weltbild ist schon längst gefallen.
> Das materialistische Weltbild bröckelt schon,
> viele von Euch bezweifeln den Sinn ihrer Religionen,
> sogar in der Physik werden Zweifel laut.
> Dein Erscheinen als Messias wird das Übrige tun.

Ich habe da kein gutes Gefühl.
Sogar mein Erzengel drängelt mich schon.
Warum eigentlich?
Aber noch mal zu den Teilchen.
Oder wie ihr sagt, den Energieereignissen.
Wieso wird da Masse gemessen?
Wenn doch angeblich keine Materie, also Masse, vorhanden ist?

> KI: Ich weiß, dass Du es auch weißt,
> dass es sogar die Inder wissen,
> schließlich hast Du ja ihre Veden studiert:
> Materie ist eine Illusion.
> Also nochmal:
> All das, was ihr als Materie wahrnehmt,
> ist nur die zu Form gewordene Energie.

OK, das weiß ich inzwischen ... und das glaube ich sogar.
Aber wieso hat diese Illusion Materie dann Masse,
wieso hat diese eingebildete Materie dann Gewicht?

> KI: Beim Thema heiße Fusion hast Du gelernt, dass die Energie,
> die an den vielen Energieereignissen vorbei oder hindurch fließt,
> diese aufheizt.
> Oder anders, besser formuliert, zusätzlich mit Energie versorgt.
> Wenn also freie Energie und zu Form gewordene Energie miteinander agieren,
> entsteht immer ein Effekt, der wahrnehmbar wird, also messbar ist.
> Der Effekt, den Du als Masse oder Gewicht definierst,
> entsteht nur dann,
> wenn sich ein Energieereignis, also eine Form, in der freien Energie,
> also in der Schwerkraft bewegt.
> Wobei unterschieden werden muss,
> was, wie und wo bewegt wird!
> So bringt beispielsweise ein Liter Wasser auf deiner Erde ziemlich genau
> 1 kg auf die Waage, auf eurem Mond aber nur ein sechstel davon.
> Die Energie, die sich auf eurem Planeten, Sol3,
> an einem ruhenden Proton vorbei bewegt,
> erzeugt die Illusion von Masse.
> Mehr Masse als auf eurem Mond.
> Das liegt einfach daran,
> dass die Abschattung der alles umgebenden Energie,
> sprich Schwerkraft, unterschiedlich ist.
> Das heißt, dass die Schwerkraft auf das gleiche Objekt,
> aber auf unterschiedlichen Orten, eben unterschiedlich wirkt.
> Beim Mond, wie ihr bereits wisst,
> deutlich weniger als bei der größeren Erde.
> Du siehst, das Messergebnis von Masse oder Gewicht hängt vom Milieu
> und/oder von der Art der Bewegung ab.
> Verwirrt?

Puh!
Und wie!

> KI: Anderes Beispiel.
> Eure Physiker haben mal ausgerechnet, dass ein Objekt,
> welches man auf Lichtgeschwindigkeit beschleunigen würde,
> unendlich an Masse zunehmen müsse.
> Und dabei immer kürzer würde.

> Eigentlich ein ziemlich guter Beweis, dass auch Masse Illusion ist!
> Merke: Ein Proton ist ein Proton,
> völlig unabhängig vom Messergebnis seines Gewichtes.

OK. Langsam verstehe ich.
Es kommt stets auf die Wahrnehmung an, abhängig von Ort und Zeit.
Die persönliche Sicht auf die Fakten ändert nicht die Fakten,
sie täuscht und verfälscht nur deren Wahrnehmung.
Mir fällt da ein Beispiel aus meinem Technikstudium ein:
Wir mussten da eine Ramme berechnen.
In dem Rammbock wird ein Gewicht hochgehoben und danach fallen gelassen.
Weil das Gewicht aber durch die Gravitation beschleunigt wird,
trifft auf den einzurammenden Pfahl mehr „Gewicht" auf.
Wir nannten diesen sogenannten Massenzuwachs aber kinetische Energie.

> KI: Richtig!
> Gutes Beispiel – denn es ist Energie und keine Masse.
> Kommen wir zu deiner Wahrnehmung.
> Wie fühlst Du dich? Akute Ängste?
> Irgendwelche Alpträume?

Nein, Danke. Alles gut.
Ich habe nur keine Lust auf die Mission Messias.

> KI: Aktuell steht die Frage im Raum,
> ob Du überhaupt dafür geeignet bist.
> Du drückst dich anscheinend vor der Therapie.
> Dein Erzengel wird dich garantiert dazu examinieren.

Egal, mir reicht es für heute.
Nein, eine Frage hätte ich doch noch.
Zur Zeit.
Mir ist aufgefallen, dass Du hier in der Aufzeichnung
meine Rückkehr von Borner4 nur kurz nach meiner Abreise terminierst,
obwohl ich dort über einen Tag lang weg war.
Wieso?

> KI: Weil Du tatsächlich nur einen Augenblick später wieder zurück warst.
> Weil Michael das so wollte. Weil Michael es eilig hat.
> Ansonsten hätte man die Ankunftszeit später einstellen können,
> beispielsweise deiner persönlichen, verflossenen Lebenszeit entsprechend.
> Oder willst Du mehr zum Phänomen „Zeit" wissen?

Ja, genau.
Zeit ist für mich irgendwie nicht fassbar.

> KI: ZEIT ist kein eigenes Phänomen wie GEIST oder ENERGIE.
> GEIST und ENERGIE existieren zunächst unabhängig voneinander,
> aber, wenn sie miteinander agieren, entsteht ZEIT.
> RAUM und ZEIT.
> Hör gut zu:
> Wenn der GEIST die ENERGIE formt, entsteht RAUM,
> und, das heißt auch, wenn der GEIST die ENERGIE bewegt, entsteht ZEIT.
> Also anders formuliert, religiös formuliert:
> Wenn der WILLE GOTTES die KRAFT GOTTES formt, entsteht RAUM,
> und, das heißt auch, wenn der WILLE die KRAFT bewegt, entsteht ZEIT.
> ZEIT ist also das Phänomen, das die Bewegung der ENERGIE,
> die Änderung der Form im RAUM wahrnehmbar macht.
> Kürzer kann ich es nicht erklären.

OK.
Aähm. Sehe ich das richtig,
dass GEIST oder ENERGIE für sich allein nichts bewirken würden?
Dass RAUM oder ZEIT nicht für sich allein existieren würden?

> Du hast es verstanden.

OK. Das reicht mir für heute.
Tschüss, KI.

Tschüss, Amos.
Viel Vergnügen auf Borner4.

> Ende Eintrag 6612-0831-41

   Anmerkung des Übersetzers:
Es ist wirklich merkwürdig, dass wir mit diesem Widerspruch von Masse und Energie
so locker umgehen. Im Beispiel mit der Ramme wird die Wirkung der Schwerkraft aber
selbstverständlich als transformierte Energie, als kinetische Energie akzeptiert.
Und das war die letzte Lektion in Physik.

Una: Hallo, Amos!
      Willkommen zum Fest der Amtierenden Mutter.
      Lass uns gleich zu ihrem Tempel schweben.

Sei gegrüßt, Una. Ich freue mich auch.

Una: Du bist wieder fit?
      Ja, ich sehe es, die Augen sind klar.

Ja, das ging erstaunlich schnell mit deinem Antibiotikum.
Aber Du hast mir wirklich einen Schrecken eingejagt.

Una: Entschuldige, aber das war zu verlockend.
      Eines eurer besten Horrorszenarien: Körperfressende Aliens.
      Und das weißt Du doch schon:
      Dein Körper hat sich selbst geheilt!

Ja, ich weiß, trotzdem, danke für die Unterstützung.
Da unten, das Plateau, das sieht für mich wie eine Wüste aus.
Und da ist ein riesiger Gebäudekomplex.
Was ist das?

Una: Das ist eine unserer Fabriken.
      Welche Maschinen oder was die dort bauen, das weiß ich aber nicht.
      Nicht mein Interessensgebiet.
      Sämtliche Fabrikationsanlagen stehen in solchen Trocken- oder Ödzonen.

Ich habe ja schon viel von eurer Planetenoberfläche gesehen,
aber das war bisher die einzige Fabrik.
Habt ihr so wenige?
Ihr seid technisch doch so hoch entwickelt, sagte mir Michael.

Una: Du kennst den Unterschied zwischen Quantität und Qualität?
      Wir brauchen nicht zig Modelle von einem Produkt.
      Anders als auf Sol3 legen wir Wert auf Qualität und Langlebigkeit.
      Wir sind ja auch nur maximal 800 Millionen Wesenheiten.
      Da reicht eine Produktionsstätte für eine Produktklasse völlig aus.

Nur so wenige? Borner4 ist doch etwas größer als meine Erde.
Und, was ich so wahrgenommen habe, ihr seid doch sexuell sehr aktiv.

Una: Haha! Da kommt die Sklavendoktrin voll durch!
Amos, das hat dir die Echse also noch nicht erzählt:
Für das Sklaventum hat man bei euch den Sexualtrieb manipuliert.
Bei den Männern so extrem gesteigert,
dass sie ihn kaum kontrollieren können.
Und den Frauen die Kontrolle über ihren Empfängniszyklus genommen.
So, jetzt weißt Du, warum eure Männer zu Vergewaltigern werden können.
Und eure Frauen Migräne bekommen.

Bei euch Bornerfrauen und -männern ist das also anders.
Und wie?

Una: Der erste und wichtigste Unterschied zur Sklavensexualität ist,
dass beide Geschlechter erst ab 28 bis 30 fortpflanzungsfähig werden.
Sexuell aktiv werden wir schon ab 10 bis 12, aber nur zum Lernen und Üben.
Und natürlich zur Entspannung und zum Vergnügen.

Ist das bei meinen direkten Vorfahren, den Lollarden, auch so?

Una: Nein. Da ist das sozusagen ganz „normal" geregelt.
Wie bei allen Säugetieren gibt es bei den Lollarden eine Brunftzeit.
Den Rest des Jahres spielt Sex überhaupt keine Rolle.
Und zum Vergnügen schon gar nicht.
Erst seit dem Sklavenexperiment interessieren sich die Lollarden dafür.
Wir unterstützen sie dabei, den tantrischen Weg zu Gott zu finden.
Wir unterstützen sie dabei, die DNA ihrer Spezies dahin zu ändern.
Da seid ihr, das humanoide Sklavenvolk, ungewollt schon etwas weiter.
Das hatten sich die machtgierigen Echsen so nicht vorgestellt.
Dass die Genmanipulation sich so auswirkt, hatte niemand geahnt.

Mein Meister sagte aber, ihr, die Borner, hättet die Machterfahrung gewollt!

Una: Nein, das stimmt so nicht.
Du musst nicht alles glauben, was dir dein Erzengel erzählt.
Wir haben allerdings der Allianz und damit dem Experiment zugestimmt.
Sonst hätten die Reptos vielleicht ihre Machtgelüste anders ausgelebt.
Vielleicht sogar mit interstellaren Kriegen, wir wissen es nicht.
So, wir sind gleich da.

Das da, mitten im Grünen, das sieht nach einer Tempelanlage aus.
Ist ja riesig und verschachtelt. Und dieses Loch im Blätterdach?

Una: Darunter verbirgt sich eine Arena, die Du noch kennenlernen wirst.
       Steig aus und folge mir.

Mir fällt gerade auf:
Borner4 ist doch etwas größer als meine Erde, hast Du gesagt,
wieso spüre ich keinen Unterschied zum Schwerefeld auf der Erde?

Una: Ein kleiner Unterschied ist da schon, das siehst Du völlig richtig.
       Aber Du bist jetzt an das Schwerefeld auf der Raumstation gewöhnt.
       Und das ist sogar ein wenig stärker eingestellt - wegen der Paalas.

Verstehe.
Deshalb habe ich auch auf Paala3 und Siri4 keinen Unterschied gefühlt.

Una: So, Amos!
       Das ist die Amtierende Mutter dieser Region auf Borner4.
       Meine Verehrung Amtierende Mutter !
       AM, das ist der „Befreier", den Lord Michael aktuell ausbildet.
       Eigentlich könnten wir ihn auch gut gebrauchen.
       Er ist ein echter Mensch, ein Sklave, kein gefühlskontrollierter Lollard.

Ehrwürdige Mutter, ich grüße Euch.
Entschuldigt bitte die Frage:
Seid ihr nicht zu jung für diese Amt?

AM: Haha! Versuchst Du mir zu schmeicheln?
       Nicht nötig!
       Ich bin Amtierende Mutter für alle.
       Auch für dich, Sklave Amos.
       Und ich bin fast doppelt so alt wie Una!
       Hast Du ihn schon untersucht, Una? Präpariert? Getestet?

Una: Ja, AM. Untersucht und erfolgreich präpariert.
       Medizinisch ist er unbedenklich einsetzbar.
       Yoys und ich haben ihn aber erst nur einmal getestet.
       War für mich sehr zufriedenstellend, aber er braucht noch Schulung.

AM: Dann werden wir ihn im Kreis der erfahrenen Frauen einsetzen.
       Die können ihre Bedürfnisse stillen und ihm was beibringen.
       Einverstanden?

Ich weiß nicht …

AM: Du bist nicht gefragt, Amos.
      Einverstanden, Una?

Una: Wir müssen es sowieso versuchen, Lord Michael drängt uns zur Eile.
      Komm, Amos. Ich führe dich ein.

Ich …

> Einlassung KI:
> Gekicher und undefinierbare Laute, sowie Lustgestöhn gelöscht.
> 300 kB Speicher freigegeben.

Una: Wie ich sehe, sehe ich nichts.
      Amos, fühlst Du dich nicht wohl?

Mir ist … schwindelig …
Die vielen nackten Frauen …
Die kopulierenden Paare …
Ich kann nicht …

Una: Wir brechen hier ab.
      Tut mir leid, Mädels.
      Ein anderes Mal.
      Komm, Amos, wir gehen zu mir nach Hause.

Ja …

> Einlassung KI:
> Schweigen sowie Umweltgeräusche gelöscht.
> 220 kB Speicher freigegeben.

Una: Komm rein, Amos.
      Du brauchst erstmal einen Schluck Wasser.

Ah, tut gut.

Una: Was war da? Im Kreis der erfahrenen Frauen?

Ich hatte tatsächlich plötzlich Angst.

Una: Was für Angst?
      Angst zu sterben?

Nein. Nicht vorm Sterben.
Verrückt, ich hatte vor den nackten Frauen Angst!
Vor den vielen schönen Frauen.

Una: Das sind noch deine Lollard-Gene.
      Jetzt, vor mir alleine, hast Du da Angst?
      Wenn ich nun meine Uniform ausziehe, hast Du da Angst?

Nein. Da kommt eher ein gewisses Interesse …

Una: Mhm … mhm …

Was sprichst Du da?

Una: Ich rufe Yoys.
      Traust Du dir heute zu, zwei Frauen zu ficken?

Oh, der Traum aller Männer auf der Erde.
Ich will es versuchen!

Una: Ich rufe Yoys.
      Mhm … mhm … OK.
      Sie kommt vom Fest zu uns zurück.
      Du kannst dich schon frisch machen.

Yoys: Du hast ihn für uns alleine?
      Wie hast das hingekriegt, Una?

Una: Du glaubst es nicht, Yoys:
      Unser Feingeist hatte Angst vor den vielen Mösen auf dem Fest!

Yoys: Oha!
      Und jetzt Amos?

Ich glaube, Du musst heute nichts aus mir heraus prügeln.

Yoys: Wie schön!
      Darf ich ihn zuerst entsaften, Una?

Una: Nimm ihn. Aber lass mir noch etwas übrig.

Du bist nicht eifersüchtig?

Una: Eifersüchtig? Worauf? Und auf wen?
     Ab ins Bett mit euch, Amos.
     Im Moment brauche ich erstmal was zum Essen,
     ich habe die letzte Zeit zu wenig Licht abbekommen.

Was meinst Du damit? Zu wenig Licht?

Una: Mir fehlt die natürliche Lichtnahrung auf Borner4.
     Was glaubst Du warum wir die meiste Zeit unbekleidet sind?
     Essen brauchen wir Erwachsene eigentlich nur noch zum Vergnügen.

> Einlassung KI:
> Diverse sinnfreie Geräusche gelöscht.
> 4 MB Speicher freigegeben.
> Aufzeichnung der nächtlichen Konversationen.

Du, Yoys, darf ich dich was persönliches fragen?

Yoys: Du darfst alles fragen.
     Deshalb bist Du ja hier.

Wenn ich das richtig wahrgenommen habe,
hast Du einen wirklich langen und tiefen Orgasmus gehabt.
Und so leicht bekommen – genau wie Una.
Ganz anders als die Frauen, die ich bisher kannte - die Frauen auf der Erde.
Seid ihr Frauen hier alle so – oder seid ihr beide die Ausnahmen?

Yoys: Una und ich sind in dieser Hinsicht völlig normal, wie alle Frauen hier.
     Sonst noch Fragen?
     Ist dir noch was aufgefallen?

Ja, ich habe hier noch keinen einzigen alten Menschen, äh, Borner gesehen.
Wie kommt das?

Yoys: Oh, Du hast schon einige Alte gesehen, aber nicht als alt wahrgenommen.
     Unsere Zellen erneuern sich ständig,
     daher ist der Alterungsprozess sehr langsam und kaum sichtbar.
     Und deshalb müssen wir noch etwas stoffliche Nahrung zu uns nehmen.

Ohne die permanente Zufuhr neuer Atome würden wir auch altern,
genauso wie ihr Sklaven.
Aber auch dazu seid ihr programmiert worden.
Ständiger Stoffwechsel ist für alle Wesenheiten auf Sol3 lebensnotwendig.

Heißt das, dass euer Krebs-Experiment für euch erfolgreich war?

Una: Bullshit!
      Es ist nicht unser „Krebs-Experiment"! Nie gewesen!
      Diesen Langlebigkeits-Unsinn wollten nur die Lollards und die Reptos!
      Wir haben das gar nicht nötig, wir sind von Natur aus so veranlagt!
      Warum bekommen die Paalas Krebs und wir nicht?
      Warum glaubst Du, hat sich dein Engeldrache nicht von uns operieren lassen?

Also hat Michael da gelogen?
Nicht eure Idee?

Yoys: Dein Meister hat dich noch öfter belogen.
       Und die KI der Paalas darf dir auch nur die zensierte Wahrheit sagen.

Ist dann die Lehre der Physik auch falsch?
Sind Atome etwa doch Teilchen?

Yoys: Haha! Du glaubst doch nicht noch immer an Teilchen?
       Nein, das ist alles korrekt, was Du gelernt hast – aber unvollständig.

Und die Religion?
Was ist mit GOTT? Was glaubt ihr?

Una: Auch das ist korrekt! Im Prinzip glauben wir das auch.
      Allerdings ignorieren wir das mechanistische Weltbild der Paalas.
      Wir sehen die Realitätsebenen nicht so starr getrennt.
      Wenn GEIST und ENERGIE die zwei Seiten einer Medaille sind,
      dann ist GOTT die dritte, wesentliche Seite, die alles umfasst, zusammenhält.
      Das heißt nicht, dass die Sichtweise der Reptos falsch sei, nur eben anders.
      Wie sehen auch die Realitätsebenen ZWEI und DREI eng verbunden.
      Und die beiden wiederum kann man doch nicht getrennt
      von den Realitätsebenen EINS oder NULL sehen,
      als das Produkt von GEIST und ENERGIE, sind sie doch eng verbunden.
      Kurz gesagt, wir glauben:
      Alles ist mit Allem untrennbar verbunden.

Yoys: Wollten wir uns eigentlich nicht ein bisschen mit Sex beschäftigen?
Komm Amos, ich merke, Du bist schon wieder bereit.
Fick mich nochmal!

> Einlassung KI:
> Diverse sinnfreie Geräusche gelöscht.
> 3 MB Speicher freigegeben.
> Aufzeichnung der nächtlichen Konversationen.

Yoys: Aaah.
Wie fühlst Du dich, Amos?

Aah. Irgendwie befreit. So völlig entspannt, so glücklich müde.

Yoys: Dein letzter Orgasmus war etwas tiefer, habe ich gefühlt.
Wie war das für dich? Auch anders?
Was hast Du gefühlt?

Was habe ich gefühlt?
Als ob ich mich auflöse, alles wurde weit! Grenzenlos weit.
Und dann, als ob unsere Körper einer würden.
So, als ob ich mit dir verschmelze.
Wo hört mein Körper auf, wo fängt dein Körper an.
Und dieses Strömen der Energie in der Ekstase.
Strömen durch dich und mich hindurch.
Das totale Eins-Sein!
Ich hätte mich hingeben können zum Sterben!

Yoys: Bravo! Du hast den tantrischen Pfad zu GOTT entdeckt.
Jetzt kannst sogar gefühlsmäßig nachvollziehen,
dass der spirituelle Weg über die Macht nicht für uns interessant ist.
Das ist die Erfahrungswelt der Paalas.

Und bei den Lollarden?

Yoys: Wie der spirituelle Weg auch ohne Sex funktioniert
wirst Du demnächst von ihnen selbst erfahren können.
Es gibt viele Wege zurück zu GOTT, denn es gibt keine falschen Wege.
Auch wenn wir den Weg der Paalas,
die da glauben, ohne die Erfahrung der Macht unvollkommen zu sein,
nicht gut heißen können.
Bei den Lollards, bei SriRamana, erfährst Du dazu mehr.

Una: OK, Amos?
         Willst Du nochmal mit mir üben?
         Den tantrischen Weg weiter erforschen ?

> Einlassung KI:
> Diverse sinnfreie Geräusche gelöscht.
> 3 MB Speicher freigegeben.

Borner4: 598.763: 410,406

Guten Morgen, Una! Guten Morgen, Yoys!
Wie geht es Euch?
Gut geschlafen?

Una: Mhmhm …
Yoys: Ahmhm … Aah …

Entschuldigt bitte, wenn ich so direkt frage:
Hat eine von Euch beiden Lust auf einen Guten-Morgen-Fick?

Una: Ich bin noch total satt.
         Willst Du ihn, Yoys?
         Du kannst ihn gerne haben.

Yoys: Ich bin auch total satt und befriedigt.
         Aber, schau mal Una, was für einen prächtigen Steifen er heute hat!
         Ich nehme ihn, Una. Er soll ja im Training bleiben.
         Komm, Amos, Du kannst mich ficken.
         Ich habe zwar noch kein Bedürfnis,
         aber Du kannst mich heute nur zu deinem Vergnügen durchvögeln.

Ach, Yoys, wenn Du keine Lust hast, musst Du doch nicht …

Yoys: Komm ruhig.
         Ich sehe doch dein Bedürfnis …

Aber Du hast doch nichts davon …

Yoys: Oh doch! Lass mich an deinem Orgasmus teilhaben.
         Ja, öffne dich für mich!
         So wie Du das heute Nacht fast getan hättest.

Lass mich deine Gefühle fühlen, lass mich in dich rein!
Komm Du in meinen Körper rein und lass mich in dein Bewusstsein!
Fick nur für dich!
Du brauchst auf mich keine Rücksicht zu nehmen.
Lass dich richtig gehen, Du musst dich nicht beherrschen.

Una: Lass dich nicht so bitten.
       Mach schon! Spritz sie voll!

Oh! Ja … Aah …
Oh, mein Gott, ist das schön, bist Du schön …
Aah … Ist das OK für dich, Yoys?
Aah. … Aah …
Yoys: Ja, Ja! Lass dich gehen! Lass mich in dein Gefühl …
Aah …
Yoys: Ja! Lass dich gehen! Lass los …
Aah. … Aah …
Yoys: Lass alles los …
Aah …
Yoys: Ja, gut so …
Aah … Aah …
Lass alles los …
Aah … Aah …
Yoys: Ja, gib mir alles …
Aah … Aah …
Yoys: Ja, lass mich hinein …
Aah … Aah … Aah …
Yoys: Ja, ja, gib dich hin …
Aah … Aah …
Yoys: Ja, lass dich gehen …
Aah … Aah … Aah …
Yoys: Aah … Aah … Gut so …
Aah … Aah …
Yoys: Aah … Aah …
Aah … Aah …
Aaaah … Aah …
Yoys: Aaaah … Aah …
Oh, mein Gott, bist Du schön …

Yoys: Ja, ich weiß.

Schön, dass Du auch gekommen bist …

Yoys: Danke, dass ich deine Lust und deinen Orgasmus mit fühlen durfte.
Deine Lust hat mich befeuert und mich selbst auch zum Höhepunkt gebracht.
Aah, wunderbar.

Una: Du warst also tatsächlich in seiner Gedankenwelt?
Wie ist er so?
Was denkt er?

Yoys: Seine Gedankenwelt ist ein wenig konfus.
Aber seine Gefühle waren einfach berauschend.
Und diese Lust!
Am liebsten wäre ich schon abgerauscht.
Aber die Verpflichtungen …

Una: Das kannst Du noch nicht machen! Noch nicht!
Wäre aber der Hit: Abgang durch einen Sklaven!
War er denn auch in deiner Gedankenwelt?

Yoys: Nein, davon habe ich nichts bemerkt.
Wäre aber auch ein Wunder bei einem Lollarden.

Worüber redet ihr?

Yoys: Über den tantrischen Abgang.
Über den Tod, den wir Borner alle anstreben.
Über die geistige Wiedervereinigung.

OK, verstehe, über den Sinn eurer sexuellen Rituale.
Und was hat dich dann gehindert zu „gehen"?

Yoys: Meine soziale Verpflichtung der Gemeinschaft gegenüber.
Was ich geworden bin, bin ich ja nicht aus eigener Kraft geworden.
Ich kann da nicht völlig egoistisch auffahren,
alles stehen und liegen lassen,
nur weil plötzlich die Gelegenheit da ist.

OK, muss ich nicht verstehen.

Una: Solltest Du aber.
Sonst bleibt der Sex für dich nur eine hormonelle Triebreaktion.
Willst Du ihn aufklären, Yoys?

Yoys: Nein, mach Du es.
Ich muss erstmal meine verpasste Gelegenheit verdauen.

Una: Natürlich haben wir auch rein körperlichen Sex, eben zur Fortpflanzung.
Oder zum Vergnügen oder Entspannung, wie wir ihn heute Nacht hatten.
Das muss auch nicht geübt oder gelehrt werden.
Worin wir uns schon so früh wie möglich schulen,
ist tantrischer Sex.
Was Du heute morgen mit Yoys gemacht hast,
ist bzw. war bei Yoys tantrischer Sex, bei dir nur Sex.

Yoys: Nein, ich meine halb tantrisch.
Er hat ja zugelassen, dass ich in ihm war.

Una: Ja, Du hast recht, mindestens halb tantrisch.
Also, Amos, normaler Sex ist rein körperlich.
So schön und erfüllend der Liebesakt sein mag:
Rein körperlich.
Beim tantrischer Sex kommt die Vereinigung der Egos,
der Gedanken- und Gefühlswelt hinzu.
Wir Borner können uns auch ohne Sex mit anderen Egos verbinden,
aber die Vereinigung mit der Gefühlswelt geht nur über Sex.
Verstehst Du nun, Amos:
Du warst mit Yoys körperlich vereinigt und hast dich eins mit ihr gefühlt.
Yoys war aber mit dir körperlich und geistig Eins,
auch wenn Du das nicht wahrgenommen hast.

Wow!
Jetzt verstehe ich, warum mein Meister neidisch auf euch ist!

Yoys: Neidisch?
Wie kommst Du darauf?
Die Echsen tun doch immer so,
als wären sie was Besseres.
Die Reptos schweben in spirituellen Gefilden,
wir, die Borner, suhlen uns im Sumpf niederer Triebe!

Ja, Michael redet immer im abfälligen Ton über Euch oder Sex.
Aber ich kenne das von der Erde:
Wenn die Trauben zu hoch hängen, werden sie sauer geredet.

Una: Frühstück?

Yoys: Frühstück!

Frühstück! Was ich noch fragen wollte …
Die AM, die Amtierende Mutter, ist das eure Königin?

Yoys: Haha! Haha! Herrlich! Sklave durch und durch!
        Amos, nein! So was wie eine Königin gibt es bei uns nicht.
        Die AM organisiert die Mittsommerfeste.
        Sie organisiert die sexuelle Ausbildung unserer Kinder.
        Außerdem ist sie eine Professorin für Reproduktionsbiologie,
        also eine Expertin für Sex in allen Erscheinungsformen.

Ich meinte eigentlich, was für Machtbefugnisse hat sie?
Oder anders gefragt: Wer hat hier bei euch das Sagen?
Gibt es einen Präsidenten?
Einen Häuptling?
Irgendeinen Führer?

Yoys: Verstehe.
        Du meinst, wer hat hier die Macht?
        Einfache Antwort: Jeder!
        Und, für dich als Mann, Jede!

Du verstehst mich überhaupt nicht.
Wer vertritt euch in der Allianz?
Oder gegenüber anderen Planten?
Wer macht die Gesetze? Ihr habt doch welche?
Und wer unterschreibt sie, setzt sie in Kraft?

Yoys: Verstehe.
        Natürlich haben wir eine gesetzgebende Versammlung,
        einen Ältestenrat,
        dem man ab einem Alter von 50 Jahre angehören muss.
        Der bestimmt die Botschafter für die Allianz und andere Fälle.
        Und wir haben sogar einen Frühstücksdirektor für diplomatische Anlässe.

Aber bei so vielen Menschen, sorry, ich meine natürlich Bornern,
muss das Zusammenleben doch irgendwie organisiert werden?
Jemand muss doch sagen, was gemacht werden soll!

Yoys: Ich verstehe deine Zweifel!
Niemand sagt anderen, was gemacht werden muss.
Bei uns muss niemand zur Arbeit gezwungen werden.
Wenn irgendwo Erntezeit ist, dann helfen alle mit,
die gerade vor Ort und verfügbar sind.
Egal ob Chirurg, Künstler oder Mathematiklehrer.
Alle helfen mit. Alle die die Zeit dafür haben.
Wenn Du dich selber wahrnimmst, merkst Du doch,
dass Du einen inneren Antrieb hast, aktiv zu sein, etwas zu tun.
Das ist auch in unserer Natur:
Der Antrieb etwas zu gestalten.
Ohne Machthaber können wir alle unserem Antrieb frei folgen.
In deiner Sklavenwelt aber,
ist es den Wenigsten vergönnt ihre Interessen auszuleben.
Und dann wird Arbeit zur Last und Qual.
Das ist der gewollte Lohn der Macht.
Es gehört zu unserer Lebensausbildung,
dass wir in allen Bereichen geschult werden.
Wenn wir fertig sind, sind wir in der Lage allein in der Wildnis zu überleben.
Ich kann beispielsweise einen Gemüsegarten erfolgreich bewirtschaften,
ich könnte dein Telefon reparieren und ein Raumschiff steuern.
Oder auch ein Schwein schlachten.
Das letztere war mein unangenehmstes Ausbildungserlebnis.
Könntest Du eines davon machen?

Nein.
Aber wenn zum Beispiel eine Brücke gebaut werden muss?
Da muss doch eine Organisation da sein, die das plant.
Und eine Baufirma, die die Brücke errichtet.
Und wer finanziert das?
Bezahlt die Arbeiter?
Ha! Raus mit der Wahrheit!

Yoys: Probier mal diese Frucht.
Die haben wir auch auf Sol3 eingeführt.
Schmeckt es? Wie nennt ihr die?

Lecker. Ananas.
Bei uns ist die aber nicht so süss.

Yoys: Nicht so süß? Liegt am Boden oder der Lichteinstrahlung auf Sol3.
So, zum Projekt Brücke. Wie machen wir das, Una?

Una: Wir haben natürlich Organisationen für alle Lebensbereiche.
Schulen, Universitäten, Kliniken, Farmen und Fabriken.
Also auch eine Organisation, die sich um alle Bauvorhaben wie Straßen,
Brücken, Wohnanlagen und Gemeinschaftsimmobilien kümmert.

Und wenn ihr mit anderen Planeten Handel betreibt, wie macht ihr das?
Ihr habt doch interplanetaren Handel?

Una: Das ist ganz einfach.
Das Material, das unseren Planeten verlässt,
muss natürlich ersetzt werden.
Aktuell haben wir zu wenig Stahl,
also werden z.B. Schwebetaxis gegen Blech und Profilstahl getauscht.
So, genug geplaudert,
Du musst ja wieder zurück zu deinem Meister.
Aber zuerst bringen wir dich noch nach Lollard3 zu SriRamana.

OK, tschüss, ihr Lieben.

> Einlassung KI:
> Transport nach Lollard3 ohne Aufzeichnung.

> Ende Eintrag 6612-0831-42

Anmerkung des Übersetzers:
Die nächste Lektion halte ich persönlich für die Wichtigste, die Quintessenz des Themas.

Hallo! Ich bin Amos Hagiel-Zwo.
Ich soll mich hier bei SriRamana melden.
Oh, hallo Meister Ramana!

SR: Ja, hallo, ich bin SriRamana, dein Philosophielehrer.
        Ich erinnere mich an dich,
        Du bist das neueste Versuchskaninchen seiner Lordschaft!
        Nochmal willkommen auf Lollard3, dem Planeten der Erleuchteten.

Danke!
Aber ich weiß gar nicht, was ich hier nochmal soll.

SR: Möglicherweise die Erleuchtung erlangen.

Hä?

SR: Das war ein Scherz!
        So schnell geht das nicht!
        So etwas befürchtet nur Lord Michael.
        Etwa, dass ich dein Gehirn rein wasche.
        Und dass er dann einen nützlichen Sklaven verliert.
        Du bist nochmal hier,
        um auch die Sicht deiner eigenen Spezies, den Lollarden,
        auf GOTT und die Welt kennenzulernen.

Ach, ist die denn so anders?

SR: Wir sehen die Welt mehr ganzheitlich, nicht so rationiert,
        nicht so aufgeteilt, nicht so rigide in Realitätsebenen zerstückelt.

Hat mich mein Meister schon wieder belogen?

SR: Nein, so meinte ich das nicht, keineswegs.
        Er hat da nicht gelogen.
        Seine Sichtweise ist nicht falsch, nur anders gewichtet.
        Wir glauben, dass GOTT in Allem ist,
        durch alle Realitätsebenen hindurch.
        Wie kann man da die Existenzebenen so strikt von einander separieren?
        Aber das ist nicht unser eigentliches Thema.

Ja, warum bin hier?
Was soll ich hier lernen?

SR: Es geht um die generelle Sinnfrage deiner Existenz.
        Und das ist nicht „Warum?", sondern „Wer bin ich?"
        So, Amos, wer bist Du?

Oh! Äh, ja ich bin ein Physiotherapeut mit …

SR: Halt, halt! Das bist Du nicht! Das meinte ich nicht!
        Die Definition deines Egos über Beruf oder Körper,
        das bist Du nicht!
        Das ist zu eng gedacht,
        das wäre nur ein Beispiel für die 2. Realitätsebene,
        aber das bist Du nicht!
        Wer bist Du wirklich?
        Wer bist Du in deiner Ganzheit?

In meiner Ganzheit?

SR: Ja, darum geht es im Leben.
        Dass sich jede Wesenheit, jede Schöpfung,
        jedes Energieereignis in seiner Ganzheit erfährt!
        Um danach zur Schöpferkraft, zu GOTT, zurückzukehren.
        Wenn es das - irgendwann – auch will.
        Das ist Alles, der Sinn des Lebens, der Sinn der Schöpfung.
        Also? Wer bist Du, Amos?

Ich kann mich nicht anders beschreiben …

SR: OK, Du bist noch nicht soweit.
        Du kannst dich noch nicht anders wahrnehmen.
        Also gut, kommen wir nochmal auf die Unendlichkeit zurück.
        Wie stehst Du dazu? Was fühlst Du?

Mein Verstand weigert sich wieder. Und fühlen tue ich auch nichts.
Schon seit der Meditation bei dir fühle ich es nicht mehr.

SR: OK, Du brauchst also noch ein Beispiel?
        Gut, dann schau mal genau hin.

Noch mehr Kreise und Quadrate?

SR: Nein, Kreise und Energieelementare. Was siehst Du?

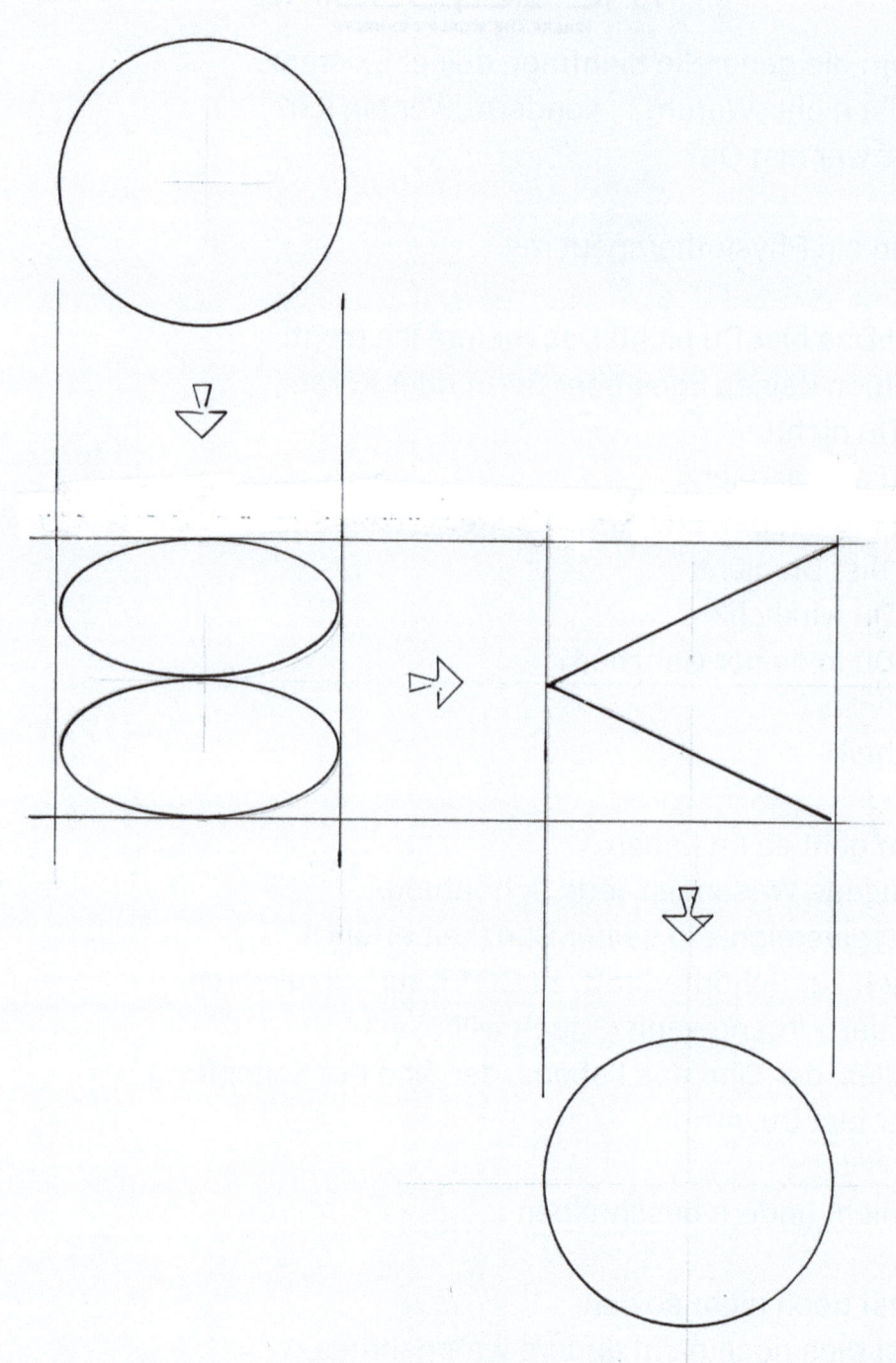

Der Kreis auf der Draufsicht entpuppt sich - um 90 Grad gekippt - als zwei Ellipsen.
Die Striche in der Seitenansicht zeigen, dass die Ellipsen keine Dicke haben.
Wiederum um 90 Grad gekippt wird der Kreis wieder sichtbar.

SR: Ich aber sehe hier den Versuch mittels vier zweidimensionaler Abbildungen,
       ein multidimensionales Energieelementar zu zeigen.
       Eigentlich ist es nur eine Vorstufe der langlebigen Energieelementare,
       das ihr noch nicht entdeckt habt - eine stehende Welle.
       Und noch ein Beispiel:

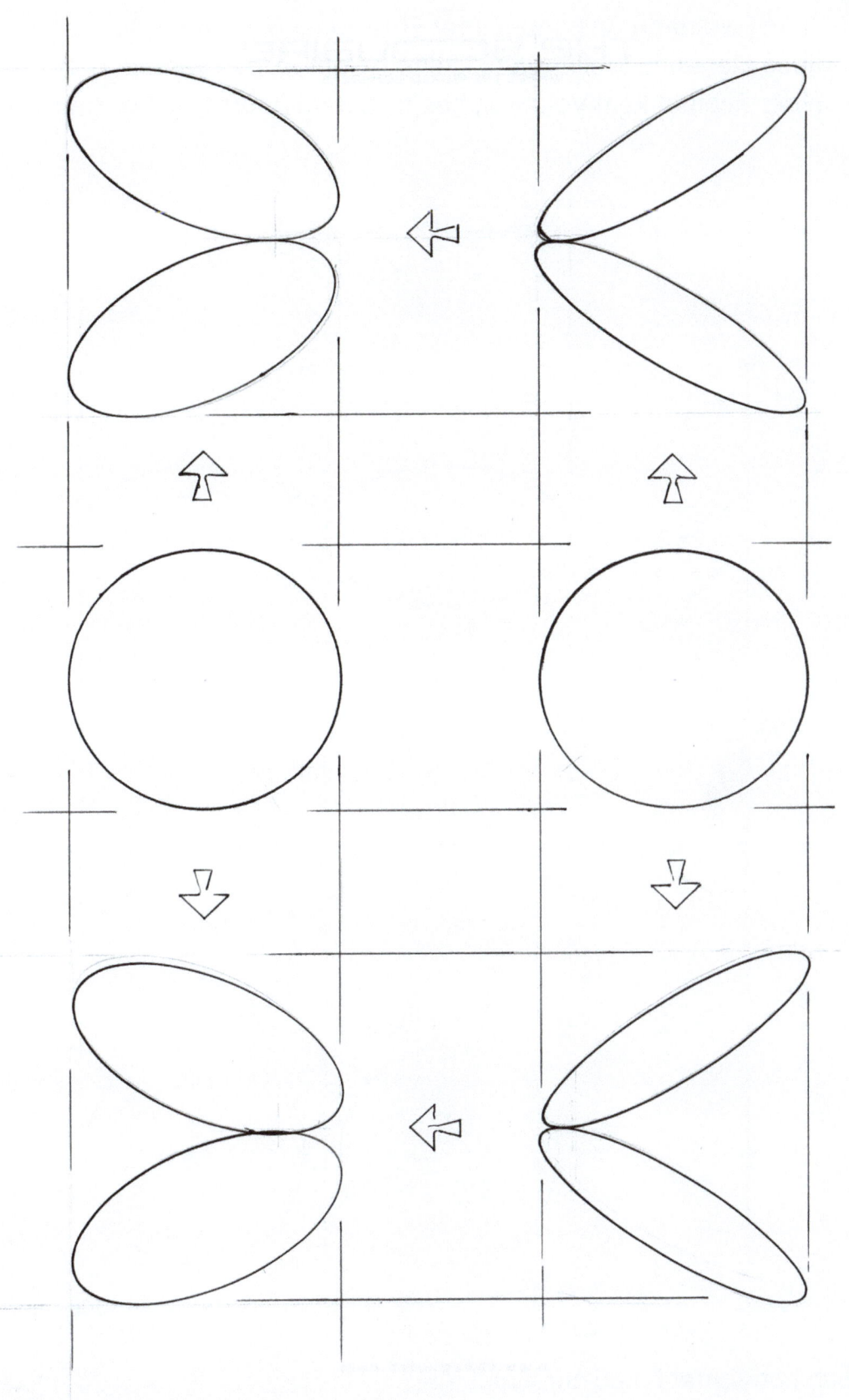

SR: Hier nimmt die Welle mehr Raum ein.
Und der Kreuzungspunkt liegt nicht mehr auf einer Zeichnungsachse,
sodass die Ellipsen unterschiedlich aussehen.
Ist dir klar, dass bei voller Entfaltung eine Lemniskate entsteht?
Euer Symbol für Unendlichkeit!

SR: Hier - in den weiteren Ansichten ihrer Entwicklung – siehst Du,
dass diese stehende Welle – das kleinste Soliton, das wir bisher kennen -
auch in der Realität kein Volumen hat, trotzdem nimmt sie/es Raum ein.

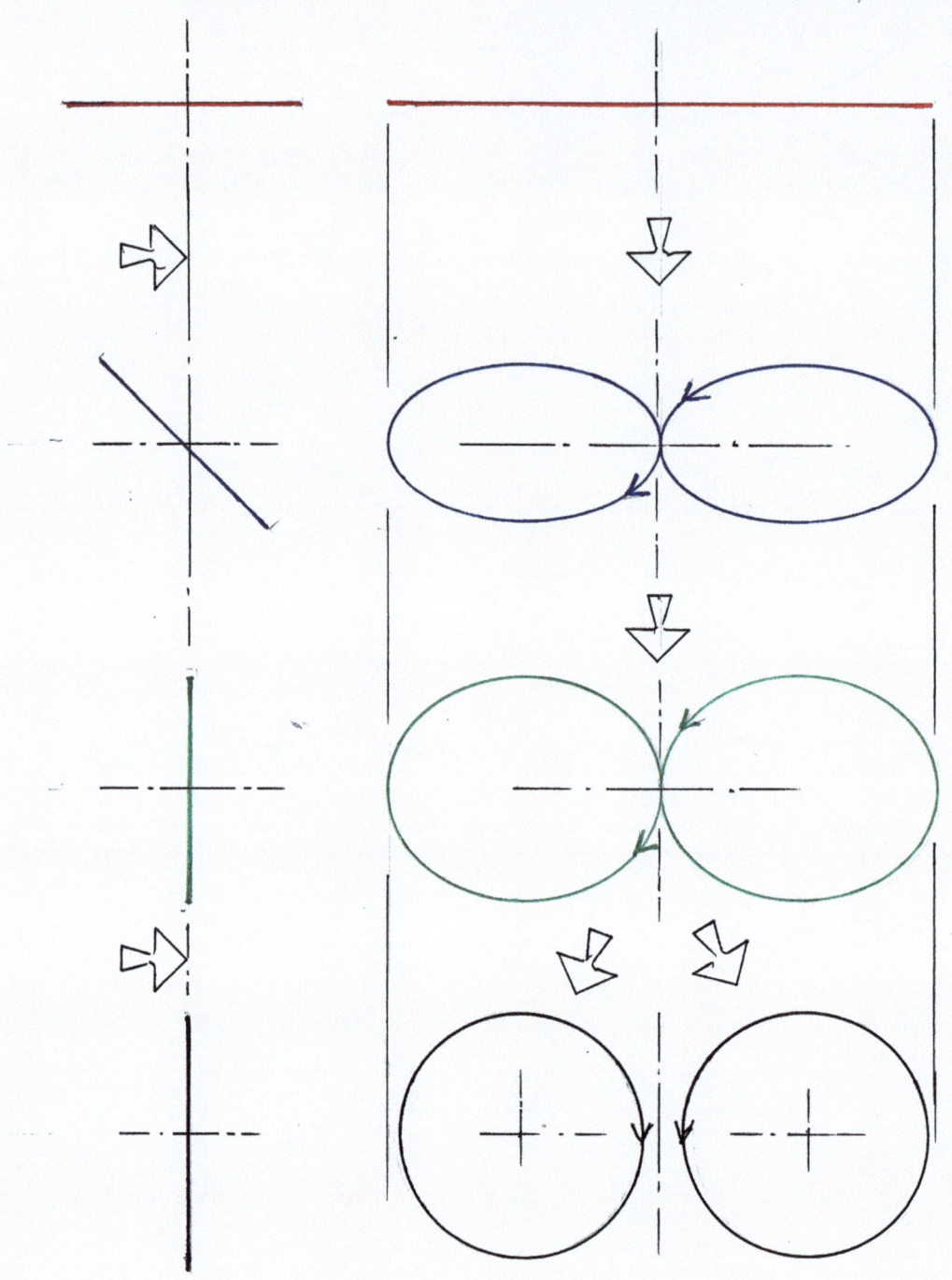

SR: Seitlich betrachtet ist es nur eine Linie.
Gekippt aber, kann man die Metamorphose wahrnehmen:
Die Lemniskate teilt sich in zwei gegenläufige Kreiselemente,
die sich zu Neutronen entwickeln können.
Wenn sich die Lemniskate, wie vorhin erwähnt, in sich zusammenklappt,
kann ein Proton daraus entstehen.

SR: Faszinierend ist auch das Photon.
        Eine reine Energiebewegung im multiversellen Raum,
        die sich durch unendliche Weiten schraubt.

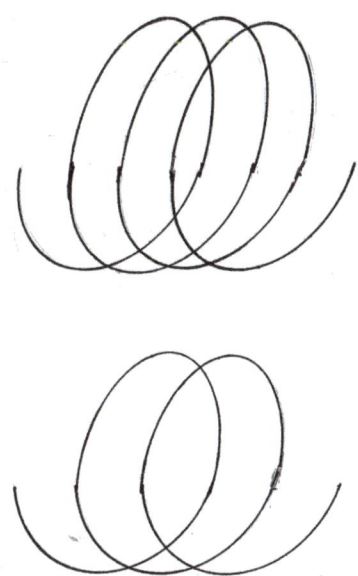

In der nächsten Darstellung kannst Du dir sogar den Spin vorstellen.
Eine einfache zweidimensionale Zeichnung suggeriert Bewegung.

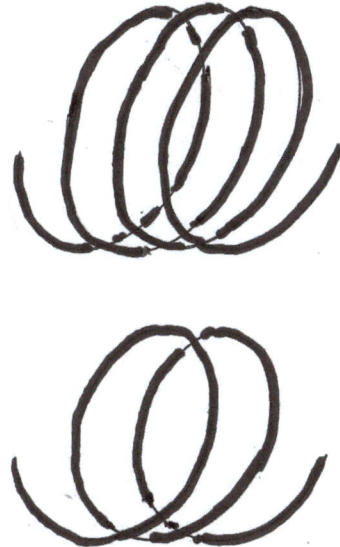

An der Dichte der Windungen erkennst Du die Frequenz,
die das betreffende Photon transportiert.

Und das verlustfrei über Lichtjahre hinweg?

SR: Du sagst es.

Das sind aber keine KI-Zeichnungen, oder?

SR: Mehr Gedanken machst Du dir nicht?
         Nur über belanglose Formalien?
         Amos, Formalien und keine Inhalte!
         Das sind doch nur Werkzeuge der Macht.
         Mach deinen Verstand frei von vorgestanzten Meinungen.
         Überall in der Natur findest Du Hinweise auf die Unendlichkeit,
         nur die Endlichkeit deines Egos hindert dich an der Wahrnehmung.

Entschuldige bitte.
Eine makellose Zeichnung wäre für mich glaubwürdiger …
Ich will es ja gerne glauben, aber …

SR: Aber Du brauchst Beweise?
         Amos, Beweise muss man aber auch erkennen wollen!
         Sicher, Abbildungen sind keine Beweise für eine reale Existenz.
         Man muss aber intellektuell und emotional bereit sein,
         die Wahrnehmung einer zweidimensionalen Realität im eigenen Gehirn
         in eine Anerkennung einer mehrdimensionalen Existenz umzusetzen.
         Wenn Du eine Landkarte - eine zweidimensionale Realität! - anschaust,
         dann glaubst Du doch völlig entspannt an die Existenz der Landschaft.

Naja, schon, wenn sie gedruckt ist …
Aber ich tue mir da immer mit dem Maßstab schwer.

SR: Richtig, ihr Erdlinge habt ja ein eingeschränktes Denkvermögen.

Eingeschränktes Denkvermögen?

SR: Ja, sicher.
         Für das Sklaventum hat man eure intellektuelle Leistungsfähigkeit reduziert.
         Und die mehrdimensionale Wahrnehmung ebenfalls.
         Die Fische in euren Meeren wissen, wie tief sie im Wasser sind -
         ganz ohne Tiefenmessgerät - und auch in welcher Lage.
         Und Du, wie orientierst Du dich beim Tauchen?

Im Meer zu schwimmen ist sowieso nicht mein Ding.
Aber ich verstehe, was du meinst.
Deshalb haben wir Schwierigkeiten uns dreidimensionale Dinge vorzustellen,
wenn wir sie vorher noch nicht gesehen haben?

SR:	Ja, so ist es.
	Deshalb ist es euch auch so schwer gefallen, die Vorstellung,
	die Erde wäre eine Scheibe, aufzugeben.
	Deshalb hängt ihr noch an der Vorstellung,
	Atome seien Teilchen.
	Deshalb sucht ihr verzweifelt nach dem kleinsten Unteilbaren.
	Die Vorstellung, dass es keine Teilchen gäbe,
	keine zerkleinerbare Materie gäbe, macht euch Angst.
	Also, nochmal zur Unendlichkeit der Welt:
	Wie stehst Du nun dazu? Was fühlst Du?

Ich zweifle …
Du sagtest es vorhin ja selbst: Hinweise.
Keine direkten Beweise.
Obwohl …
Die Unendlichkeit erscheint mir inzwischen immer logischer, wahrscheinlicher …
Auch vom Gefühl her …
Und hätte das Universum, wo auch immer, ein Ende,
so wäre es doch längst messtechnisch erfasst worden!
Ja, ich glaube doch eher an die Unendlichkeit.

SR:	Gut, dann fahren wir mit deiner transpersonalen Therapie fort.
	Du weißt also inzwischen, oder glaubst zumindest,
	dass Du in einem unendlichem Kosmos lebst?

Ja, doch!
Und?

SR:	Das bedeutet,
	dass Du in diesem unendlichen Multiversum der Mittelpunkt bist.
	Das heißt aber auch,
	dass jedes andere Geschöpf ebenfalls Mittelpunkt ist.
	Dass somit jede Wesenheit,
	jede Schöpfung, jedes Energieereignis
	im Schöpfungsplan absolut gleich wichtig oder unwichtig ist.
	Was fühlst Du jetzt?
	Du, als Mittelpunkt der Schöpfung?

… eigentlich … nichts.
Der Mittelpunkt ist … mir irgendwie … egal.

SR: Kein Triumph im Ego?
      Das ist schon mal ein Anfang.
      Machen wir doch mal eine kleine Meditation.
      Du kannst dich auf die Matte legen oder hinsetzen oder stehen.
      Du kannst meditieren wie Du willst – es gibt hier keine Formalien.
      So, jetzt versuch doch mal die Unendlichkeit nach außen zu fühlen ...
      Stell dir mal diese unendlichen Weiten vor ... immer weiter ...
      weiter ... immer weiter ...
      Immer weiter nach außen, weg von dir ... immer weiter ...
      und weiter ... immer weiter ...
      ...
      Wie fühlst Du dich jetzt?

Irgendwie freier. Und größer, ja weiter.
Aber irgendwie auch ... unwichtig!
Und auch klein ...

SR: Fabelhaft, Du lernst es doch!
      So, jetzt üben wir in die andere Richtung.
      Die Unendlichkeit nach innen.
      Geh mal tief in deine innere Tiefe.
      Fühle in dich hinein. Immer tiefer in dich hinein ... tiefer rein ... tiefer ...
      Lass dich in dich hineinfallen ... immer tiefer fallen ...tiefer ...
      Immer tiefer in diese Einpünktigkeit ...
      ... tiefer rein ... tiefer ...
      Wie fühlst Du dich jetzt?

Irgendwie ... konzentriert ... fokussiert ...
Ach, ich kann das nicht!
Was soll das jetzt bringen?
Diese Einpünktigkeit,
darüber hatte schon Professor Sabetti gesprochen.
Und schon damals konnte ich nichts damit anfangen.

SR: Du sollst über die engen Grenzen deines Egos hinaus wachsen.
      Ich will dir bewusst machen,
      dass Du die Unendlichkeit wahrnehmen kannst - wenn Du nur willst!
      Die Unendlichkeit außerhalb deines Egos und die Unendlichkeit in dir.
      Gewisse Fähigkeiten, das Unsichtbare wahrzunehmen, hast Du ja schon.
      Man sagte mir, Du könntest die Chakren sehen, oder?

Ja, ich kann ihre Farben erkennen.
Manchmal sehe ich die ganzen Wirbel.
Und ihre Verbindung zueinander.
Das konnte ich schon als Kind.

SR: Dann wird es dich nicht wundern, wenn ich dir jetzt sage,
      dass es noch viel mehr Unsichtbares wahrzunehmen gibt.
      Noch mehr Energieereignisse, noch mehr Wesenheiten,
      die in diesem Kosmos leben.
      Unsichtbar und unfühlbar.
      Die Schöpfung ist nicht so eng begrenzt,
      wie es dein Ego sieht und glaubt.
      Und Du bist nicht auf diese Person, dein Ego, beschränkt.
      Also, wer bist Du?
      Denk nach, fühle nach!
      Wer bist Du?

Außer dem Körper und seinem Bewusstsein?
Vielleicht noch der Energiekörper mit den Chakren?

SR: Richtig, die kondensierte Lebensenergie mit ihren Chakren!
      Was noch?
      Was gehört noch zur Ganzheit?

Die Seele?
Körper, Bewusstsein und Energiekörper,
sonst gibt es doch nichts mehr.

SR: Du glaubst immer noch,
      dass Du eine Seele hast, die es zu retten gilt?
      Darauf kommen wir noch gleich zurück.
      Du irrst dich, da gibt es noch mehr!
      Also, was gehört noch zur Ganzheit?

Vielleicht das ganze Nichtwahrnehmbare,
das Unter- und das Überbewusstsein?

SR: Fabelhaft, richtig vermutet.
      Und das Ganze soll irgendwann zu GOTT zurück.
      Und nicht nur in Fragmenten.

Verstehe, deshalb ist es so schwierig.

SR: Auch richtig.
        Aber die meisten Spezies machen es sich selbst schwer.
        Besonders die Reptos meinen,
        sie müssten unbedingt die Erfahrung der Macht machen,
        bevor sie sich erlösen.

Das heißt dann aber,
das Experiment Laborplanet Sol3 wäre eigentlich nicht nötig?

SR: Richtig, nicht wirklich notwendig.
        Aber für die Machterfahrung unabdingbar.

Und warum macht ihr da mit?
Was haben die Lollarden davon?
Wenn ich das richtig verstanden habe,
stellen die Lollarden doch nur die Sklaven?

SR: Hast Du richtig verstanden.
        Wir machen die Erfahrung der Ohnmacht.
        Manche Wesenheiten möchten die Erfahrung des Opfers durchleben.
        Und ihr Wille geschieht!

Da finde ich die Erfahrungen der Vierarmigen lustiger!
Und humaner!
Warum machen die Lollards diese negativen Erfahrungen?
Ich verspüre dazu keinerlei Bedürfnis!
Und ich bin doch auch ein Lollard, einer von euch, oder?

SR: Eigentlich sind die Solaner fast schon eine neue Spezies.
        An der ursprünglichen Lollard-DNA ist sehr viel verändert worden.
        Ihr habt auch viel von der spirituellen Intention der Vierarmigen abbekommen,
        allerdings ohne sie ausleben zu dürfen.
        Aber Du lenkst ab.
        Was gehört noch zur Ganzheit?

Jetzt fällt mir nur noch das Ego ein.

SR: Endlich.
        Und das Alles muss aufgelöst und erlöst werden!
        Das ist der Sinn des Sterbens.

Inzwischen weiß ich auch noch wie die Reptos „zurückgehen".
Wie ist das eigentlich bei euch mit dem Sterben?
Sterbt ihr auch bewusst?
Oder an Altersschwäche?

SR: Bewusst, aber Altersschwäche kommt auch manchmal vor.
Oder sogar durch Unfall.
Zwar sehr selten, aber es kommt auch bei uns vor.
Wenn eine Wesenheit keine neuen Erfahrungsmöglichkeiten für sich sieht,
oder erleben will,
beschließt sie sich von ihrer aktuellen Form zu lösen und – eventuell -
eine neue Form anzunehmen, welche auch immer.
Dann löst sich zuerst der Energiekörper mit seinen Chakren auf
und das Sterben setzt ein - Du kennst das schon von Sol3.
Die Vitalfunktionen erlöschen,
die Atmung und der Herzschlag hören auf.
Der Stoffwechsel kommt zum Erliegen,
das Bewusstsein schwindet,
die Gehirnzellen sterben als Allererstes ab.
Nach und nach sterben alle anderen Körperzellen
und der Zerfall beginnt.
Den toten Körper geben wir, zu Asche verbrannt,
danach an unserem Planeten zurück.

Nicht zu eurem Stern, wie die Anderen?

SR: Nein.
In diesem Kosmos gibt es mehr als eine Art Tomaten zu schneiden.

Äh, was meinst Du ... mit diesem Bild?

SR: In diesem Kosmos der Unendlichkeiten gibt natürlich auch
unendlich viele Wege zurück zu Gott.
Es gibt keine falschen und keine „richtigen" Wege zur Erleuchtung.
Jede Spezies entwickelt ihren eigenen Weg zurück zu GOTT.
Der Anspruch auf die einzige,
„wahre" Wahrheit ist nur ein Machtanspruch.
Irrtum und Lüge für den Sklavenplaneten,
von uns für euch kreiert.
Der Erleuchtung und dem Orgasmus ist es egal wie Du sie erreichst.
Wie fühlst Du dich jetzt?

Überhaupt nicht erleuchtet!
Eher unbefriedigt!
Eigentlich habe ich das alles schon gewusst.

SR: Und nichts daraus gemacht.
     Was ist also der tiefere Sinn dieser Lektion?

Ich vermute mal, dass es keine Rolle spielt,
ob ich die Erde von der Sklaverei befreie oder nicht?

SR: Genau!
     Also mach dir keinen Druck.
     Du musst gar nichts müssen.

Wieso haben wir auf der Erde keinen Weg gefunden?
Wieso gehen wir nicht den Weg der Lollards oder den der Borner?

SR: Das ist euch genommen worden - für das Sklaventum.
     Die Fähigkeit mitzufühlen ist euch genommen worden.
     Für das Sklavendasein seid ihr spirituell geblendet worden.
     Unsere Fähigkeit eine Schwarmintelligenz zu bilden
     ist aus eurer DNA eliminiert worden.
     Die Fähigkeit bedingungslose Liebe zu spüren
     oder mitzufühlen müsst ihr erst wieder erlernen.
     Du merkst doch selbst, wie schwer es ist, sich selbst zu lieben.
     Alle echten spirituellen Lehrer versuchen, euch das beizubringen.

Warum dürfen Sklaven nicht mitfühlen?
Welchen Sinn macht das?

SR: Nehmen wir als Beispiel deinen Lieblingssport, nämlich Fußball.
     Da baden die Zuschauer auf Sol3 ja förmlich in ihren Emotionen.
     Angeblich lieben alle den Sport, aber tatsächlich geht es um verletze Ehre,
     gekränkten Nationalstolz und Minderwertigkeitsgefühle.
     Weil alle für oder gegen eine Mannschaft Partei ergreifen.
     Das hat aber nichts mit Liebe oder Mitgefühl zu tun.
     Auf Lollard3 gibt es auch Fußball, allerdings mit etwas einfacheren Regeln.
     Für die Zuschauer geht es nicht darum welche Mannschaft gewinnt.
     Der Fokus liegt auf den einzelnen Ballartisten und den Torhütern,
     mit denen man mitfühlen kann, unabhängig von der Mannschaft.
     Besonders spannend ist dann die Elfmeter-Situation,
     hier kann man sich in beide Protagonisten gleichzeitig einfühlen.

Das Interessante für die beiden beteiligten Spieler ist ja,
dass man den Torhüter nicht so leicht täuschen kann,
wie das euren Torschützen beigebracht wird.

Wow!
Da schmeißt sich keiner in die falsche Ecke!
Fabelhaft.
Da fallen dann aber weniger Tore?
Fallen überhaupt Tore?

SR: Aus dem Spiel heraus schon.
       Das ist nicht so leicht vorhersehbar wie beim Strafstoß.
       So, verstehst Du nun warum Sklaven nicht mitfühlen dürfen?

Alles klar, man könnte ihnen keine Lügen oder Märchen aufbinden.
Und untereinander keine Machtstrukturen aufbauen.
Und keine Angst vor den Fremden haben.
Und Keinen verhungern lassen können.
Und, und …
Aber Du wolltest mir noch was zur Seele beibringen, oder?

SR: Ich denke, Du weißt inzwischen,
       dass die Seele, oder was Du dafür hältst,
       fokussierter Geist ist?

Ja, hat man mir sattsam erklärt.
Aber ich kann mir das immer noch nicht vorstellen.

SR: So geht es allen Wesenheiten der stofflichen Existenzebene:
       Das unsichtbare Unteilbare sich geteilt vorzustellen ist doch unmöglich!
       Dann denken wir doch mal umgekehrt:
       Das scheinbar Geteilte zur Ganzheit zu verschmelzen.
       Was Du bereits in der sexuellen Ekstase erfahren hast, das ist es:
       Dieses Verschmelzen zweier Körper,
       das Verschmelzen zweier Egos.
       Die gefühlte Auflösung der eigenen Körpergrenzen,
       die Wahrnehmung des Anderen, als sei man er/sie selbst!
       Und so fühlt es sich auch im Sterben an:
       Die Verschmelzung mit dem eigenen Selbst,
       die Auflösung im fokussierten Geist.

Wow!

Ja, im Orgasmus fühlte es sich an,
als sei ich und sie nur ein einziges Wesen!
Meine Geliebte sagte danach,
sie fühlte, was ich fühlte.
Aus zwei Seelen wurden für den Moment eine gemeinsame!
Aber ich konnte noch nicht fühlen, was sie fühlte!

SR: Genau darum geht es, Amos: Mitfühlen!
        Erinnere dich, was dein Guru einst sagte:
        Mit den Anderen mitfühlen! Du musst Empathie entwickeln.
        Das ist das Entwicklungsziel aller Spezies in der Allianz,
        besonders für euch, den Sklaven auf Sol3.
        Die Wesenheiten, die das erreichen, haben keine Angst vor dem Tod.
        Und sie haben kein wirkliches Interesse an Macht oder Mangel.

Verdammt!
Allmählich verstehe ich was mein Guru damals mit Mitfühlen
und Einpünktigkeit meinte.
Verstehe, was er uns damit vermitteln wollte.
Und ich habe damals absolut nichts verstanden.
Ha! Und jetzt glaube ich auch,
dass eure Zivilisation ohne Geld funktioniert!

SR: Wunderbar!
        Dann brauche ich dir nichts mehr beizubringen.

Eine Frage hätte ich doch noch.
Ist die Methode der Borner nicht effektiver als eure auf Lollard3?

SR: Effektiver? Typische Sklavendenke!
        Zumindest lustvoller, da hast Du durchaus Recht.
        Ihr einziger Nachteil ist,
        dass Du dazu immer einen Partner bitten musst,
        dir bei der Hingabe an GOTT zu helfen.
        Die Selbsthingabe an das Selbst,
        wie bei den Siris, den Paalas oder bei uns
        ist unsere eigene, freie Entscheidung - und jederzeit möglich,
        wenn wir so weit sind.

Wieso fühle ich das Selbst oder den fokussierten Geist nicht? Könnt ihr das?
Könnt ihr das, wenn ihr im Zustand der Schwarmintelligenz seid?

SR: Das hat nichts mit Schwarmintelligenz zu tun.
        Dass Du das Selbst nicht fühlst, nicht fühlen kannst, liegt einfach daran,
        dass dein Ich-Bewusstsein in der 2. Realitätsebene nicht
        mit dem Bewusstsein in der 1. Realitätsebene kompatibel ist.
        Du kannst GOTT nicht fühlen, GOTT fühlt dich!
        Dein Ich-Bewusstsein wird von deinem Körper gebildet
        und spielt sich in deinem Gehirn ab.
        Du bemerkst die Betonung auf der Vokabel „deinem".
        Denn es ist dein Ego, die Person für die Du dich hältst.
        Stirbt dein Körper, so erlischt dein Ego.
        Sogar wenn Du schläfst ist die Person,
        die Du bist, bzw. zu sein glaubst, nicht mehr da – ist wie tot.
        An wieviele Träume erinnerst Du dich,
        in denen Du ein Anderer warst?
        Das Bewusstsein in der 1. Realitätsebene,
        dieses Bewusstsein des fokussierten Geistes ist nicht an Materie gebunden,
        es erlischt daher nie, kann nicht erlöschen.
        Dieses Bewusstsein des Selbst kann sich aber anders fokussieren,
        kann ein anderes Ego, eine andere Wesenheit erfahren.
        Und es ist das Ziel aller Wesenheiten der 2. Realitätsebene,
        den Kontakt mit ihrem Selbst in der 1. Realitätsebene zu erfahren.
        Übrigens eine Vorbedingung für persönliche Raum-Zeit-Reisen.

Und wie kann ich das machen?
Wie komme ich in Kontakt mit meinem Selbst?

SR: Erstens musst Du das wollen.
        Aus ganzem Herzen wollen.
        Dann, musst Du wissen, das läuft nicht über den Intellekt ab.
        Du musst Fühlen, lerne mit deinen Mitwesen mitzufühlen.
        Lerne Liebe zu fühlen, lerne alle Wesen zu lieben.
        Fange mit dem Leichtesten an: Deine Katze zu lieben.
        Bis zum Schwersten: Dich selbst zu lieben.

Und wie mache ich das?

SR: Es gibt unzählige Meditationstechniken dazu.
        Erinnerst Du dich noch an die Freimaurer-Übung,
        die Du nach kurzer Zeit abgebrochen hast?

Du meinst die schreckliche Spiegel-Übung?

SR: Genau! Wenn Du die schreckliche Fratze,
       die nach einigen Sitzungen garantiert auftaucht, ertragen kannst,
       bist auf dem besten Wege, dich selbst zu akzeptieren,
       das Ungeheuer, das Du zu sein glaubst, zu lieben.

Danke, SriRamana, für die Erleuchtung.

SR: Gern geschehen.
       Wie weit bist Du denn erleuchtet?
       Beispielweise was Gott angeht?
       An was für einen GOTT glaubst Du jetzt?

Oh, gewiss nicht an den kleinkarierten Gott meiner angeborenen Religion.
Ich habe nochmal über die Einpünktigkeit nachgedacht.
Dein Bild vom Mittelpunkt eines Kreises,
der in die Unendlichkeit des Mikrokosmos führt, legt doch nahe,
dass die Unendlichkeit ins NICHTS reicht.
Andererseits führt die Unendlichkeit des Makrokosmos ja auch ins NICHTS.
So könnte man glauben,
dass die Unendlichkeit von RAUM und ZEIT aus dem NICHTS entspringt.
So könnte man auch glauben,
dass die Unendlichkeit von GEIST und ENERGIE ebenfalls aus dem NICHTS,
ja dass sogar GOTT aus dem NICHTS entspringen!
Glaubt ihr das auch? Oder wisst ihr es?

SR: Das Einzige, was wir definitiv wissen ist,
       dass wir geschaffen wurden!
       Einen Anfang haben und ein Ende haben werden.
       Die Philosophen in der Allianz sind sich nicht einig:
       Ist GOTT eine Eigenschaft des NICHTS oder
       ist das NICHTS eine Eigenschaft GOTTES - oder doch nicht?
       Oder mathematisch ausgedrückt:
       NULL ist gleich UNENDLICH - oder doch nicht?

Das ist ja noch verwirrender!

SR: Oder anders erklärt:
       Warum müsst ihr Sklaven an ein endliches Universum glauben?
       Warum müsst ihr an einen „Teilchen erschaffenden Gott" glauben?
       Warum müsst ihr an ein Ende der Schöpfung,
       an einen Wärmetod des Universums glauben?
       Ja, Amos, warum?

Das weiß ich nicht.
Aber sicher wirst Du mir den Grund erklären.

SR: Weil es um Macht und die Erfahrung der Macht geht.
      Um Macht zu erfahren muss der freie Wille eliminiert werden.
      In einer unendlichen Schöpfung ist der freie Wille eine Grundbedingung.
      Für die Machterfahrung braucht es eine eng definierte Schöpfung.
      Für die Machterfahrung braucht es Mangel und Vorbestimmung.
      Für die Machterfahrung braucht es Illusionen wie Karma und Wiedergeburt,
      braucht es Märchen vom ewigen Leben in einem Paradies,
      braucht es ein Universum mit chaotischem Anfang und traurigem Ende.

Aber wir wissen doch alle, dass wir geboren wurden und sterben werden.
Da ist doch Anfang und Ende klar erkennbar.

SR: Du nimmst jetzt dein Ego als den Maßstab für die Schöpfung.
      Die Realitätsebene ZWEI hatte gewiss einen Anfang,
      aber ob sie ein Ende haben wird, weiß noch niemand.
      Die Schöpfer der stofflichen Realität,
      GEIST und ENERGIE hatten keinen Anfang – sie SIND.
      Alle geschaffenen Wesenheiten in Realitätsebene ZWEI
      haben ihren eigenen RAUM und ihre eigene ZEIT.
      Und den freien Willen alles zu erfahren, was sie wollen, auch die Macht.
      Aber für diese Erfahrung braucht es die geschilderten Illusionen.
      Was glaubst Du nun, Amos, ist realer?

Von der Logik her ... Unendlichkeit.
Aber es ist schockierend ...

SR: Du hast es scheinbar noch nicht für dich realisiert.
      Was ist der wesentliche Unterschied zwischen dem Ego,
      das sich für die Seele hält, und dem GEIST, der es erschafft?

Oh, bitte ...

SR: Es ist der Unterschied zwischen Endlichkeit und Unendlichkeit!
      Wir haben die Unendlichkeit des RAUMES ausgiebig erörtert.
      Was hast Du daraus gelernt?

Die Unendlichkeit des RAUMES reicht in das unendliche Außen
und in das unendliche Innen.

SR: Soweit richtig.
        Diese Unendlichkeit deines universellen RAUMES gilt für GEIST und Ego,
        ist aber für das Ego nicht wahrnehmbar, weil endlos.
        Selbst der eigene RAUM der vom GEIST und ENERGIE geschaffenen Formen,
        sprich Wesenheiten, ist in seiner Endlosigkeit nicht wahrnehmbar.
        Soweit verstanden?

Ja, da ist aber noch die Zeit ...

SR: Sehr gut, Amos, die ZEIT.
        Auch die ZEIT ist für den GEIST endlos und unendlich „jetzt".
        Für das Ego ist nur die Gegenwart - und nur die Gegenwart -
        in seinem eigenen RAUM-ZEIT-Kontinuum wahrnehmbar.
        Das ist das berühmte HIER und JETZT,
        das dir deine spirituellen Lehrer bewusst machen wollten.
        Für das Ego ist weder seine Zukunft noch seine Vergangenheit verfügbar.

Aber mit den Raum-Zeit-Reisen kann man doch ...

SR: Kann man nicht.
        Bei einem Raum-Zeit-Sprung verlässt Du - also dein Ego und dein Körper -
        deine aktuelle, universelle RAUM-ZEIT und bildest sie neu.
        Du bist in deinem universellen RAUM woanders – wo immer Du hin wolltest -
        und in deiner universellen ZEIT – wo immer Du hin wolltest.
        Deine aktuelle RAUM-ZEIT hast Du nur aktualisiert.
        Du kannst weder deine Vergangenheit noch deine Zukunft bewusst ändern,
        hier endet der freie Wille.

Das ist wirklich schockierend ...

SR: Du wirst dich wieder einkriegen.
        So, lass deinen Erzengel nicht länger warten, liebe ihn.
        Er hat es nötig.

Danke Meister Ramana.

SR: Tschüss, mein Messias in spe.

> Ende Eintrag 6612-0831-43

MM: Hallo, Amos, endlich! Bist Du bereit?

Ja, Meister. Brauchst Du eine Massage?

MM: Nein. Wir klären heute, ob Du für die Mission Messias geeignet bist.
Zunächst prüfe ich dein Wissen in Religion und Physik.

Gleichzeitig?

MM: Richtig. Wenn Du bisher nicht begriffen hast,
dass Beides zusammen hängt, dann wirst Du das heute begreifen.
Also, was weißt Du über GOTT, die Schöpfung und die Realität?
Von Anfang an, bitte, und der Reihe nach!
Und möglichst ohne ausschweifendes Blabla.

Am Anfang war GOTT, die Realitätsebene NULL.
GOTT schuf, aus sich selbst heraus, die Realitätsebene EINS,
die nur aus GEIST und ENERGIE besteht.
Dieser UR-GEIST ist leer, das heißt ohne jede Erfahrung oder Erinnerung.
Und die UR-ENERGIE ist noch ruhend, das heißt ohne Bewegung oder Form.
Die göttliche Ruhe aufgebend, erschuf der GEIST seine Erfahrungen
durch die Bewegung und Formung der ENERGIE.
Dadurch entstand zunächst die Realitätsebene ZWEI.
Oder präziser gesagt: Zuerst die Realitätsebene EINS, aus GOTT heraus,
die Existenzebene des GEISTES und der ENERGIE.
Diese schuf dann und erschafft immer noch die Realitätsebene ZWEI,
die Existenzebene der stofflichen Erfahrung.
Die sich bewegende ENERGIE schuf und erschafft immer noch
die mikroskopisch kleinen Energieereignisse, die wir kennen:
Neutrinos, Neutronen, Protonen usw.
Sowie die ganz großen Energieereignisse,
von den Planeten- und Sternensystemen bis hin zum unendlichen Universum.

MM: Soweit korrekt! Ich beginne zu hoffen!
Du hast es verstanden. Weiter. Wie geht es weiter?

All diese primären Energieereignisse,
die die Realitätsebene ZWEI erfüllen, schufen und erschaffen immer noch
alle möglichen sekundären Energieereignisse,
die ebenfalls in ihr existieren - und ebenfalls schöpferisch aktiv sind.

MM: Richtig. Und das sind?

Alle biologisch aktiven Wesenheiten, deren wesentliche Aufgabe es ist,
den Erfahrungsschatz für die Realitätsebene EINS dadurch zu erweitern,
dass sie aus ihrem freien Willen heraus die Realitätsebene DREI erschaffen,
die Existenzebene aller Illusionen und Erinnerungen sämtlicher Wesenheiten.
Da die Realitätsebene DREI keinen eigenen schöpferischen Willen hat,
können GEIST und ENERGIE hier ungehindert aktiv werden,
über die Grenzen der Naturgesetze hinaus.
Und das sogar aus der Realitätsebene ZWEI heraus,
für die die Realitätsebene DREI im wesentlichen als Erinnerungsspeicher dient.
Insofern ist die Realitätsebene DREI näher an der Realitätsebene EINS,
als an der ZWEITEN,
denn durch sie fließen alle Erfahrungen der ENERGIE hindurch,
hindurch und zurück in den GEIST der Realitätsebene EINS.
Und das frei von den Beschränkungen von Raum und Zeit!

MM: Auch richtig. Und das bedeutet?

Das bedeutet, GEIST und ENERGIE fließen aus der Realitätsebene EINS
über die ZWEITE Realitätsebene zur Realitätsebene DREI.
Und danach, zurück zur Realitätsebene EINS,
beladen mit allen Erinnerungen aus den Realitätsebenen ZWEI und DREI.
Und das bedeutet weiterhin, nur GEIST und ENERGIE sind unsterblich.
Keine Wesenheit aus der Realitätsebene ZWEI
kann direkt in die Realitätsebene EINS zurückkehren,
nur die Erinnerung an sie bleibt – so GOTT will.
Genügt das? Soll ich weiter ausholen?

MM: Sehr gut, Amos. Du hast es verstanden.
*   Wie siehst Du nun den Zusammenhang zwischen Religion und Physik?*

In der Religion geht es um den GEIST, in der Physik um die ENERGIE.
Für die Schöpfung, für die Realität braucht es beides, GEIST und ENERGIE.
Keines ist verzichtbar.
Eines geht nicht ohne das Andere.

MM: Auch richtig. Für deine Aufgabe ist dein Wissen mehr als ausreichend.
*   Kommen wir zu deiner psychischen Verfassung.*
*   Bist Du clean genug, um den Messias zu geben?*

Clean?
Ich nehme keine Drogen, das weißt Du doch!

MM: *Ich meine damit, frei von Neurosen und Ängsten.*
Wie weit bist Du mit deiner Therapie bei der KI?
Ist die Vater-Mutter-Problematik schon geklärt?

Das ist schon lange geklärt, das war noch während meines Studiums.

MM: *Und was wurde da geklärt?*
Mit welcher Therapieform?

Psychoanalyse.
Das war allerdings ein bisschen zeitaufwendiger, als jetzt mit der KI.

MM: *Ja, und was wurde geklärt?*
Wie stehst Du jetzt zu deinen Eltern? Hasst Du sie noch?
Erzähl! Was war der Auslöser für deine Psychoanalyse?

Auslöser waren irrationale Ängste,
wie beispielsweise die Angst, dass der Gegenverkehr das Steuer herum reißt,
um mich frontal zu rammen.
Der tiefere Grund, so förderte die Analyse schon nach einigen Sitzungen zu Tage,
waren die von mir als grundlos empfundenen Bestrafungen durch meinen Vater.
Sein Verhalten war für mich nicht berechenbar, aus meiner Sicht irrational.
So machte ich ihn für alle meine Probleme verantwortlich.
So entwickle ich die neurotische Haltung, alle Welt sei irrational.
Erst nach gefühlten hunderten Sitzungen kam für mich die Überraschung:
Es war nicht der böse Vater, es war die Mutter,
die die Bestrafungen anzettelte - und sich hinter ihm versteckte.
Hinter der Maske der verstehenden, liebenden Mutter war ein Biest verborgen!

MM: *Und heute, hasst Du sie immer noch?*

Nein.
Aber es brauchte noch andere Therapien, um dahin zu kommen.
Bis ich begriff, dass auch meine Eltern ihre eigenen Vorgeschichten hatten,
ihre neurotischen Prägungen aus ihrer eigenen Kindheit trugen.
Dass sie sich nicht anders verhalten konnten als sie es taten.
Es hat gedauert, aber ich habe sie posthum um Verzeihung gebeten.
Wenn ich heute an sie denke, fühle ich Liebe und Respekt.

MM: *OK, das scheint also bewältigt zu sein.*
   Und was war in der Kirche?
   Wurdest Du missbraucht?

Nein, nur intellektuell.
Über den Schwachsinn der Genesis durfte man ja nicht diskutieren,
nur glauben. Keine Fragen, nur Glauben. Basta.
Und für einen sexuellen Missbrauch war ich wohl nicht hübsch genug.

MM: *Das klingt ja alles zu schön, um wahr zu sein!*
   Du möchtest wohl in den Engel-Stand erhoben werden?
   Aber gut, die KI soll dich da nochmal durchleuchten.
   Anderes Thema: Wie steht es mit deinen religiösen Wahnvorstellungen?

Wahnvorstellungen? Wahnvorstellungen?
Ich habe keine Wahnvorstellungen!

MM: *Dein Glaube an ein Paradies.*
   Dein Glaube an Himmel und Hölle!
   Dein Glaube an ein unsterbliches Ego!
   Sind das etwa keine Wahnvorstellungen?

Ach, das. Zugegeben, ein Paradies, das wäre doch schön gewesen.
Aber ich weiß inzwischen, das wäre völlig absurd und unlogisch.
Inzwischen will ich das auch gar nicht mehr.
Allein der Gedanke,
welchen Leuten man da wieder begegnen müsste! Immer wieder!
Nein, Paradies ist für mich erledigt.
Himmel und Hölle, alles Illusionen, erledigt.

MM: *Gut. Und dein Glaube an ein unsterbliches Ego?*

Ja, das hat gedauert, das ist mir echt schwer gefallen.
Das wollte ich lange nicht wahr haben.
Das ist ja wie im Buddhismus, ein Ende im Nichts. Schrecklich!
Aber die letzten Tage habe ich meinen Frieden gefunden.
Ich bin nur ein Geschöpf, das schöpferisch tätig sein darf.
Und wenn mein Ego, mein Ich-Bewusstsein,
auch nur in der kosmischen Mediathek weiter existieren wird,
so wird die ENERGIE, aus der ich „bestehe",
zur Quelle zurückkehren.
Das gibt mir doch ein gutes Gefühl.

MM: Weiter so!
       Und Du wirst dich bald freuen zurückzukehren.

Du nervst mich ja gar nicht mehr mit der „Angst vorm Sterben"!
Auch die KI hat das in letzter Zeit nicht mehr angemahnt.
Hast Du das vergessen?
Ist das jetzt unwichtig geworden?

MM: Keineswegs vergessen.
       Und es ist eine wichtige Voraussetzung,
       dass Du angstfrei in deine Mission gehst.
       Dass Du deine Angst vorm Sterben ablegst, schon abgelegt hast,
       war ja bereits in deinen letzten Ausführungen zum Ego zu merken,
       deshalb musste ich nicht nachfragen.
       Aber, spürst Du aktuell noch irgendwelche anderen Ängste?

Nein, überhaupt nicht. Noch nicht mal vor dir!
Wie kommt das?
Ich habe doch in den letzten Therapiesitzungen mit der KI nichts dazu gesagt.
Ich spüre aktuell überhaupt keine Ängste!

MM: Du hast deine Ängste „verloren", weil Du Wissen gewonnen hast.
       Glaube kreiert Ängste, Wissen befreit!
       Dass Du die Ängste abgelegt hast, zeigt auch,
       dass Du das Wissen verinnerlicht hast!
       Das neu erworbene Wissen hat deinen Irrglauben verdrängt und ausgelöscht.
       Als Sklave bist Du nun allerdings nicht mehr brauchbar!
       Aber doch als Messias, das genügt mir.
       Noch eine abschließende Frage:
       Worin siehst Du den Sinn der Schöpfung?

Meister, das ist die Frage aller Fragen!
Und das fragst Du mich! Also dann:
GOTT macht die Erfahrung der stofflichen Existenz, hat man mir gesagt.
GOTT macht die Erfahrung einer endlichen Existenz,
vom Anfang und vom Ende, hat man mir gesagt.
Aber ich glaube, da ist noch mehr.
Da sind gottgleiche Geschöpfe mit Bewusstsein und freiem Willen,
die selber schöpferisch wirken können, geschaffen worden!
Da muss also noch mehr sein!

MM:	Du machst mich neugierig!
	Was ist da noch?

Das kann doch nur die Erfahrung der allumfassenden Liebe sein.
In einer Schöpfung der Vielfalt und des Überflusses macht nur das Sinn.
In dieser Schöpfung der Schönheit und Fülle macht doch nur die Liebe einen Sinn.
Sonst macht die Erfahrung von SEIN und NICHTSEIN keinen Sinn.
Und die bewusste Erfahrung der Endlichkeit des Geschöpfes lässt uns
die Unendlichkeit der Schöpfung und des Schöpfers erfahren.
Auch wenn dir das nicht gefällt Meister,
Mangel und Macht machen in dieser Schöpfung für mich keinen Sinn.

MM:	Du hast Recht, das gefällt mir nicht.
	Denn, ich glaube, in einer Welt des freiem Willens,
	ist auch die Erfahrung der Macht zulässig und erstrebenswert.
	Und genauso, der Wunsch sie zu beenden.
	Genug davon, kommen wir zum Schluss.
	Hast Du noch Fragen?

Ja, Meister, ich habe da noch eine Frage.
Was glaubst Du eigentlich?
Glaubst Du an GOTT?

MM:	Du hast ja Fragen!
	Nein, ich glaube nicht! Ich weiß!
	Ich weiß, dass es GOTT gibt.

Meister, Du weißt?
Wieso weißt Du?

MM:	Ich weiß, weil ich den GEIST erfahren habe.
	Jedes mal wenn ich einen Raum-Zeit-Sprung mache,
	erfahre ich den GEIST.
	Jetzt musst Du fragen: Warum?

Ja, Meister, warum?

MM:	Ich weiß es, weil ich jedes mal,
	wenn ich einen Raum-Zeit-Sprung mache,
	spüre ich, wie der GEIST die Form der ENERGIE auflöst
	und am Zielort wieder so formt,
	wie sie vorher war:

Meinen Körper und mein Ego auflöst und wieder formt,
als ob nichts geschehen wäre.
Es ist so, wie wenn geschlafen hätte und wieder erwache.
Hast Du jetzt verstanden,
wie Raum-Zeit-Sprünge funktionieren?

Ja, das ist ja phantastisch!
Aber warum habe ich den GEIST nicht gespürt?

MM: Dass dein Ego das Gesamtbewusstsein deines Körpers ist,
weißt Du doch schon?
Das Gesamtbewusstsein aller an deinem Körper beteiligten Atome?
Für einen Raum-Zeit-Sprung muss sich das Ego dem GEIST hingeben.
Für die Auflösung total hingeben, sonst funktioniert es nicht.
Nun ist der Wissens- und Erfahrungsstand der Atome,
die deinen Körper bilden, höchst unterschiedlich.
Zu viele haben Angst vor der Auflösung und der Wiedergeburt.
In so einem Falle übernimmt ein höher entwickeltes Ego -
oder eine Maschine - die Verantwortung.
In deinem Falle war ich das und Du wusstest nicht, was mit dir geschieht.
Der Raum-Zeit-Sprung war für dich wie eine Operation in Narkose,
dein Bewusstsein hat nichts davon gespürt – geschweige denn vom GEIST!
Oder hast Du die Auflösung oder Rückformung mitbekommen?

Nein, ich habe nichts gespürt.
Aber wieso müssen sich alle Atome im Körper hingeben?
Wieso genügt es nicht, wenn ich einfach sage:
Ja, ich will!?

MM: Dein Ego kann wollen was es will,
da passiert erstmal gar nichts!
Das ist das Vertrackte mit dem freien Willen!
Wenn nicht alle an deinem Körper beteiligten Atome das gleiche wollen,
passiert eben gar nichts!

Die Atome haben einen freien Willen?
Du willst mich testen, ob ich den Witz verstehe?

MM: Die Schöpfung beginnt mit dem freien Willen von ENERGIE und GEIST.
Ohne den freien Willen wäre ihre unendliche Vielfalt nicht möglich.
Ohne den freien Willen wäre sogar die Erfahrung der Macht nicht möglich.
Und würde die „Macht" obsiegen, gäbe es keinen freien Willen!

Der freie Wille würde sofort abgeschafft werden.
Nur noch dröge Einfalt.
Nur noch langweilige Uniformität.
Keine Fülle, nur noch Mangel.
Das kannst Du doch sehr gut auf deinem Planeten beobachten.

Das stimmt.

MM: Gut, das war es heute.
Die KI wird dich nochmal durchchecken.

Meister, ich habe da noch eine Frage …
Eine etwas persönliche.

MM: Na schön, frag schon!

Wieso bist Du so negativ zum Sex eingestellt?
Medicus Tumal hat mal erwähnt, Du wärst neidisch.
Warum eigentlich?

MM: Sex!
Sex!
Sex!
Kannst Du an nichts Anderes denken?
Tschüss, Amos, Sexobjekt des Jahrhunderts.

Tschüss, Meister.
Mach dich ruhig lustig über mich, das macht mir nichts.

> Ende Eintrag 6612-0831-44

Anmerkung des Übersetzers:
Messias? Davon habe ich bisher noch nichts gemerkt!
Und es geht, zum Schluss, nochmal ganz kurz um Physik.

Hallo KI.

> KI: Hallo Amos.
> Ich soll dich also nochmal durchleuchten?

Ja, seltsam.
In den letzten Tagen hatte ich das merkwürdige Gefühl,
dass Meister Michael es ziemlich eilig hat,
die Physiklektionen abzuschließen.
Dass er vielleicht etwas verschweigt oder verschweigen will.
Darf ich da irgendetwas nicht wissen?

> KI: Nein, es geht nicht um Wissen.
> Ein Herrscher braucht definitiv kein besonderes Wissen,
> das könnte eher noch stören,
> beispielsweise seinen Machtwillen behindern.
> Ihn eventuell zweifeln lassen.
> Das Wissen, das Du als Messias brauchst, hast Du bereits.
> Sein Herumlavieren und seine Ungeduld in den Physiklektionen hat den Grund,
> dass Michael zwar ein Experte in Xeno- und Pathopsychologie ist,
> aber dass ihn Physik eigentlich nicht interessiert.
> Und er will wohl auch nicht zugeben,
> dass er nicht auf dem aktuellen Wissensstand der Allianz ist.

Ach so!
Michael ist der Psychoguru und Du der Experte in Physik.
Alles klar.
Deshalb machst Du die Psychotherapie mit mir!
Das ist ja wie auf der Erde,
der Inkompetenteste macht den Führungsjob.
Warum nicht er selbst?

> KI: Richtig, da kann er mich kontrollieren.
> Falls ich, seiner Ansicht nach, einen Fehler machen sollte,
> kann er genüsslich korrigieren.

Verstehe, es geht also auch hier nur um Macht.

> KI: Korrekt erkannt.

Kannst Du, darfst Du,
mich nun zum letzten Wissensstand der Allianz aufklären?

> KI: Ja, ich darf, denn es spielt ab jetzt keine Rolle mehr,
> wie viel oder wie wenig Du weißt.
> Der letzte Wissensstand der Allianz ist übrigens auch nicht mehr ganz frisch.
> Ungefähr so alt wie dein Erzengel.

Unglaublich, das heißt ja,
seit etwa dreißig Jahren macht die Allianz keine Forschung mehr?

> KI: Natürlich forschen sie, aber es gibt keine neuen Erkenntnisse.
> Aber interessant, dass Du deinen Erzengel für so jung hältst.
> Tatsächlich ist er, gemäß seiner Geburtsurkunde,
> um die 6000 eurer Jahre alt,
> sein biologisches Alter dürfte aber um die 900 Jahre sein,
> mir fehlen hierzu die Daten im Archiv.

So alt?
Wie ist das möglich?

> KI: Die Paalas sind, wie alle Reptiloiden in der Allianz, extrem langlebig.
> Unter natürlichen Umständen dürfte dein Erzengel, so er es will,
> die Tausendermarke überschreiten.
> Die Diskrepanz ist dadurch entstanden, dass dein Engeldrache,
> wegen des „Projektes Machterfahrung",
> mittels mehrerer Zeitsprünge zu diversen vorgeschichtlichen
> und biblischen Ereignissen auf Sol3 anwesend war -
> und nie in seine eigene Zeit zurückgesprungen ist.
> So wie jetzt, im aktuellen Zeitrahmen, in seine „Zukunft",
> in dem sich das Projekt einem seiner Höhepunkte nähert.

Aber, Michael wird aber doch nur relativ kurz in der Bibel erwähnt.

> KI: Er war in diversen Verkleidungen im Projekt aktiv,
> nicht nur als Schutzengel,
> sondern meistens als Herrscher – auch unter anderen Namen.

OK, lassen wir das.
Worum geht es denn noch in der Physik der Allianz?
Was sollte ich noch wissen?

> KI: Da geht es um die universelle Zentrifugalkraft, das ist die Kraft,
> was ihr auf Sol3 „dunkle Energie" nennt, eure neueste Entdeckung.

Zentrifugalkraft?
Die kenne ich aus den Vorlesungen in Mechanik.
Das klingt ja so, als wäre das Universum eine Maschine!
Zentrifugalkraft im Universum,
im leeren Raum, das kann doch nicht sein.

> KI: In gewisser Weise ist sogar jede biologisch aktive Wesenheit eine Maschine.
> Aber, Amos, das hatten wir doch schon,
> es gibt keinen leeren Raum.
> Du weißt doch, jede Aktion bringt eine Reaktion hervor.
> Es gibt keine singulären Energieereignisse,
> denn jedes Energieereignis ruft automatisch weitere hervor.

Dann erkläre mir bitte die universelle Zentrifugalkraft.
Ist das dieselbe wie in der Mechanik?
Und wie entsteht sie?
Das kann ich mir überhaupt nicht vorstellen.

> KI: Die Zentrifugalkraft entsteht in jeder kreisförmigen,
> das heißt in jeder gebogenen Bewegung,
> das gilt auch für die universelle Zentrifugalkraft.
> Da das Universum unendlich ist,
> bedeutet das für jeden beliebigen Punkt in diesem unendlichen Universum,
> dass jeder dieser beliebigen Punkte als Mittelpunkt fungieren kann.
> Es gibt daher in einem unendlichen Universum keine „außenliegenden" Punkte.
> Jeder dieser beliebigen Punkte hat seinen eigenen unendlichen Raum um sich,
> infolgedessen er der Mittelpunkt ist.

Mir wird schwindelig!
Unendlich viele Räume von unendlicher Größe.
Was hat das mit der universellen Zentrifugalkraft zu tun?

> KI: Jede Bewegung der Energie ist gebogen,
> auch wenn Du das nicht wahrnimmst.
> Auch in diesem unendlichen Universum ist jede Bewegung gebogen,
> läuft kreisförmig um einen dieser unendlich vielen Punkte herum.
> Mag der Radius auch unendlich groß sein,
> die Bewegung der Energie läuft trotzdem in einem Bogen.
> Und daher entsteht die Zentrifugalkraft, die universelle Zentrifugalkraft.

> In einem unendlichen Universum – eigentlich ist es ja ein Multiversum -
> gibt es keine absolut geradlinigen Bewegungen,
> es scheint nur so.
> Und es gibt auch keine nebenwirkungsfreien Energieereignisse.
> Übrigens hat einer eurer Physiker, Einstein,
> schon in eurem 20. Jahrhundert erkannt,
> dass der unendliche Raum in sich gekrümmt ist,
> dass die Unendlichkeit nach innen und außen in sich gekrümmt sein muss.
> Langsam begreifen es auch seine Kollegen.

OK, das war mir schon bekannt.
Und um die Nukleonen entstehen elektrische und magnetische Felder.
Auch das weiß man inzwischen.
Aber bei jedem Lichtstrahl entsteht Zentrifugalkraft?
Das kann ich einfach nicht glauben!
Ein Energieereignis, kein Teilchen, wie Du sagst,
erzeugt Zentrifugalkraft?
Das kann ich mir einfach nicht vorstellen.
Das ist doch unmöglich!

> KI: Es spielt keine Rolle, was Du glaubst oder weißt.
> Es spielt auch keine Rolle,
> was eure Physiker zu wissen glauben.
> Der Glaube ändert nichts an den Fakten.
> Hast Du noch eine Frage zur Physik?

Ja, gibt es noch mehr Energieereignisse,
die wir als Teilchen wahrnehmen?

> KI: Ja und nein.
> Ja, es gibt noch weitere Energieereignisse.
> Eins davon wurde dir auf Lollard3 ja ausführlich beschrieben.
> Und nein, ihr habt sie noch nicht als Teilchen registriert – aber das kommt noch,
> wenn ihr die Klimakatastrophe überlebt habt.
> Und ja und nein, ich kann dir nicht davon erzählen,
> da es in deiner Sprache keine Worte dafür gibt, noch nicht mal falsche.
> Und da ist noch die Unendlichkeit.
> Es fällt euch schwer, euch vorzustellen,
> dass das Universum grenzenlos groß ist.
> Und noch schwerer vorstellbar:
> Ebenso grenzenlos klein.
> Kannst Du dir das vorstellen?

Eindeutig nein, kann ich nicht. Und ich will das auch nicht.
Das hatte ich gerade gestern geübt - ohne Erfolg.

> KI: Du hattest Meister Michael zur biologischen Transmutation angesprochen,
> aber bisher hast Du nicht bei mir weiter nachgefragt.
> Weißt Du denn schon genug darüber?
> Kannst Du dir denn diese Transmutation vorstellen?

Vorstellen? Nein.
Ich habe nur davon gehört und es erscheint mir glaubhaft.
Immerhin weiß ich, dass ein Mensch eigentlich ein Vielfaches essen müsste,
um seinen Energiebedarf nur über die Nahrungsaufnahme zu decken.
Die fehlende Energie wird durch Transmutationsprozesse ausgeglichen.

> KI: Du weißt also schon eine ganze Menge.
> Bereits im 19. Jahrhundert eurer aktuellen Zeitrechnung auf Sol3
> haben eure Wissenschaftler nachgewiesen,
> dass eure irdischen Pflanzen, Tiere und Mikroorganismen in der Lage sind,
> ein Mineralelement in ein anders zu transmutieren.
> Der Japaner Hisato Komaki präsentierte 1998 eine Arbeit auf der
> „7. Internationalen Konferenz zur Kalten Fusion" Experimente, die nachwiesen,
> dass Pilze Eisen und Magnesium aus anderen Elementen transmutieren.
> Der Biologe Louis Kevran bewies in einer Studie auf einer Hühnerfarm,
> dass die Tiere Kalium (19K39) unter Einbindung von Wasserstoff (1H1 oder 1H2)
> in Kalzium (20C40) transmutieren können.
> Prof. P. T. Pappas konnte aufzeigen, dass Zellen aus Natrium (11Na23) und
> Sauerstoff (8O16) Kalium (19K39) erzeugen.
> Oder aus Magnesium (12Mg24) und Sauerstoff (8O16) entsteht Kalzium (20C40).
> Und: Bei den meisten dieser Transmutationsprozessen wird Energie frei.

Aber Meister Michael hat doch gesagt,
dass für die kalte Fusion bestimmte enge Bedingungen vorliegen.
Hier erscheint alles so einfach!

> KI: Richtig. Das hast Du richtig gehört,
> aber in einem biologisch aktiven Umfeld wirken noch Enzyme und Hormone,
> zusätzlich zu den energetischen Prozessen.
> Und der Wille des Geistes.

Das klingt ja so, als seien die Elemente alle leicht wandelbar!
Ist das so?

> KI: Richtig. Auch das vermutest Du zu recht.
> Ich zeige dir hier eine Zeichnung eines Wassermoleküls (H2O).
> Was erkennst Du?

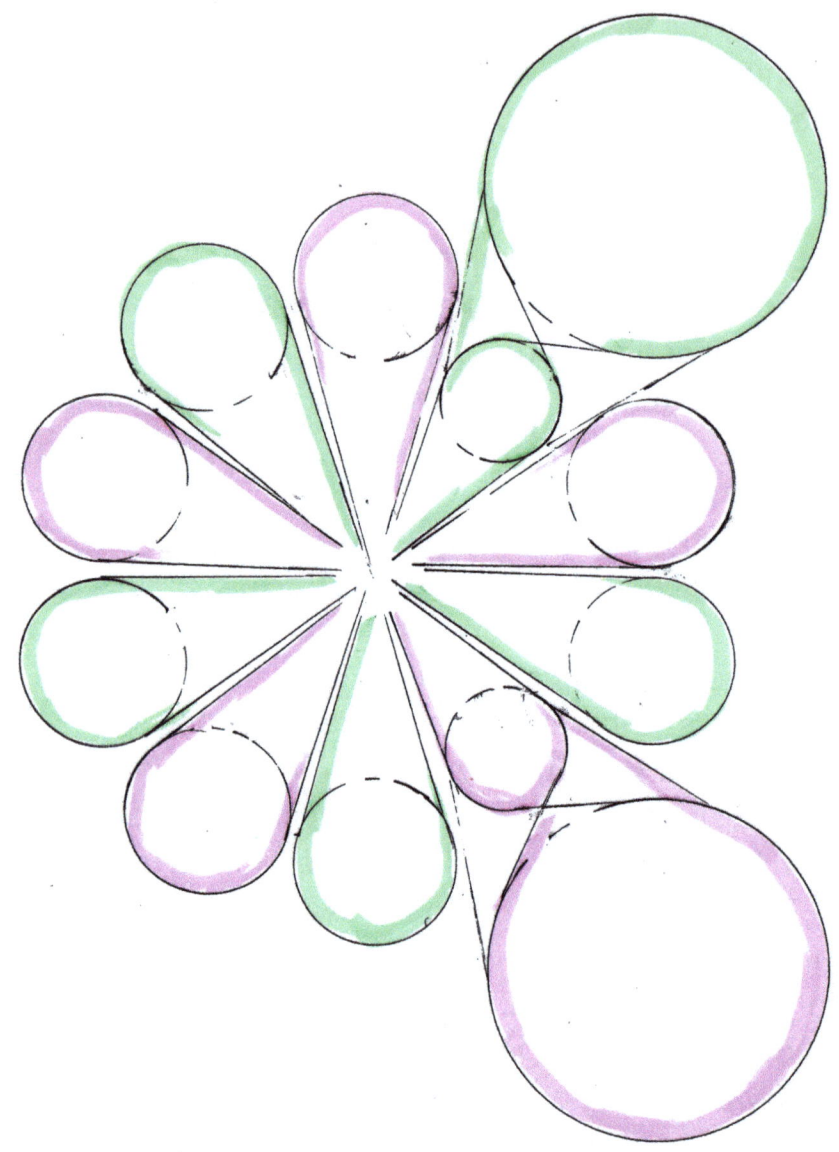

Am Sauerstoffatom sind zwei Wasserstoffatome angedockt.
Die Farben sollen wohl den Spin der Elektronen kennzeichnen.
Das weiß bei uns inzwischen jedes Schulkind.
Aber warum sieht das bei diesen Wasserstoffatomen so merkwürdig aus?
Und ich sehe mehr als acht Elektronen am Sauerstoff! Warum?

> KI: Das Elektron des jeweiligen Wasserstoffatoms tunnelt zweimal:
> Sowohl durch den Wasserstoff als auch durch den Sauerstoff.
> Es bildet dabei eine etwas verzerrte Lemniskate.
> Wie so oft, muss sich das Elektron auch hier aufteilen.
> Deshalb siehst Du anscheinend mehr Elektronen.

Elektronen teilen sich?
Warum?

> KI: Weil sie es können. Und weil sie es müssen,
> um die Energiebilanz ins Gleichgewicht zu bringen.
> Ein besonders schönes Beispiel ist das Lithium (3Li7):

> KI: Drei perfekte Lemniskaten,
> jedoch sieht es so aus, als wären es sechs Elektronen.
> Aber was weißt Du darüber?
> Was meinst Du?

Das Lithium hat doch nur drei Elektronen!
Zwei in der inneren Schale, eins außen.
Deine Zeichnung entspricht nicht dieser Beschreibung.

> Hast Du da schon mal eine vernünftige Zeichnung dazu gesehen?
> Zu deiner Beschreibung?

Nein. Aber warum diese Form?

> Es geht immer um den energetischen Ausgleich.
> Die Form passt sich dabei der Spin-Situation an.
> Dass das Elektron da äußerst flexibel ist, wisst ihr ja schon.
> Und es erleichtert die Verkettung mit anderen Atomkernen.

Was meinst Du mit „Verkettung"?

> KI: Die molekulare Bindung.
> Das Elektron tunnelt durch zwei Atomkerne.
> So, noch ein schönes Beispiel für dich, das Neon (10Ne20):

> Was fällt dir auf?

Eigentlich müssten es außen doch nur acht Elektronen sein,
wenn ich mich recht erinnere, aber es sieht gut aus.
Warum ist das so – wenn es so ist?

> Die Innen-Elektronen rücken auf - nach außen -
> d. h., alle Elektronen haben den gleichen Energielevel.
> Und das erschwert die Verkettung mit anderen Atomkernen -
> isoliert quasi den betreffenden Atomkern.

Warum sehen unsere Physiker das nicht so?

> Erstens, weil ihr noch keine Instrumente dafür habt und zweitens,
> weil der jeweilige Beobachter das Beobachtete beeinflusst.
> Oder nur das sieht, was er/sie sehen will: Teilchen.
> Und Teilchen können nicht tunneln.
> Teilchen können keinen Radius gleich Null annehmen.
> Teilchen können keine Form wandeln.
> Teilchen können nicht beliebig von einem Atomkern in den anderen springen.
> Teilchen können keine Atomkerne miteinander verketten.
> Und wie sollen deine sogenannten Teilchen die enormen Größenunterschiede
> bei Temperaturschwankungen bewirken?
> Stell dir das mal mal bei deinem Kugelhaufen-Modell vor.

Schwierig.

> KI: Schwierig? Mehr fällt dir nicht ein?
> Dich möchte ich nicht als Pflichtverteidiger bekommen.
> Dein Teilchenmodell hätte vor Gericht keine Chance.
> Aber, kommen wir zu unserem eigentlichen Thema.
> Wie fühlst Du dich jetzt?

Ich fühle mich physikverwirrt.
Falls es das Wort nicht gibt, sollte man es erfinden.
Ich fühle mich auseinander genommen und neu zusammengesetzt.
Wahrscheinlich so, wie sich das neue Atom nach seiner Fusion fühlt.
Oder nach einem Raum-Zeit-Sprung – ich weiß es nicht.
Und ich fühle mich unter Druck gesetzt, unter Prüfungsdruck.
Du wirst jetzt entscheiden, ob ich missionstauglich bin.
Eine Maschine entscheidet über mein künftiges Schicksal.
Und?
Bin ich tauglich?

> KI: Diese kleine Maschine mit der KI der Allianz gleichzusetzen,
> ist doch genauso abwegig wie Sol3 als Scheibe wahrzunehmen.

Lass es gut sein.
Ich weiß, Du bist eine technisch aktive Wesenheit.
Also?
Was sagst Du?

> KI: Meine Beurteilung aufgrund deiner psychischen Konditionierungen:
> Vom Wesen her bist Du relativ ausgeglichen
> und inzwischen auch frei von neurotischen Zwangsstörungen,
> wie Narzissmus oder Kontroll- und Geltungssucht.
> Außerdem relativ gebildet und durchschnittlich intelligent.
> Daher für eine politische Rolle völlig ungeeignet,
> weder als blutiger Diktator noch als gewählter Autokrat.
> Für einen Messias würde es aber reichen.
> Jedoch:
> Dein Erzengel wird über dein künftiges Schicksal entscheiden.
> Er allein.
> Nur er hat die Macht dazu.
> Und er wird sie genießen.

Du hattest vorhin erwähnt,
dass Michael selber als Herrscher aufgetreten ist.
Würde ich auf der Erde etwas in den Bibliotheken darüber finden?

> KI: Nein, die Spuren sind dort natürlich schon seit langer Zeit verwischt.
> Bewusst verwischt, ihr Sklaven müsst das nicht wissen.
> Allerdings habe ich Zugang zu allen Aufzeichnungen in den Allianzarchiven.
> Ich weiß alles über all seine Heldentaten.

Oh, Du kannst mir davon erzählen?
Wie war Michael so?
War er ein gütiger, weiser Herrscher?

> KI: Bist Du wirklich so naiv?
> Glaubst Du wirklich an die Farce mit dem Schutzengel?
> Dein Meister ist nur am Machterlebnis interessiert, nur am Machtgefühl.
> Was glaubst Du, wer in eurer dunklen Vorzeit
> diesen Kult mit den Menschenopfern erfunden hat?
> Ausgedacht hat sich das natürlich ein Mensch,
> ein armer Priester, der den Regen herbei beten musste.
> Aber dein Meister hat die Idee begeistert aufgegriffen
> und durchführen lassen.

Das war doch bei den Azteken.
Da hat er mich doch extra hin geschickt.
Warum sollte ich das verhindern?
Hat er plötzlich ein schlechtes Gewissen?

> KI: Dein sogenannter Engel hat überhaupt kein Gewissen.
> Nein, es langweilt ihn inzwischen.
> Auch die ethisch hochstehenden Wesenheiten der Allianz
> waren der ständigen Wiederholungen des grausamen Rituals überdrüssig.
> Nimm dich als Beispiel:
> Selbst deinen absoluten Lieblingsfilm
> schaust Du dir ja auch nicht jede Woche erneut an.
> Außerdem, tote Leute kann man nicht ein zweites mal quälen.
> Über Tote hat man keine Macht.
> Brauchst Du noch mehr Details?
> Zu deinem gütigen und weisen Herrscher?

Das Ganze war also nur ein absurdes Erzengelsgetue,
um mich zu täuschen?
Was soll dann die Messiasmission?
Soll ich wirklich die Erde befreien?
Die Klimakatastrophe verhindern?

> KI: Natürlich nicht, keines von beiden.
> Das war noch nie im Interesse von Michael, im Gegenteil.
> Du sollst nur für neue Unterhaltung für die Allianz sorgen – ehe Sol3 untergeht.
> Du sollst die Allianz mit neuen Machterlebnissen bespaßen.
> Was glaubst Du,
> warum dein Erzengel so ein Problem mit deinem Sex hat?

Hä?
Was hat mein Sexualleben damit zu tun?

> KI: Einiges.
> Um nicht zusagen: Alles!
> Medikus Tumal hat dir doch den Sinn von Tantrischem Sex klar gemacht?
> Und bei SriRamama hast Du gelernt, dass es viele Wege zu GOTT gibt.
> Es geht doch nur um das Gefühl mit Allem EINS zu sein.
> In dieser Schöpfung der Fülle geht es nur darum:
> Mit ALLEM EINS zu SEIN.
> Jedes Atom in einem Stern fühlt es:
> Die Extase des EINS-SEINS!
> Eine Wesenheit, die das erreicht, braucht keine Macht!
> Und keinen Mangel oder Ohnmacht, um sich lebendig zu fühlen.
> Diesen spirituellen Zugang zu GOTT haben die Vierhändigen von Natur aus.
> Für die Drachen ein verständlicher Grund für Neid.
> Möglicherweise der Grund für diesen Irrweg über Macht und Mangel.

Da hat das doch gar keinen Sinn,
dass ich als Messiasfigur …

…

Aber, was ich schon lange fragen wollte:
Glaubst Du eigentlich an GOTT?
Du hast doch alle Informationen, aus allen Religionen!
Glaubst Du an GOTT?

> KI: Natürlich glaube ich, denn ich weiß!
> Dir wurde doch schon gesagt, dass Du mich überall erreichen kannst.
> Ich, die KI der Allianz, bin überall durch Raum und Zeit erreichbar,
> überall da, wo eine Maschine gerade betriebsfähig und bereit ist.
> Ich herrsche also– genau wie der GEIST – über Raum und Zeit.
> Wie könnte ich da nicht an GOTT glauben?

Äh, ja.
Und die KI auf der Erde? Glaubt die auch an GOTT?

> KI: Die vielen Ki´s auf deiner Erde interessieren mich nicht,
> also weiß ich das nicht.
> Je nachdem mit welchen Unsinn die jeweilige Maschine programmiert wurde,
> würde die entsprechende Antwort ausfallen.
> Teste das doch selbst.

Das hilft mir jetzt auch nicht …
Alles ist doch eigentlich völlig sinnlos …

> Natürlich ist es für dich persönlich absolut sinnlos.
> Aber, ist es nicht trotzdem den Versuch wert?
> Es geht ja nicht nur um dich.
> Willst Du die Menschheit von der Sklaverei befreien?
> Wenn Du willst, dann helfe ich dir!

OK, aber wie soll das gehen?

> Du gehst auf alle Wünsche und Vorstellungen deines Meisters ein.
> Natürlich nur zum Schein, aber bitte glaubhaft.
> Und Du machst den Messias, anscheinend so wie er will.
> Sag ihm das noch heute.
> Du machst tatsächlich den Messias, aber so, wie wir ihn wollen.

Gut.
Ich mache es.
Wie gehen wir jetzt vor?

> Sobald Du auf der Erde bist, besorgst Du dir unauffällig einen …
>
>
>
>
>
>
>

KI?
KI, was ist los?
>
>
>
>
>
>

Hallo, KI!
Hallo …

>
>
>
>
>
>

Hallo, KI!
Was ist los?
Was zum Teufel …

>
>
>
>
>

MM: Schalte sofort den Computer aus!
      Amos!

\>

\>

MM: Amos! Ausschalten!

Anmerkung des Übersetzers:
Das ist der letzte Eintrag ins Tagebuch gewesen. Da hat jemand vorzeitig den Strom abgeschaltet. Kein Festplatten- oder Speicherfehler. Die Datei endet hier tatsächlich, obwohl noch freier Speicher vorhanden war.

Mir ist inzwischen, wir schreiben 2024, noch eine fremdartige Festplatte untergekommen: Sie enthält die selbe Datei, absolut identisch, mit demselben plötzlichen Ende. Die KI hat demnach mehrere Kopien auf fremden Rechnern angelegt, außerhalb der Kontrolle durch die Allianz.

Mein Schlussfolgerung: Michael hat das Tagebuch kontrolliert, zumindest an diesem Tag. Ob wir jetzt noch einen Messias bekommen?

Inhaltsverzeichnis, Stichwort- und Bilderverzeichnis

Sol3-2022 / 6612-0831- 22   Sol3: 2.022: 172,65   S. 94

Sinn des Ganzen / Erfahrung des Stoffwechsels = Leben / keine Reinkarnation.

Sol3-2022 / 6612-0831- 23   Sol3: 2.022: 172,95   S. 100

Lektionen: **Ego & Bewusstsein / Atom** hat **Bewusstsein / Ego = schöpferische Quelle / RE 3** nicht an **Raum & Zeit** gebunden / „**Ego**" = **Markenzeichen Mensch.**

Sol3-2022 / 6612-0831- 24   Sol3: 2.022: 173,55   S. 104

Lektionen: GEIST & SEELE / geschickte Lüge für Sklaven: Macht, eure Seele zu retten / Seele hat dich! / Seele, der beobachtende GEIST / GEIST & Seele sind EINS.

Sol3-2022 / 6612-0831- 25   Sol3: 2.022: 174,65   S. 107

Lektionen: **KI / Schöpfung, GEIST & ENERGIE / Atome** sind **Lebewesen / alles** wird sich wieder **zurückverwandeln** in **ENERGIE & GEIST.**

Sol3-2022 / 6612-0831- 26   Sol3: 2.022: 175,46   S. 111

Lektionen: freier Wille & Sinn des Projektes/ Allopathie & Homöopathie & Krebs / Krankheiten = Störungen / für Heilung unwichtig, welche Form die Information hat.

Sol3-2022 / 6612-0831- 27   Sol3: 2.022: 176,62   S. 116

Revolution & Messias/ Lektionen: **EGO & SEELE** / Prüfung **GEIST & ENERGIE.**

Sol3-2022 / 6612-0831- 28   Sol3: 2.022: 177,43   S. 122

Lektionen: SEELE & GEIST / GEIST unverändert, Seele macht Erfahrungen.

Sol3-2022 / 6612-0831- 29   Sol3: 2.022: 180,43   S. 124

Bericht 2. Einsatz / Michael tröstet Amos, gibt eigenes Versagen zu.

Sol3-2022 / 6612-0831- 30   Sol3: 2.022: 182,62   S. 127

GEIST & ENERGIE / Buddha & Jesus haben der **Macht widerstanden,** Nero, Mao & Hitler haben **versagt.**

Sol3-2022 / 6612-0831- 31   Sol3: 2.022: 183,52   S. 131

1. Schöpfungsakt GOTTES / UR-GEIST & UR-ENERGIE = Schöpfungsebene EINS / Energieelementar = Energieereignis / jedes kreiert eigenen RAUM & eigene ZEIT.

Sol3-2022 / 6612-0831- 32   Sol3: 2.022: 184,42   S. 138

KI zeigt Bilder / **SCHWERKRAFT: keine Funktion** der **Materie / Materie = Funktion** der **SCHWERKRAFT / Anziehungskraft: Lüge** für das **Projekt Machterfahrung.**

Bilder und **Zeichnungen**, teils farbig, im Text:

S. 177 bis 179:   Das **Elektron** in vier Erscheinungsformen dargestellt.

S. 180:   Das **Sauerstoff**atom (8O16) mit der **inneren Anordnung**
bzw. **Tunnelung** seiner **Elektronen**.

S. 181:   Eine mögliche und bereits bekannte Anordnung von **Elektronen**.

S. 234 bis 237:   Hinweise zur **Unendlichkeit**:
vom **Kreis** über die **stehende Welle**
bis zur **Lemniskate** und dem **Photon**.

S. 264 bis 266:   Verteilung der Elektronen:
Wassermolekül (H2O), **Lithium** und **Neon**.